中华人民共和国
新法规汇编

2019
第8辑

司 法 部 编

中国法制出版社

编辑说明

一、《中华人民共和国新法规汇编》是国家出版的法律、行政法规汇编正式版本，是刊登报国务院备案并予以登记的部门规章的指定出版物。

二、本汇编收集的内容包括：上一个月内由全国人民代表大会及其常务委员会通过的法律和有关法律问题的决定，国务院公布的行政法规和国务院文件，报国务院备案并予以登记的部门规章，最高人民法院和最高人民检察院公布的司法解释。另外，还收入了上一个月内报国务院备案并予以登记的地方性法规和地方政府规章目录。

三、本汇编所收的内容，按下列分类顺序编排：法律，行政法规，国务院文件，国务院部门规章，司法解释。每类中按公布的时间顺序排列。报国务院备案并予以登记的地方性法规和地方政府规章目录按1987年国务院批准的行政区划顺序排列；同一行政区域报备两件以上者，按公布时间顺序排列。

四、本汇编每年出版12辑，每月出版1辑。本辑为2019年度第8辑，收入2019年7月份内公布的国务院文件4件、报国务院备案并经审查予以登记编号的部门规章19件、司法解释1件，补收2019年6月份内公布的国务院文件4件，共计28件。

五、本汇编在编辑出版过程中，得到了国务院有关部门和有关方面以及广大读者的大力支持和协助，在此谨致谢意。

司法部

2019年8月

目　录

国务院文件

国务院部门规章

司法解释

附：

国务院文件

国务院办公厅关于加强非洲猪瘟防控工作的意见

（2019 年 6 月 22 日　国办发〔2019〕31 号）

党中央、国务院高度重视非洲猪瘟防控工作。2018 年 8 月非洲猪瘟疫情发生后，各地区各有关部门持续强化防控措施，防止疫情扩散蔓延，取得了阶段性成效。但同时也要看到，生猪产业链监管中还存在不少薄弱环节，有的地区使用餐厨废弃物喂猪现象仍然比较普遍，生猪调运管理不够严格，屠宰加工流通环节非洲猪瘟检测能力不足，基层动物防疫体系不健全，防疫能力仍存在短板，防控形势依然复杂严峻。为加强非洲猪瘟防控工作，全面提升动物疫病防控能力，经国务院同意，现提出以下意见。

一、加强养猪场（户）防疫监管

（一）提升生物安全防护水平。严格动物防疫条件审查，着力抓好养猪场（户）特别是种猪场和规模猪场防疫监管。深入推进生猪标准化规模养殖，逐步降低散养比例，督促落实封闭饲养、全进全出等饲养管理制度，提高养猪场（户）生物安全防范水平。综合运用信贷保险等手段，引导养猪场（户）改善动物防疫条件，完善清洗消毒、出猪间（台）等防疫设施设备，不断提升防疫能力和水平。督促养猪场（户）建立完善养殖档案，严格按规定加施牲畜标识，提高生猪可追溯性。（农业农村部、国家发展改革委、银保监会等负责，地方人民政府负责落实。以下均需地方人民政府落实，不再列出）

（二）落实关键防控措施。指导养猪场（户）有效落实清洗消毒、无害化处理等措施，严格出入场区的车辆和人员管理。鼓励养猪场（户）自行开展非洲猪瘟检测，及早发现和处置隐患。督促养猪场（户）严格规范地报告疫情，做好疫情处置，严防疫情扩散。开展专项整治行动，严厉打击收购、贩运、销售、随意丢弃病死猪的违法违规行为，依法实行顶格处罚。加强病死猪无害化处理监管，指导自行处理病死猪的规模养猪场（户）配备处理设施，确保清洁安全、不污染环境。（农业农村部、公安部、生态环境部等负责）

二、加强餐厨废弃物管理

（三）严防餐厨废弃物直接流入养殖环节。推动尽快修订相关法律法规，进一步明确禁止直接使用餐厨废弃物喂猪，完善罚则。各地要对餐厨废弃物实行统一收集、密闭运输、集中处理、闭环监管，严防未经无害化处理的餐厨废弃物流入养殖环节。督促有关单位做好餐厨废弃物产生、收集、运输、存储、处理等全链条的工作记录，强化监督检查和溯源追踪。按照政府主导、企业参与、市场运作原则，推动建立产生者付费、处理者受益的餐厨废弃物无害化处理和资源化利用长效机制。（农业农村部、住房城乡建设部、市场监管总局、国家发展改革委、司法部、交通运输部、商务部等负责）

（四）落实餐厨废弃物管理责任。各地要尽快逐级明确餐厨废弃物管理牵头部门，细化完善餐厨废弃物全链条管理责任，建立完善全链条监管机制。加大对禁止直接使用餐厨废弃物喂猪的宣传力度，对养猪场（户）因使用餐厨废弃物喂猪引发疫情或造成疫情扩散的，不给予强制扑杀补助，并追究各环节监管责任。（农业农村部、住房城乡建设部、市场监管总局、国家发展改革委、财政部等负责）

三、规范生猪产地检疫管理

（五）严格实施生猪产地检疫。按照法律法规规定和检疫规程，合理布局产地检疫报检点。动物卫生监督机构要严格履行检疫程序，确保生猪检疫全覆盖。研究建立产地检疫风险评估机制，强化资料审核查验、临床健康检查等关键检疫环节，发现疑似非洲猪瘟症状的生猪，要立即采取控制措施并及时按程序报告。加大产地检疫工作宣传力度，落实货主产地检疫申报主体责任。官方兽医要严格按照要求，规范填写产地检疫证明。（农业农村部等负责）

（六）严肃查处违规出证行为。各地要加强对检疫出证人员的教育培训和监督管理，提高其依法履职能力。进一步规范产地检疫证明使用和管理，明确出证人员的权限和责任，严格执行产地检疫证明领用管理制度。对开具虚假检疫证明、不检疫就出证、违规出证以及违规使用、倒卖产地检疫证明等动物卫生证章标志的，依法依规严肃追究有关人员责任。（农业农村部、公安部等负责）

四、加强生猪及生猪产品调运管理

（七）强化运输车辆管理。完善生猪运输车辆备案管理制度，鼓励使用专业化、标准化、集装化的运输工具运输生猪等活畜禽。严格落实有关动物防疫条件要求，完善运输工具清洗消毒设施设备，坚决消除运输工具传播疫情的风险。（农业农村部、交通运输部等负责）

（八）加强运输过程监管。建立生猪指定通道运输制度，生猪调运必须经指定通道运输。在重点养殖区域周边、省际间以及指定通道道口，结合公路检查站等设施，科学设立临时性动物卫生监督检查站，配齐相关检测仪器设施设备。严格生猪及生猪产品调运环节查验，重点查验产地检疫证明、运输车辆备案情况、生猪健康状况等，降低疫病扩散风险。（农业农村部、交通运输部、公安部等负责）

五、加强生猪屠宰监管

（九）落实屠宰厂（场）自检制度。严格执行生猪定点屠宰制度。督促指导生猪屠宰厂（场）落实各项防控措施，配齐非洲猪瘟检测仪器设备，按照批批检、全覆盖原则，全面开展非洲猪瘟检测，切实做好疫情排查和报告。建立生猪屠宰厂（场）暂存产品抽检制度，强化溯源追踪，严格处置风险隐患。（农业农村部等负责）

（十）落实驻场官方兽医制度。各地要在生猪屠宰厂（场）足额配备官方兽医，大型、中小型生猪屠宰厂（场）和小型生猪屠宰点分别配备不少于10人、5人和2人，工作经费由地方财政解决。生猪屠宰厂（场）要为官方兽医开展检疫提供人员协助和必要条件。探索建立签约兽医或协检员制度。官方兽医要依法履行检疫和监管职责，严格按照规程开展屠宰检疫并出具动物检疫合格证；严格监督屠宰厂（场）查验生猪产地检疫证明和健康状况、落实非洲猪瘟病毒批批检测制度，确保检测结果（报告）真实有效。（农业农村部、财政部、人力资源社会保障部等负责）

（十一）严格屠宰厂（场）监管。督促指导生猪屠宰厂（场）严格履行动物防疫和生猪产品质量安全主体责任，坚决防止病死猪和未经检疫、检疫不合格的生猪进入屠宰厂（场），对病死猪实施无害化处理。生猪屠宰厂（场）要规范做好生猪入场、肉品品质检验、生猪产品出厂及病死猪无害化处理等关键环节记录，强化各项防控措施落实。加大生猪屠宰厂（场）资格审核清理力度，对环保不达标、不符合动物防疫等条件的，或因检测不到位、造假等原因导致非洲猪瘟疫情扩散的，依法吊销生猪定点屠宰证。加快修订生猪屠宰管理条例，加大对私屠滥宰的处罚力度。持续打击私屠滥宰、注水注药、屠宰贩卖病死猪等违法违规行为，依法予以严厉处罚，涉嫌犯罪的，依法从严追究刑事责任。（农业农村部、公安部、司法部、生态环境部等负责）

六、加强生猪产品加工经营环节监管

（十二）实施加工经营主体检查检测制度。督促猪肉制品加工企业、生猪产品经营者严格履行进货查验和记录责任，严格查验动物检疫合格证、肉品品质检验合格证和非洲猪瘟病毒检测结果（报告），确保生猪产品原料来自定点屠宰厂（场）；采购的进口生猪产品应附有合法的入境检验检疫证明。督促猪肉制品加工企业对未经非洲猪瘟病毒检测的生猪产品原料，自行或委托具有资质的单位开展非洲猪瘟病毒检测并做好记录。未经定点屠宰厂（场）屠宰并经检疫合格的猪肉以及未附有合法的入境检验检疫证明的进口猪肉，均不得进入市场流通和生产加工。（市场监管总局、海关总署等负责）

（十三）强化加工经营环节监督检查。市场监管部门要加强对猪肉制品加工企业、食用农产品集中交易市场、销售企业和餐饮企业的监督检查，并依法依规组织对生猪产品和猪肉制品开展抽检。市场监管部门和畜牧兽医部门要加强沟通联系，明确非洲猪瘟病毒检测方法和相关要求。对非洲猪瘟病毒复检为阳性的，所在地人民政府应组织畜牧兽医部门、市场监管部门及时进行处置并开展溯源调查。加大对流通环节违法违规行为的打击力度。（市场监管总局、农业农村部、公安部、财政部等负责）

七、加强区域化和进出境管理

（十四）加快实施分区防控。制定实施分区防控方案，建立协调监管机制和区域内省际联席会议制度，促进区域内生猪产销大体平衡，降低疫情跨区域传播风险。各地要推进区域联防联控，统筹抓好疫病防控、调运监管和市场供应等工作，科学规划生猪养殖屠宰加工等产业布局，尽快实现主产区出栏生猪就近屠宰。有条件的地方可通过奖补、贴息等政策，支持企业发展冷链物流配送，变“运猪”为“运肉”。加快推进分区防控试点工作，及时总结推广试点经验。（农业农村部、国家发展改革委、财政部、交通运输部、商务部等负责）

（十五）支持开展无疫区建设。加强区域内动物疫病监测、动物卫生监督、防疫屏障和应急处置体系建设，优化流通控制模式，严格易感动物调入监管。制定非洲猪瘟无疫区和无疫小区建设评估标准。鼓励具有较好天然屏障条件的地区和具有较高生物安全防护水平的生猪养殖屠宰一体化企业创建非洲猪瘟无疫区和无疫小区，提升区域防控能力。研究制定非洲猪瘟无疫区、无疫小区生猪及生猪产品调运政策。（农业农村部、国家发展改革委等负责）

（十六）强化进出境检验检疫和打击走私。密切关注国际非洲猪瘟疫情态势，加强外来动物疫病监视监测网络运行管理，强化风险评估预警，完善境外疫情防堵措施。严格进出境检验检疫，禁止疫区产品进口。进口动物及动物产品，应取得海关部门检验检疫合格证。加大对国际运输工具、国际邮寄物、旅客携带物查验检疫力度，规范处置风险物品，完善疫情监测和通报机制。严格边境查缉堵截，强化打击走私生猪产品国际合作，全面落实反走私综合治理各项措施，持续保持海上、关区、陆路边境等打击走私高压态势。全面落实供港澳生猪及生猪产品生产企业防疫主体责任，进一步强化监管措施，动态调整供港澳生猪通道。强化野猪监测巡查，实现重点区域全覆盖，严防野猪传播

疫情。（海关总署、公安部、农业农村部、国家林草局、中国海警局等负责）

八、加强动物防疫体系建设

（十七）稳定基层机构队伍。县级以上地方人民政府要高度重视基层动物防疫和市场监管队伍建设，采取有效措施稳定基层机构队伍。依托现有机构编制资源，建立健全动物卫生监督机构和动物疫病预防控制机构，明确工作职责，巩固和加强工作队伍，保障监测、预防、控制、扑灭、检疫、监督等动物防疫工作经费和专项业务经费；加强食品检查队伍的专业化、职业化建设，保障其业务经费。切实落实动物疫病防控技术人员和官方兽医有关津贴。强化执法队伍动物防疫专业力量，加强对畜牧兽医行政执法工作的指导。（农业农村部、市场监管总局、中央编办、财政部、人力资源社会保障部等负责）

（十八）完善动物防疫体系。推进实施动植物保护能力提升工程建设规划，补齐动物防疫设施设备短板，加快病死畜禽无害化处理场所、动物卫生监督检查站、动物检疫申报点、活畜禽运输指定通道等基础设施建设。支持畜牧大县建设生猪运输车辆洗消中心。加强部门信息系统共享，对非洲猪瘟防控各环节实行“互联网＋”监管，用信息化、智能化、大数据等手段提高监管效率和水平。完善病死畜禽无害化处理补助政策，地方人民政府结合当地实际加大支持力度。进一步完善扑杀补助机制，对在国家重点动物疫病预防、控制、扑灭过程中强制扑杀的动物给予补助，加快补助发放进度。加快构建高水平科研创新平台，尽快在防控关键技术和产品上取得突破。（农业农村部、国家发展改革委、科技部、工业和信息化部、财政部、市场监管总局等负责）

九、加强动物防疫责任落实

（十九）明确各方责任。落实地方各级人民政府对本地区非洲猪瘟等动物疫病防控工作负总责、主要负责人是第一责任人的属地管理责任，对辖区内防控工作实施集中统一指挥，加强工作督导，将工作责任明确到人、措施落实到位。落实各有关部门动物防疫监管责任，逐项明确各环节监管责任单位和职责分工，进一步强化部门联防联控机制。依法督促落实畜禽养殖、贩运、交易、屠宰、加工等各环节从业者动物防疫主体责任，加强宣传教育和监督管理。设立非洲猪瘟疫情有奖举报热线，鼓励媒体、单位和个人对生猪生产、屠宰、加工流通等环节进行监督。完善非洲猪瘟疫情统一规范发布制度，健全部门联动和协商机制，涉及疫情相关信息的，由农业农村部会同有关部门统一发布，如实向社会公开疫情。（农业农村部、市场监管总局等负责）

（二十）严肃追责问责。层层压实地方责任，对责任不落实、落实不到位的严肃追责，并向全社会通报。加强对关键防控措施落实情况的监督检查，确保各项措施落实落细。严肃查处动物防疫工作不力等行为，对因隐瞒不报、不及时报告或处置措施不到位等问题导致疫情扩散蔓延的，从严追责问责。加强警示教育和提醒，坚决查处失职渎职等违法违规行为，涉及犯罪的，移交有关机关严肃处理。对在非洲猪瘟等动物疫病防控工作中作出突出贡献的单位和个人，按有关规定予以表彰。（农业农村部、市场监管总局、人力资源社会保障部等负责）

十、稳定生猪生产发展

（二十一）落实"菜篮子"市长负责制。地方各级人民政府要承担当地生猪市场保供稳价主体责任，切实提高生猪生产能力、市场流通能力、质量安全监管能力和调控保障能力。加强市场信息预警，引导养猪场（户）增养补栏。科学划定禁养区，对超范围划定禁养区、随意扩大禁养限养范围等问题，要限期整改。维持生猪市场正常流通秩序，不得层层加码禁运限运、设置行政壁垒，一经发现，在全国范围内通报并限期整改。（农业农村部、国家发展改革委、生态环境部、商务部、市场监管总局等负责）

（二十二）加大对生猪生产发展的政策支持力度。省级财政要通过生猪生产稳定专项补贴等措施，对受影响较大的生猪调出大县的规模化养猪场（户）实行临时性生产救助。金融机构要稳定预期、稳定信贷、稳定支持，不得对养猪场（户）、屠宰加工企业等盲目停贷限贷。省级农业信贷担保机构要在做好风险评估防控的基础上，简化流程、降低门槛，为规模养猪场（户）提供信贷担保支持。各地可根据实际，统筹利用中央财政农业生产发展资金、自有财力等渠道，对符合条件的规模养猪场（户）给予短期贷款贴息支持。落实能繁母猪和育肥猪保险政策，适当提高保险保额，增强风险防范能力。（财政部、农业农村部、银保监会等负责）

（二十三）加快生猪产业转型升级。构建标准化生产体系，继续创建一批高质量的标准化示范场。支持畜牧大县规模养猪场（户）开展粪污资源化利用，适时研究将非畜牧大县规模养猪场（户）纳入项目实施范围。完善设施农用地政策，合理规划、切实保障规模养猪场（户）发展及相关配套设施建设的土地供应。支持生猪养殖企业在省域或区域化管理范围内全产业链发展。调整优化生猪产业布局，生猪自给率低的销区要积极扩大生猪生产，逐步提高生猪自给率。因环境容量等客观条件限制，确实无法满足自给率要求的省份，要主动对接周边省份，合作建立养殖基地，提升就近保供能力。（农业农村部、国家发展改革委、财政部、自然资源部、生态环境部等负责）

国务院关于实施健康中国行动的意见

(2019 年 6 月 24 日　国发〔2019〕13 号)

人民健康是民族昌盛和国家富强的重要标志，预防是最经济最有效的健康策略。党中央、国务院发布《"健康中国 2030"规划纲要》，提出了健康中国建设的目标和任务。党的十九大作出实施健康中国战略的重大决策部署，强调坚持预防为主，倡导健康文明生活方式，预防控制重大疾病。为加快推动从以治病为中心转变为以人民健康为中心，动员全社会落实预防为主方针，实施健康中国行动，提高全民健康水平，现提出以下意见。

一、行动背景

新中国成立后特别是改革开放以来，我国卫生健康事业获得了长足发展，居民主要健康指标总体优于中高收入国家平均水平。随着工业化、城镇化、人口老龄化进程加快，我国居民生产生活方式和疾病谱不断发生变化。心脑血管疾病、癌症、慢性呼吸系统疾病、糖尿病等慢性非传染性疾病导致的死亡人数占总死亡人数的 88%，导致的疾病负担占疾病总负担的 70%以上。居民健康知识知晓率偏低，吸烟、过量饮酒、缺乏锻炼、不合理膳食等不健康生活方式比较普遍，由此引起的疾病问题日益突出。肝炎、结核病、艾滋病等重大传染病防控形势仍然严峻，精神卫生、职业健康、地方病等方面问题不容忽视。

为坚持预防为主，把预防摆在更加突出的位置，积极有效应对当前突出健康问题，必须关口前移，采取有效干预措施，细化落实《"健康中国 2030"规划纲要》对普及健康生活、优化健康服务、建设健康环境等部署，聚焦当前和今后一段时期内影响人民健康的重大疾病和突出问题，实施疾病预防和健康促进的中长期行动，健全全社会落实预防为主的制度体系，持之以恒加以推进，努力使群众不生病、少生病，提高生活质量。

二、总体要求

(一)指导思想。以习近平新时代中国特色社会主义思想为指导，全面贯彻党的十九大和十九届二中、三中全会精神，坚持以人民为中心的发展思想，坚持改革创新，贯彻新时代卫生与健康工作方针，强化政府、社会、个人责任，加快推动卫生健康工作理念、服务方式从以治病为中心转变为以人民健康为中心，建立健全健康教育体系，普及健康知识，引导群众建立正确健康观，加强早期干预，形成有利于健康的生活方式、生态环境和社会环境，延长健康寿命，为全方位全周期保障人民健康、建设健康中国奠定坚实基础。

（二）基本原则。

普及知识、提升素养。把提升健康素养作为增进全民健康的前提，根据不同人群特点有针对性地加强健康教育与促进，让健康知识、行为和技能成为全民普遍具备的素质和能力，实现健康素养人人有。

自主自律、健康生活。倡导每个人是自己健康第一责任人的理念，激发居民热爱健康、追求健康的热情，养成符合自身和家庭特点的健康生活方式，合理膳食、科学运动、戒烟限酒、心理平衡，实现健康生活少生病。

早期干预、完善服务。对主要健康问题及影响因素尽早采取有效干预措施，完善防治策略，推动健康服务供给侧结构性改革，提供系统连续的预防、治疗、康复、健康促进一体化服务，加强医疗保障政策与健康服务的衔接，实现早诊早治早康复。

全民参与、共建共享。强化跨部门协作，鼓励和引导单位、社区（村）、家庭和个人行动起来，形成政府积极主导、社会广泛动员、人人尽责尽力的良好局面，实现健康中国行动齐参与。

（三）总体目标。

到2022年，健康促进政策体系基本建立，全民健康素养水平稳步提高，健康生活方式加快推广，重大慢性病发病率上升趋势得到遏制，重点传染病、严重精神障碍、地方病、职业病得到有效防控，致残和死亡风险逐步降低，重点人群健康状况显著改善。

到2030年，全民健康素养水平大幅提升，健康生活方式基本普及，居民主要健康影响因素得到有效控制，因重大慢性病导致的过早死亡率明显降低，人均健康预期寿命得到较大提高，居民主要健康指标水平进入高收入国家行列，健康公平基本实现。

三、主要任务

（一）全方位干预健康影响因素。

1. 实施健康知识普及行动。维护健康需要掌握健康知识。面向家庭和个人普及预防疾病、早期发现、紧急救援、及时就医、合理用药等维护健康的知识与技能。建立并完善健康科普专家库和资源库，构建健康科普知识发布和传播机制。强化医疗卫生机构和医务人员开展健康促进与教育的激励约束。鼓励各级电台电视台和其他媒体开办优质健康科普节目。到2022年和2030年，全国居民健康素养水平分别不低于22%和30%。

2. 实施合理膳食行动。合理膳食是健康的基础。针对一般人群、特定人群和家庭，聚焦食堂、餐厅等场所，加强营养和膳食指导。鼓励全社会参与减盐、减油、减糖，研究完善盐、油、糖包装标准。修订预包装食品营养标签通则，推进食品营养标准体系建设。实施贫困地区重点人群营养干预。到 2022 年和 2030 年，成人肥胖增长率持续减缓，5 岁以下儿童生长迟缓率分别低于 7% 和 5%。

3. 实施全民健身行动。生命在于运动，运动需要科学。为不同人群提供针对性的运动健身方案或运动指导服务。努力打造百姓身边健身组织和“15 分钟健身圈”。推进公共体育设施免费或低收费开放。推动形成体医结合的疾病管理和健康服务模式。把高校学生体质健康状况纳入对高校的考核评价。到 2022 年和 2030 年，城乡居民达到《国民体质测定标准》合格以上的人数比例分别不少于 90.86% 和 92.17%，经常参加体育锻炼人数比例达到 37% 及以上和 40% 及以上。

4. 实施控烟行动。吸烟严重危害人民健康。推动个人和家庭充分了解吸烟和二手烟暴露的严重危害。鼓励领导干部、医务人员和教师发挥控烟引领作用。把各级党政机关建设成无烟机关。研究利用税收、价格调节等综合手段，提高控烟成效。完善卷烟包装烟草危害警示内容和形式。到 2022 年和 2030 年，全面无烟法规保护的人口比例分别达到 30% 及以上和 80% 及以上。

5. 实施心理健康促进行动。心理健康是健康的重要组成部分。通过心理健康教育、咨询、治疗、危机干预等方式，引导公众科学缓解压力，正确认识和应对常见精神障碍及心理行为问题。健全社会心理服务网络，加强心理健康人才培养。建立精神卫生综合管理机制，完善精神障碍社区康复服务。到 2022 年和 2030 年，居民心理健康素养水平提升到 20% 和 30%，心理相关疾病发生的上升趋势减缓。

6. 实施健康环境促进行动。良好的环境是健康的保障。向公众、家庭、单位（企业）普及环境与健康相关的防护和应对知识。推进大气、水、土壤污染防治。推进健康城市、健康村镇建设。建立环境与健康的调查、监测和风险评估制度。采取有效措施预防控制环境污染相关疾病、道路交通伤害、消费品质量安全事故等。到 2022 年和 2030 年，居民饮用水水质达标情况明显改善，并持续改善。

（二）维护全生命周期健康。

7. 实施妇幼健康促进行动。孕产期和婴幼儿时期是生命的起点。针对婚前、孕前、孕期、儿童等阶段特点，积极引导家庭科学孕育和养育健康新生命，健全出生缺陷防治体系。加强儿童早期发展服务，完善婴幼儿照护服务和残疾儿童康复救助制度。促进生殖健康，推进农村妇女宫颈癌和乳腺癌检查。到 2022 年和 2030 年，婴儿死亡率分别控制在 7.5‰及以下和 5‰及以下，孕产妇死亡率分别下降到18/10万及以下和12/10万及以下。

8. 实施中小学健康促进行动。中小学生处于成长发育的关键阶段。动员家庭、学校和社会共同维护中小学生身心健康。引导学生从小养成健康生活习惯,锻炼健康体魄,预防近视、肥胖等疾病。中小学校按规定开齐开足体育与健康课程。把学生体质健康状况纳入对学校的绩效考核,结合学生年龄特点,以多种方式对学生健康知识进行考试考查,将体育纳入高中学业水平测试。到2022年和2030年,国家学生体质健康标准达标优良率分别达到50%及以上和60%及以上,全国儿童青少年总体近视率力争每年降低0.5个百分点以上,新发近视率明显下降。

9. 实施职业健康保护行动。劳动者依法享有职业健康保护的权利。针对不同职业人群,倡导健康工作方式,落实用人单位主体责任和政府监管责任,预防和控制职业病危害。完善职业病防治法规标准体系。鼓励用人单位开展职工健康管理。加强尘肺病等职业病救治保障。到2022年和2030年,接尘工龄不足5年的劳动者新发尘肺病报告例数占年度报告总例数的比例实现明显下降,并持续下降。

10. 实施老年健康促进行动。老年人健康快乐是社会文明进步的重要标志。面向老年人普及膳食营养、体育锻炼、定期体检、健康管理、心理健康以及合理用药等知识。健全老年健康服务体系,完善居家和社区养老政策,推进医养结合,探索长期护理保险制度,打造老年宜居环境,实现健康老龄化。到2022年和2030年,65至74岁老年人失能发生率有所下降,65岁及以上人群老年期痴呆患病率增速下降。

(三)防控重大疾病。

11. 实施心脑血管疾病防治行动。心脑血管疾病是我国居民第一位死亡原因。引导居民学习掌握心肺复苏等自救互救知识技能。对高危人群和患者开展生活方式指导。全面落实35岁以上人群首诊测血压制度,加强高血压、高血糖、血脂异常的规范管理。提高院前急救、静脉溶栓、动脉取栓等应急处置能力。到2022年和2030年,心脑血管疾病死亡率分别下降到209.7/10万及以下和190.7/10万及以下。

12. 实施癌症防治行动。癌症严重影响人民健康。倡导积极预防癌症,推进早筛查、早诊断、早治疗,降低癌症发病率和死亡率,提高患者生存质量。有序扩大癌症筛查范围。推广应用常见癌症诊疗规范。提升中西部地区及基层癌症诊疗能力。加强癌症防治科技攻关。加快临床急需药物审评审批。到2022年和2030年,总体癌症5年生存率分别不低于43.3%和46.6%。

13. 实施慢性呼吸系统疾病防治行动。慢性呼吸系统疾病严重影响患者生活质量。引导重点人群早期发现疾病,控制危险因素,预防疾病发生发展。探索高危人群首诊测量肺功能、40岁及以上人群体检检测肺功能。加强慢阻肺患者健康管理,提高基层医疗卫生机构肺功能检查能力。到2022年和2030年,70岁及以下人群慢性呼吸系统疾病死亡率下降到9/10万及以下和8.1/10万及以下。

14.实施糖尿病防治行动。我国是糖尿病患病率增长最快的国家之一。提示居民关注血糖水平,引导糖尿病前期人群科学降低发病风险,指导糖尿病患者加强健康管理,延迟或预防糖尿病的发生发展。加强对糖尿病患者和高危人群的健康管理,促进基层糖尿病及并发症筛查标准化和诊疗规范化。到2022年和2030年,糖尿病患者规范管理率分别达到60%及以上和70%及以上。

15.实施传染病及地方病防控行动。传染病和地方病是重大公共卫生问题。引导居民提高自我防范意识,讲究个人卫生,预防疾病。充分认识疫苗对预防疾病的重要作用。倡导高危人群在流感流行季节前接种流感疫苗。加强艾滋病、病毒性肝炎、结核病等重大传染病防控,努力控制和降低传染病流行水平。强化寄生虫病、饮水型燃煤型氟砷中毒、大骨节病、氟骨症等地方病防治,控制和消除重点地方病。到2022年和2030年,以乡(镇、街道)为单位,适龄儿童免疫规划疫苗接种率保持在90%以上。

四、组织实施

(一)加强组织领导。国家层面成立健康中国行动推进委员会,制定印发《健康中国行动(2019—2030年)》,细化上述15个专项行动的目标、指标、任务和职责分工,统筹指导各地区各相关部门加强协作,研究疾病的综合防治策略,做好监测考核。要根据医学进步和相关技术发展等情况,适时组织修订完善《健康中国行动(2019—2030年)》内容。各地区要结合实际健全领导推进工作机制,研究制定实施方案,逐项抓好任务落实。各相关部门要按照职责分工,将预防为主、防病在先融入各项政策举措中,研究具体政策措施,推动落实重点任务。

(二)动员各方广泛参与。凝聚全社会力量,形成健康促进的强大合力。鼓励个人和家庭积极参与健康中国行动,落实个人健康责任,养成健康生活方式。各单位特别是各学校、各社区(村)要充分挖掘和利用自身资源,积极开展健康细胞工程建设,创造健康支持性环境。鼓励企业研发生产符合健康需求的产品,增加健康产品供给,国有企业特别是中央企业要作出表率。鼓励社会捐资,依托社会力量依法成立健康中国行动基金会,形成资金来源多元化的保障机制。鼓励金融机构创新健康类产品和服务。卫生健康相关行业学会、协会和群团组织以及其他社会组织要充分发挥作用,指导、组织健康促进和健康科普工作。

（三）健全支撑体系。加强公共卫生体系建设和人才培养，提高疾病防治和应急处置能力。加强财政支持，强化资金统筹，优化资源配置，提高基本公共卫生服务项目、重大公共卫生服务项目资金使用的针对性和有效性。加强科技支撑，开展一批影响健康因素和疑难重症诊疗攻关重大课题研究，国家科技重大专项、重点研发计划要给予支持。完善相关法律法规体系，开展健康政策审查，保障各项任务落实和目标实现。强化信息支撑，推动部门和区域间共享健康相关信息。

（四）注重宣传引导。采取多种形式，强化舆论宣传，及时发布政策解读，回应社会关切。设立健康中国行动专题网站，大力宣传实施健康中国行动、促进全民健康的重大意义、目标任务和重大举措。编制群众喜闻乐见的解读材料和文艺作品，以有效方式引导群众了解和掌握必备健康知识，践行健康生活方式。加强科学引导和典型报道，增强社会的普遍认知，营造良好的社会氛围。

国务院办公厅关于印发健康中国行动组织实施和考核方案的通知

（2019 年 6 月 24 日　国办发〔2019〕32 号）

《健康中国行动组织实施和考核方案》已经国务院同意，现印发给你们，请结合实际，认真组织实施。

健康中国行动组织实施和考核方案

为贯彻落实《“健康中国 2030”规划纲要》和《国务院关于实施健康中国行动的意见》，完善健康中国建设推进协调机制，保障健康中国行动有效实施，制定本方案。

一、建立健全组织架构

（一）成立健康中国行动推进委员会。依托全国爱国卫生运动委员会，国家层面成立健康中国行动推进委员会（以下简称推进委员会），制定印发《健康中国行动(2019—2030年)》(以下简称《健康中国行动》),统筹推进组织实施、监测和考核相关工作。

推进委员会主任由国务院分管领导同志担任,副主任由国家卫生健康委主要负责同志、国务院分管副秘书长以及教育、体育等相关部门负责同志担任,秘书长由国务院分管副秘书长、国家卫生健康委负责同志担任,委员由相关部门负责同志、专家、全国人大代表、全国政协委员和社会知名人士等担任。推进委员会办公室设在国家卫生健康委。

推进委员会设立专家咨询委员会,由推进委员会聘请相关领域专家组成,负责为健康中国行动推进实施提供技术支持。

推进委员会下设各专项行动工作组,负责专项行动的具体实施和监测工作。

各省(区、市)可参照国家层面的组织架构,组建或明确推进《健康中国行动》实施的议事协调机构,根据《健康中国行动》要求和本地实际情况研究制定具体行动方案并组织实施。

(二)工作机制。推进委员会根据工作需要定期或不定期召开会议,包括全体会议、主任办公会议和办公室会议。

推进委员会负责研究确定年度工作重点,并协调推进各地区各部门工作落实,及时处理需要跨部门协调解决的问题;建立指标体系,并组织监测和考核;深入开展调查研究,对健康教育和重大疾病预防、治疗、康复、健康促进等提出指导性意见;根据疾病谱变化及医学进步等情况,研究适时调整指标、行动内容;推动成立基金会,形成健康中国建设资金来源多元化的保障机制;运用健康频道、网站、微信、微博、移动客户端以及短视频等媒体方式,加强健康科普和信息传播。

各有关部门要积极研究实施健康中国战略的重大问题,及时制定并落实《健康中国行动》的具体政策措施;提出年度任务建议并按照部署抓好工作落实;做好《健康中国行动》的宣传解读;认真落实全体会议、主任办公会议确定的工作任务和议定事项;互通信息,互相支持,密切配合,形成合力,共同推进健康中国建设各项工作。

二、加强监测评估

(一)监测主体。监测评估工作由推进委员会统筹领导,各专项行动工作组负责具体组织实施,专家咨询委员会提供技术支撑。各省(区、市)按要求制定本地区监测评估办法。

(二)监测内容。以现有统计数据为基础,完善统计监测体系,依托互联网和大数据,对主要指标、重点任务的实施进度进行年度监测。监测主要内容包括:各专项行动主要指标(包括结果性指标、个人和社会倡导性指标、政府工作性指标)的年度完成情况,专项行动目标实现情况,个人、社会和政府各项任务的落实情况。

(三)结果运用。各专项行动工作组根据监测情况每年形成各专项行动实施进展专题报告。推进委员会办公室组织形成总体监测评估报告,经推进委员会同意后上报国务院并通报各省(区、市)党委、政府和各有关部门,适时发布监测评估报告。

三、做好考核工作

(一)考核主体。考核工作由推进委员会统筹领导,推进委员会办公室负责具体组织实施,专家咨询委员会提供技术支撑。各省(区、市)党委和政府结合本地区实际,制定针对下一级党委和政府的考核办法,并细化落实到具体地方和单位。

(二)考核内容。围绕健康中国建设主要目标任务要求,同时兼顾数据的可获得性,建立相对稳定的考核指标框架(见附件)。各省(区、市)在对下一级进行考核时,可根据本地实际情况对考核指标进行调整完善。

2019年和2020年进行试考核,通过两年的探索实践,逐步固定考核指标。要坚持科学考核,注意方式方法,力戒形式主义、官僚主义,不增加基层负担。

(三)结果运用。将主要健康指标纳入各级党委、政府绩效考核指标,综合考核结果经推进委员会审定后通报,作为各省(区、市)、各相关部门党政领导班子和领导干部综合考核评价、干部奖惩使用的重要参考。

附件:健康中国行动考核指标框架

附件

健康中国行动考核指标框架

考核依据	序号	指　　标	基期水平	2022年全国目标值
《“健康中国2030”规划纲要》	1	人均预期寿命(岁)	76.7	77.7
	2	婴儿死亡率(‰)	6.8	≤7.5
	3	5岁以下儿童死亡率(‰)	9.1	≤9.5
	4	孕产妇死亡率(1/10万)	19.6	≤18
	5	城乡居民达到《国民体质测定标准》合格以上的人数比例(%)	2014年为89.6	≥90.86
	6	居民健康素养水平(%)	14.18	≥22
	7	经常参加体育锻炼人数比例(%)	2014年为33.9	≥37
	8	重大慢性病过早死亡率(%)	2015年为18.5	≤15.9
	9	每千常住人口执业(助理)医师数(人)	2.44	2.6
	10	个人卫生支出占卫生总费用的比重(%)	28.8	27.5
《健康中国行动》和相关规划文件	11	建立并完善健康科普专家库和资源库,构建健康科普知识发布和传播机制	——	实现
	12	建立医疗机构和医务人员开展健康教育和健康促进的绩效考核机制	——	实现
	13	产前筛查率(%)	61.1	≥70
	14	新生儿遗传代谢性疾病筛查率(%)	97.5	≥98
	15	农村适龄妇女宫颈癌和乳腺癌筛查覆盖率(%)	52.6	≥80
	16	国家学生体质健康标准达标优良率(%)	31.8	≥50
	17	符合要求的中小学体育与健康课程开课率(%)	——	100
	18	中小学生每天校内体育活动时间(小时)	——	≥1

续表

考核依据	序号	指　标	基期水平	2022 年全国目标值
	19	寄宿制中小学校或600名学生以上的非寄宿制中小学校配备专职卫生专业技术人员、600名学生以下的非寄宿制中小学校配备专兼职保健教师或卫生专业技术人员的比例(%)	—	≥70
	20	配备专兼职心理健康工作人员的中小学校比例(%)	—	≥80
	21	接尘工龄不足5年的劳动者新发尘肺病报告例数占年度报告总例数比例(%)	—	下降
	22	二级以上综合性医院设老年医学科比例(%)	—	≥50
	23	高血压患者规范管理率(%)	2015 年为 50	≥60
	24	糖尿病患者规范管理率(%)	2015 年为 50	≥60
	25	乡镇卫生院、社区卫生服务中心提供中医非药物疗法的比例(%),村卫生室提供中医非药物疗法的比例(%)	—	100,70
	26	以乡(镇、街道)为单位适龄儿童免疫规划疫苗接种率(%)	90	>90

注:未写明年份的基期水平值均为2017年数值。

国务院办公厅关于印发交通运输领域中央与地方财政事权和支出责任划分改革方案的通知

(2019 年 6 月 26 日　国办发〔2019〕33 号)

《交通运输领域中央与地方财政事权和支出责任划分改革方案》已经党中央、国务院同意,现印发给你们,请结合实际认真贯彻落实。

交通运输领域中央与地方财政事权和支出责任划分改革方案

按照党中央、国务院有关决策部署，现就交通运输领域中央与地方财政事权和支出责任划分改革制定如下方案。

一、总体要求

（一）指导思想。以习近平新时代中国特色社会主义思想为指导，全面贯彻落实党的十九大和十九届二中、三中全会精神，统筹推进"五位一体"总体布局，协调推进"四个全面"战略布局，坚持和加强党的全面领导，坚持稳中求进工作总基调，坚持新发展理念，坚持推动高质量发展，坚持以供给侧结构性改革为主线，合理划分交通运输领域中央与地方财政事权和支出责任，通过改革形成与现代财政制度相匹配、与国家治理体系和治理能力现代化要求相适应的划分模式，为推进"四好农村路"建设、构建现代综合交通运输体系、建设交通强国提供有力保障。

（二）基本原则。

——充分调动各方积极性。在完善中央决策、地方执行机制的基础上，适度加强中央政府承担交通运输基本公共服务的职责和能力，落实好地方政府在中央授权范围内的责任，充分发挥地方政府区域管理优势和积极性，保障改革举措落实落地。

——坚持人民交通为人民。把满足人民日益增长的美好生活需要作为出发点和落脚点，提高交通运输基本公共服务供给效率，着力解决交通运输领域发展不平衡不充分问题，不断增强人民群众的获得感、幸福感、安全感。

——遵循交通运输行业发展规律。充分考虑行业特点，对运转情况良好、管理行之有效、符合行业发展规律的事项进行总结和确认，对存在问题的事项进行调整和完善，稳步推进相关改革。

二、主要内容

根据《国务院关于推进中央与地方财政事权和支出责任划分改革的指导意见》（国发〔2016〕49 号），按照上述总体要求和交通运输工作的特点，划分公路、水路、铁路、民航、邮政、综合交通六个方面的中央与地方财政事权和支出责任。

（一）中央财政事权。

1. 公路。（1）国道。中央承担国道（包括国家高速公路和普通国道）的宏观管理、专项规划、政策制定、监督评价、路网运行监测和协调，国家高速公路中由中央负责部分的建设和管理，普通国道中由中央负责部分的建设、管理和养护等职责。中央承担国家高速公路建设资本金中相应支出，承担普通国道建设、养护和管理中由中央负责事项的相应支出。（2）界河桥梁。中央承担专项规划、政策决定、监督评价职责，建设、养护、管理、运营等具体执行事项由中央委托地方实施。（3）边境口岸汽车出入境运输管理。中央承担专项规划、政策决定、监督评价职责，建设、养护、管理、运营等具体执行事项由中央委托地方实施。界河桥梁、边境口岸汽车出入境运输管理由中央承担支出责任。

2. 水路。（1）长江干线航道。中央承担专项规划、政策决定、监督评价职责，建设、养护、管理、运营等具体执行事项由中央实施。（2）西江航运干线。中央承担专项规划、政策决定、监督评价职责，建设、养护、管理、运营等具体执行事项视改革进展情况，逐步由中央实施；在改革到位之前，按照现行管理体制执行。（3）国境、国际通航河流航道。中央承担专项规划、政策决定、监督评价职责，建设、养护、管理（包括航运管理）、运营等具体执行事项由中央实施或委托地方实施。（4）中央管理水域水上安全监管和应急救助打捞。中央承担专项规划、政策决定、监督评价职责，具体执行事项由中央实施。上述水路领域事项由中央承担支出责任。

3. 铁路。（1）宏观管理。中央承担全国铁路的专项规划、政策决定、监督评价、路网统一调度和管理等职责。（2）由中央决策的铁路公益性运输。中央承担相应的管理职责，具体执行事项由中央（含中央企业）实施。（3）其他事项。中央承担国家及行业标准制定，铁路运输调度指挥，国家铁路、国家铁路运输企业实际管理合资铁路的安全保卫，铁路生产安全事故调查处理，铁路突发事件应急预案编制，交通卫生检疫等公共卫生管理，铁路行业科技创新等职责。上述铁路领域事项由中央（含中央企业）承担支出责任。

4. 民航。（1）空中交通管理。中央承担专项规划、政策决定、监督评价职责，具体执行事项由中央实施。（2）民航安全管理。中央承担政策决定、监督评价职责，具体执行事项由中央（含中央企业）实施。（3）专项任务机队建设和运营。中央承担相应的管理职责，具体执行事项由中央（含中央企业）实施。（4）重大和紧急航空运输。中央承担政策决定、监督评价等职责，具体执行事项由中央（含中央企业）实施。上述民航领域事项由中央（含中央企业）承担支出责任。

5. 邮政。（1）邮政普遍服务和特殊服务主干网络。中央承担专项规划、政策决定、监督评价职责，建设、维护、管理、运营等具体执行事项由中央（含中央企业）实施。（2）邮件和快件进出境设施。中央承担专项规划、政策决定、监督评价职责，建设、维护、管理、运营等具体执行事项由中央（含中央企业）实施或委托地方实施。（3）其他事项。中央承担保障邮政通信和信息安全等方面的职责。上述邮政领域事项由中央（含中央企业）承担支出责任。

此外，公路、水路、铁路、民航、邮政、综合交通领域中央履职能力建设，由中央承担财政事权和支出责任，主要包括相关领域中央履行行业管理职责所开展的全局性、战略性和前瞻性重大问题研究，发展战略、规划、政策、标准与相关法律法规制定，基础类、公益类国家及行业标准制定，行业监管，行业统计与运行监测，开展国际合作等事项。

（二）中央与地方共同财政事权。

1. 公路。（1）国家级口岸公路。中央承担专项规划、政策决定、监督评价职责，建设、养护、管理、运营等具体执行事项由地方实施。（2）国家区域性公路应急装备物资储备。中央承担专项规划、政策决定、监督评价职责，具体执行事项由地方实施。上述公路领域事项由中央和地方共同承担支出责任。

2. 水路。（1）京杭运河及其他内河高等级航道。中央承担专项规划、政策决定、监督评价职责，建设、养护、管理、运营等具体执行事项由地方实施。（2）沿海港口公共基础设施。中央承担沿海港口的专项规划、政策决定、监督评价职责，沿海港口公共基础设施的建设、养护、管理、运营等具体执行事项由地方实施。（3）重大海上溢油应急处置和海（水）上搜救。中央承担政策决定、监督评价等职责，具体执行事项由中央与地方共同实施。发挥地方政府组织能力强、贴近基层、获取信息便利的优势，强化地方政府在重大海上溢油应急处置和海（水）上搜救方面的相关职责。（4）水运绿色发展。中央承担专项规划、政策决定、监督评价职责，具体执行事项由地方实施。上述水路领域事项由中央与地方共同承担支出责任。

3. 铁路。中央（含中央企业）与地方共同承担干线铁路的组织实施职责，包括建设、养护、管理、运营等具体执行事项，其中干线铁路的运营管理由中央企业负责实施。中央（含中央企业）与地方共同承担支出责任。

4. 民航。中央与地方共同承担运输机场相关职责。其中，中央承担运输机场布局、建设规划、政策决定和相关审批工作等职责，国务院明确规定由民航局直接管理的北京首都国际机场、北京大兴国际机场、天津机场、西藏区内机场、洛阳机场的建设、维护、运营等具体执行事项由中央（含中央企业）负责实施；地方根据全国运输机场布局和建设规划，制定本行政区域内的运输机场建设规划，并负责建设、运营、机场公安等具体事项的执行实施。中央（含中央企业)与地方共同承担支出责任。

5. 邮政。(1)邮政业安全管理和安全监管。中央承担专项规划、政策决定、监督评价职责,具体执行事项由中央(含中央企业)与地方共同实施。(2)其他邮政公共服务。中央承担专项规划、政策决定、监督评价职责,具体执行事项由中央(含中央企业)与地方共同实施。上述邮政领域事项由中央(含中央企业)与地方共同承担支出责任。

6. 综合交通。(1)运输结构调整、全国性综合运输枢纽与集疏运体系。中央承担专项规划、政策决定、监督评价职责,建设、养护、管理、运营等具体执行事项由中央(含中央企业)与地方共同实施。(2)综合交通应急保障。中央与地方共同承担国家应急性交通运输公共服务、军民融合和国防交通动员能力建设与管理、国家特殊重点物资运输保障等职责。(3)综合交通行业管理信息化。中央承担专项规划、政策决定、监督评价职责,建设、维护、管理、运营等具体执行事项由地方实施。上述综合交通领域事项由中央(含中央企业)与地方共同承担支出责任。

(三)地方财政事权。

1. 公路。(1)国道。地方承担国道(包括国家高速公路和普通国道)的建设、养护、管理、运营、应急处置的相应职责和具体组织实施。地方负责筹集国家高速公路建设中除中央财政出资以外的其余资金,承担普通国道建设、养护、管理、运营中除中央支出以外的其余支出。(2)省道、农村公路、道路运输站场。地方承担专项规划、政策决定、监督评价职责,并承担建设、养护、管理、运营等具体事项的执行实施。(3)道路运输管理。地方承担专项规划、政策决定、监督评价职责,并承担具体事项的执行实施。省道、农村公路、道路运输站场和道路运输管理由地方承担支出责任。

2. 水路。(1)其他内河航道、内河港口公共锚地、陆岛交通码头。地方承担专项规划、政策决定、监督评价职责,并承担建设、养护、管理、运营等具体事项的执行实施。(2)客运码头安全检测设施、农村水上客渡运管理。地方承担专项规划、政策决定、监督评价职责,并承担建设、养护、管理、运营等具体事项的执行实施。(3)地方管理水域的水上安全监管和搜寻救助。地方承担具体事项的执行实施。上述水路领域事项由地方承担支出责任。

3. 铁路。(1)城际铁路、市域(郊)铁路、支线铁路、铁路专用线。建设、养护、管理、运营等具体执行事项由地方实施或由地方委托中央企业实施。(2)由地方决策的铁路公益性运输。地方承担相应的管理职责,具体执行事项由地方实施或由地方委托中央企业实施。(3)其他事项。地方承担铁路沿线(红线外)环境污染治理和铁路沿线安全环境整治,除国家铁路、国家铁路运输企业实际管理合资铁路外的其他铁路的安全保卫职责。上述铁路领域事项由地方承担支出责任。

4. 民航。地方承担通用机场相关职责,主要包括本行政区域内通用机场布局和建设规划、相关审批工作,并负责通用机场的建设、维护、运营等具体事项的执行实施(民航局及其所属企事业单位所有的通用机场除外),承担相应支出责任。

5. 邮政。地方承担邮政普遍服务、特殊服务和快递服务末端基础设施,邮政业环境污染治理等相关职责,负责规划、建设、维护、运营等具体事项的执行实施,承担相应支出责任。

6. 综合交通。地方承担一般性综合运输枢纽相关职责,主要包括专项规划、政策决定、监督评价等,负责建设、维护、管理、运营等具体事项的执行实施,承担相应支出责任。

此外,公路、水路、铁路、民航、邮政、综合交通领域地方履职能力建设,由地方承担财政事权和支出责任,主要包括相关领域地方履行行业管理职责所开展的重大问题研究、地方相关政策法规及地方标准制定,本行政区域内行业监管,本行政区域内行业统计与运行监测,应急性交通运输公共服务等事项。

中央与新疆生产建设兵团财政事权和支出责任划分,参照中央与地方划分原则执行;财政支持政策原则上参照新疆维吾尔自治区执行,并适当考虑新疆生产建设兵团的特殊因素。交通运输领域的其他未列事项,按照改革的总体要求和事项特点具体确定财政事权和支出责任。

三、配套措施

(一)加强组织领导,确保改革落实。各地区、各有关部门要增强“四个意识”,坚定“四个自信”,做到“两个维护”,切实加强组织领导与协调配合。国务院有关部门和单位要根据本方案,细化实化改革任务和举措,强化对改革任务进展情况的督查和评估。各地区要认真执行相关政策,履行好提供交通运输基本公共服务的职责,确保改革顺利实施。

(二)落实支出责任,强化投入保障。各地区、各有关部门要根据本方案,按规定做好预算安排和投资计划,切实落实支出责任。对属于地方财政事权的,原则上由地方政府通过自有财力安排,确保地方承担的支出责任落实到位。对地方政府履行财政事权、落实支出责任存在收支缺口的,上级政府可根据不同时期发展目标给予一定的资金支持。

(三)加强省级统筹,推进省以下改革。各地区要根据本方案精神,结合本地实际情况,按照财税体制改革要求,制定省以下交通运输领域财政事权和支出责任划分改革方案,组织推动相关改革工作。要加强省级统筹,适度加强省级政府承担交通运输基本公共服务的职责和能力，避免将过多支出责任交由基层政府承担。

（四）协同推进改革，形成良性互动。要积极稳妥统筹推进交通运输领域财政事权和支出责任划分改革，与交通运输领域现有重大改革有机衔接、整体推进、务求实效。要强化顶层设计，准确把握各项改革措施出台的时机、力度和节奏，形成良性互动、协同推进的局面。要完善预算管理制度，全面实施预算绩效管理，盘活存量资金，优化支出结构，着力提高交通运输领域资金配置效率和使用效益。

（五）完善配套制度，促进规范运行。各地区、各有关部门要在全面系统梳理交通运输领域财政事权方面相关法律制度的基础上，抓紧修订相关管理制度，推动研究完善相关法律、法规及部门规章，逐步实现交通运输领域财政事权和支出责任划分的法治化、规范化。

本方案自2020年1月1日起实施。

国务院办公厅关于完善建设用地使用权转让、出租、抵押二级市场的指导意见

（2019年7月6日　国办发〔2019〕34号）

土地市场是我国现代市场体系的重要组成部分，是资源要素市场的重要内容。改革开放以来，通过大力推行国有建设用地有偿使用制度，我国基本形成了以政府供应为主的土地一级市场和以市场主体之间转让、出租、抵押为主的土地二级市场，对建立和完善社会主义市场经济体制、促进土地资源的优化配置和节约集约利用、加快工业化和城镇化进程起到了重要作用。随着经济社会发展，土地二级市场运行发展中的一些问题逐步凸显，交易规则不健全、交易信息不对称、交易平台不规范、政府服务和监管不完善等问题比较突出，导致要素流通不畅，存量土地资源配置效率较低，难以满足经济高质量发展的需要。为完善建设用地使用权转让、出租、抵押二级市场，结合各地改革试点实践，经国务院同意，现提出以下意见。

一、总体要求

（一）指导思想。以习近平新时代中国特色社会主义思想为指导，全面贯彻党的十九大和十九届二中、三中全会精神，紧紧围绕统筹推进“五位一体”总体布局和协调推进“四个全面”战略布局，认真落实党中央、国务院决策部

署，充分发挥市场在资源配置中的决定性作用，更好发挥政府作用，坚持问题导向，以建立城乡统一的建设用地市场为方向，以促进土地要素流通顺畅为重点，以提高存量土地资源配置效率为目的，以不动产统一登记为基础，与国土空间规划及相关产业规划相衔接，着力完善土地二级市场规则，健全服务和监管体系，提高节约集约用地水平，为完善社会主义市场经济体制、推动经济高质量发展提供用地保障。

（二）基本原则。

把握正确方向。坚持社会主义市场经济改革方向，突出市场在资源配置中的决定性作用，着力减少政府微观管理和直接干预。落实"放管服"改革总体要求，强化监管责任，减少事前审批，创新和完善事中事后监管，激发市场活力，增强内生动力。

规范市场运行。完善交易规则，维护市场秩序，保证市场主体在公开、公平、公正的市场环境下进行交易，保障市场依法依规运行和健康有序发展，促进要素流动和平等交换，提高资源配置效率。

维护合法权益。坚持平等、全面、依法保护产权。充分尊重权利人意愿，保障市场主体合法权益，实现各类市场主体按照市场规则和市场价格依法平等使用和交易建设用地使用权，实现产权有效激励。切实维护土地所有权人权益，防止国有土地资产流失。

提高服务效能。强化服务意识，优化交易流程，降低交易成本，提高办事效率，方便群众办事，全面提升土地市场领域政府治理能力和水平。

（三）目标任务。建立产权明晰、市场定价、信息集聚、交易安全、监管有效的土地二级市场，市场规则健全完善，交易平台全面形成，服务和监管落实到位，市场秩序更加规范，制度性交易成本明显降低，土地资源配置效率显著提高，形成一、二级市场协调发展、规范有序、资源利用集约高效的现代土地市场体系。

（四）适用范围。建设用地使用权转让、出租、抵押二级市场的交易对象是国有建设用地使用权，重点针对土地交易以及土地连同地上建筑物、其他附着物等整宗地一并交易的情况。涉及到房地产交易的，应当遵守《中华人民共和国城市房地产管理法》、《城市房地产开发经营管理条例》等法律法规规定。

二、完善转让规则，促进要素流通

（五）明确建设用地使用权转让形式。将各类导致建设用地使用权转移的行为都视为建设用地使用权转让，包括买卖、交换、赠与、出资以及司法处置、资产处置、法人或其他组织合并或分立等形式涉及的建设用地使用权转移。建设用地使用权转移的,地上建筑物、其他附着物所有权应一并转移。涉及到房地产转让的,按照房地产转让相关法律法规规定,办理房地产转让相关手续。

（六）明晰不同权能建设用地使用权转让的必要条件。以划拨方式取得的建设用地使用权转让,需经依法批准,土地用途符合《划拨用地目录》的,可不补缴土地出让价款,按转移登记办理;不符合《划拨用地目录》的,在符合规划的前提下,由受让方依法依规补缴土地出让价款。以出让方式取得的建设用地使用权转让,在符合法律法规规定和出让合同约定的前提下,应充分保障交易自由;原出让合同对转让条件另有约定的,从其约定。以作价出资或入股方式取得的建设用地使用权转让,参照以出让方式取得的建设用地使用权转让有关规定,不再报经原批准建设用地使用权作价出资或入股的机关批准;转让后,可保留为作价出资或入股方式,或直接变更为出让方式。

（七）完善土地分割、合并转让政策。分割、合并后的地块应具备独立分宗条件,涉及公共配套设施建设和使用的,转让双方应在合同中明确有关权利义务。拟分割宗地已预售或存在多个权利主体的,应取得相关权利人同意,不得损害权利人合法权益。

（八）实施差别化的税收政策。各地可根据本地实际,在地方权限内探索城镇土地使用税差别化政策,促进土地节约集约利用。

三、完善出租管理,提高服务水平

（九）规范以有偿方式取得的建设用地使用权出租管理。以出让、租赁、作价出资或入股等有偿方式取得的建设用地使用权出租或转租的,不得违反法律法规和有偿使用合同的相关约定。

（十）规范划拨建设用地使用权出租管理。以划拨方式取得的建设用地使用权出租的,应按照有关规定上缴租金中所含土地收益,纳入土地出让收入管理。宗地长期出租,或部分用于出租且可分割的,应依法补办出让、租赁等有偿使用手续。建立划拨建设用地使用权出租收益年度申报制度,出租人依法申报并缴纳相关收益的,不再另行单独办理划拨建设用地使用权出租的批准手续。

（十一）营造建设用地使用权出租环境。市、县自然资源主管部门应当提供建设用地使用权出租供需信息发布条件和场所,制定规范的出租合同文本,提供交易鉴证服务,保障权利人的合法权益。统计分析建设用地使用权出租情况及市场相关数据,定期发布出租市场动态信息和指南。

四、完善抵押机制,保障合法权益

（十二）明确不同权能建设用地使用权抵押的条件。以划拨方式取得的建设用地使用权可以依法依规设定抵押权，划拨土地抵押权实现时应优先缴纳土地出让收入。以出让、作价出资或入股等方式取得的建设用地使用权可以设定抵押权。以租赁方式取得的建设用地使用权，承租人在按规定支付土地租金并完成开发建设后，根据租赁合同约定，其地上建筑物、其他附着物连同土地可以依法一并抵押。

（十三）放宽对抵押权人的限制。自然人、企业均可作为抵押权人申请以建设用地使用权及其地上建筑物、其他附着物所有权办理不动产抵押相关手续，涉及企业之间债权债务合同的须符合有关法律法规的规定。

（十四）依法保障抵押权能。探索允许不以公益为目的的养老、教育等社会领域企业以有偿取得的建设用地使用权、设施等财产进行抵押融资。各地要进一步完善抵押权实现后保障原有经营活动持续稳定的配套措施，确保土地用途不改变、利益相关人权益不受损。探索建立建设用地使用权抵押风险提示机制和抵押资金监管机制，防控市场风险。

五、创新运行模式，规范市场秩序

（十五）建立交易平台。各地要在市、县自然资源主管部门现有的土地交易机构或平台基础上搭建城乡统一的土地市场交易平台，汇集土地二级市场交易信息，提供交易场所，办理交易事务，大力推进线上交易平台和信息系统建设。

（十六）规范交易流程。建立"信息发布—达成意向—签订合同—交易监管"的交易流程。交易双方可通过土地二级市场交易平台等渠道发布和获取市场信息；可自行协商交易，也可委托土地二级市场交易平台公开交易；达成一致后签订合同，依法申报交易价格，申报价格比标定地价低20%以上的，市、县人民政府可行使优先购买权。各地要加强交易事中事后监管，对违反有关法律法规或不符合出让合同约定、划拨决定书规定的，不予办理相关手续。

（十七）加强信息互通共享。加强涉地司法处置工作衔接，涉及建设用地使用权转移的案件，自然资源主管部门应当向人民法院提供所涉不动产的权利状况、原出让合同约定的权利义务情况等。建立健全执行联动机制，司法处置土地可进入土地二级市场交易平台交易。加强涉地资产处置工作衔接，政府有关部门或事业单位进行国有资产处置时涉及划拨建设用地使用权转移的，应征求自然资源主管部门意见，并将宗地有关情况如实告知当事人。自然资源、住房城乡建设、税务、市场监管等主管部门应加强对涉地股权转让的联合监管。加强建设用地使用权与房地产交易管理的衔接，建设用地使用权转让、出租、抵押涉及房地产转让、出租、抵押的，住房城乡建设主管部门与自然资源主管部门应当加强信息共享。

六、健全服务体系，加强监测监管

（十八）提供便捷高效的政务服务。在土地交易机构或平台内汇集交易、登记、税务、金融等相关部门或机构的办事窗口，大力发展“互联网＋政务服务”，积极推进“一窗受理、一网通办、一站办结”，大力精简证明材料，压缩办理时间，提高办事效率和服务水平。发挥土地交易机构或平台的专业优势，提供法律、政策咨询服务，协调矛盾，化解纠纷，营造良好的交易环境。

（十九）培育和规范中介组织。发挥社会中介组织在市场交易活动中的桥梁作用，发展相关机构，为交易各方提供推介、展示、咨询、估价、经纪等服务。各地要加强指导和监管，引导社会中介组织诚信经营。

（二十）加强市场监测监管与调控。健全土地二级市场动态监测监管制度，完善监测监管信息系统。严格落实公示地价体系，定期更新和发布基准地价或标定地价；完善土地二级市场的价格形成、监测、指导、监督机制，防止交易价格异常波动。土地转让涉及房地产开发的相关资金来源应符合房地产开发企业购地和融资的相关规定。强化土地一、二级市场联动，加强土地投放总量、结构、时序等的衔接，适时运用财税、金融等手段，加强对土地市场的整体调控，维护市场平稳运行。

（二十一）完善土地市场信用体系。土地转让后，出让合同所载明的权利义务随之转移，受让人应依法履约。要加强对交易各方的信用监管，健全以“双随机、一公开”为基本手段、以重点监管为补充、以信用监管为基础的新型监管机制。各地要结合本地区实际，制定土地市场信用评价规则和约束措施，对失信责任主体实施联合惩戒，推进土地市场信用体系共建共治共享。

七、保障措施

（二十二）加强组织领导。各地区各有关部门要充分认识完善土地二级市场的重要性，结合实际研究制定实施细则和配套措施，确保各项工作举措和要求落实到位。各级自然资源、财政、住房城乡建设、国有资产监督管理、税务、市场监管、金融等主管部门要建立联动机制，明确分工，落实责任，做好人员和经费保障，有序推进土地二级市场建设。已依法入市的农村集体经营性建设用地使用权转让、出租、抵押，可参照本意见执行。

（二十三）重视宣传引导。加大对土地二级市场相关政策的宣传力度，及时总结推广各地典型经验和创新做法，扩大土地二级市场影响力、吸引力，调动市场主体参与积极性。合理引导市场预期，及时回应公众关切，营造良好的土地市场舆论氛围，提升市场主体和全社会依法规范、节约集约用地的意识，切实提高资源利用效率。

（二十四）严格责任追究。强化监督问责，对违反土地二级市场相关规定的地方政府和有关部门、单位以及责任人员严格实行责任追究，坚决打击各种腐败行为。

国务院办公厅关于加快推进社会信用体系建设构建以信用为基础的新型监管机制的指导意见

（2019年7月9日 国办发〔2019〕35号）

为加强社会信用体系建设，深入推进“放管服”改革，进一步发挥信用在创新监管机制、提高监管能力和水平方面的基础性作用，更好激发市场主体活力，推动高质量发展，经国务院同意，现提出如下意见。

一、总体要求

以习近平新时代中国特色社会主义思想为指导，深入贯彻落实党的十九大和十九届二中、三中全会精神，按照依法依规、改革创新、协同共治的基本原则，以加强信用监管为着力点，创新监管理念、监管制度和监管方式，建立健全贯穿市场主体全生命周期，衔接事前、事中、事后全监管环节的新型监管机制，不断提升监管能力和水平，进一步规范市场秩序，优化营商环境，推动高质量发展。

二、创新事前环节信用监管

（一）建立健全信用承诺制度。在办理适用信用承诺制的行政许可事项时，申请人承诺符合审批条件并提交有关材料的，应予即时办理。申请人信用状况较好、部分申报材料不齐备但书面承诺在规定期限内提供的，应先行受理，加快办理进度。书面承诺履约情况记入信用记录，作为事中、事后监管的重要依据，对不履约的申请人，视情节实施惩戒。要加快梳理可开展信用承诺的行政许可事项，制定格式规范的信用承诺书，并依托各级信用门户网站向社会公开。鼓励市场主体主动向社会作出信用承诺。支持行业协会商会建立健全行业内信用承诺制度，加强行业自律。（各地区各部门按职责分别负责）

（二）探索开展经营者准入前诚信教育。充分利用各级各类政务服务窗口，广泛开展市场主体守法诚信教育。为市场主体办理注册、审批、备案等相关业务时，适时开展标准化、规范化、便捷化的法律知识和信用知识教育，提高经营者依法诚信经营意识。开展诚信教育不得收费，也不得作为市场准入的

必要条件。(各地区各部门按职责分别负责)

(三)积极拓展信用报告应用。鼓励各类市场主体在生产经营活动中更广泛、主动地应用信用报告。在政府采购、招标投标、行政审批、市场准入、资质审核等事项中,充分发挥公共信用服务机构和第三方信用服务机构出具的信用报告作用。探索建立全国统一的信用报告标准,推动信用报告结果实现异地互认。(发展改革委、人民银行牵头,各地区各部门按职责分别负责)

三、加强事中环节信用监管

(四)全面建立市场主体信用记录。根据权责清单建立信用信息采集目录,在办理注册登记、资质审核、日常监管、公共服务等过程中,及时、准确、全面记录市场主体信用行为,特别是将失信记录建档留痕,做到可查可核可溯。(各地区各部门按职责分别负责)完善法人和非法人组织统一社会信用代码制度,以统一社会信用代码为标识,整合形成完整的市场主体信用记录,并通过“信用中国”网站、国家企业信用信息公示系统或中国政府网及相关部门门户网站等渠道依法依规向社会公开。完成12315市场监管投诉举报热线和信息化平台整合工作,大力开展消费投诉公示,促进经营者落实消费维权主体责任。(发展改革委、市场监管总局负责)

(五)建立健全信用信息自愿注册机制。鼓励市场主体在“信用中国”网站或其他渠道上自愿注册资质证照、市场经营、合同履约、社会公益等信用信息,并对信息真实性公开作出信用承诺,授权网站对相关信息进行整合、共享与应用。经验证的自愿注册信息可作为开展信用评价和生成信用报告的重要依据。(发展改革委牵头,各部门按职责分别负责)

(六)深入开展公共信用综合评价。全国信用信息共享平台要加强与相关部门的协同配合,依法依规整合各类信用信息,对市场主体开展全覆盖、标准化、公益性的公共信用综合评价,定期将评价结果推送至相关政府部门、金融机构、行业协会商会参考使用,并依照有关规定向社会公开。推动相关部门利用公共信用综合评价结果,结合部门行业管理数据,建立行业信用评价模型,为信用监管提供更精准的依据。(发展改革委牵头,各部门按职责分别负责)

(七)大力推进信用分级分类监管。在充分掌握信用信息、综合研判信用状况的基础上,以公共信用综合评价结果、行业信用评价结果等为依据,对监管对象进行分级分类,根据信用等级高低采取差异化的监管措施。“双随机、一公开”监管要与信用等级相结合,对信用较好、风险较低的市场主体,可合理降低抽查比例和频次,减少对正常生产经营的影响;对信用风险一般的市场主体,按常规比例和频次抽查;对违法失信、风险较高的市场主体,适当提高抽

查比例和频次，依法依规实行严管和惩戒。（各地区各部门按职责分别负责）

四、完善事后环节信用监管

（八）健全失信联合惩戒对象认定机制。有关部门依据在事前、事中监管环节获取并认定的失信记录，依法依规建立健全失信联合惩戒对象名单制度。以相关司法裁判、行政处罚、行政强制等处理结果为依据，按程序将涉及性质恶劣、情节严重、社会危害较大的违法失信行为的市场主体纳入失信联合惩戒对象名单。加快完善相关管理办法，明确认定依据、标准、程序、异议申诉和退出机制。制定管理办法要充分征求社会公众意见，出台的标准及其具体认定程序以适当方式向社会公开。支持有关部门根据监管需要建立重点关注对象名单制度，对存在失信行为但严重程度尚未达到失信联合惩戒对象认定标准的市场主体，可实施与其失信程度相对应的严格监管措施。（各部门按职责分别负责）

（九）督促失信市场主体限期整改。失信市场主体应当在规定期限内认真整改，整改不到位的，按照"谁认定、谁约谈"的原则，由认定部门依法依规启动提示约谈或警示约谈程序，督促失信市场主体履行相关义务、消除不良影响。约谈记录记入失信市场主体信用记录，统一归集后纳入全国信用信息共享平台。大力推进重点领域失信问题专项治理，采取有力有效措施加快推进整改。（各部门按职责分别负责）

（十）深入开展失信联合惩戒。加快构建跨地区、跨行业、跨领域的失信联合惩戒机制，从根本上解决失信行为反复出现、易地出现的问题。依法依规建立联合惩戒措施清单，动态更新并向社会公开，形成行政性、市场性和行业性等惩戒措施多管齐下，社会力量广泛参与的失信联合惩戒大格局。重点实施惩戒力度大、监管效果好的失信惩戒措施，包括依法依规限制失信联合惩戒对象股票发行、招标投标、申请财政性资金项目、享受税收优惠等行政性惩戒措施，限制获得授信、乘坐飞机、乘坐高等级列车和席次等市场性惩戒措施，以及通报批评、公开谴责等行业性惩戒措施。（发展改革委牵头，各地区各部门按职责分别负责）

（十一）坚决依法依规实施市场和行业禁入措施。以食品药品、生态环境、工程质量、安全生产、养老托幼、城市运行安全等与人民群众生命财产安全直接相关的领域为重点，实施严格监管，加大惩戒力度。对拒不履行司法裁判或行政处罚决定、屡犯不改、造成重大损失的市场主体及其相关责任人，坚决依法依规在一定期限内实施市场和行业禁入措施，直至永远逐出市场。（发展改革委牵头，各地区各部门按职责分别负责）

（十二）依法追究违法失信责任。建立健全责任追究机制，对被列入失信联合惩戒对象名单的市场主体,依法依规对其法定代表人或主要负责人、实际控制人进行失信惩戒,并将相关失信行为记入其个人信用记录。机关事业单位、国有企业出现违法失信行为的,要通报上级主管单位和审计部门;工作人员出现违法失信行为的,要通报所在单位及相关纪检监察、组织人事部门。(各地区各部门按职责分别负责)

(十三)探索建立信用修复机制。失信市场主体在规定期限内纠正失信行为、消除不良影响的,可通过作出信用承诺、完成信用整改、通过信用核查、接受专题培训、提交信用报告、参加公益慈善活动等方式开展信用修复。修复完成后,各地区各部门要按程序及时停止公示其失信记录,终止实施联合惩戒措施。加快建立完善协同联动、一网通办机制,为失信市场主体提供高效便捷的信用修复服务。鼓励符合条件的第三方信用服务机构向失信市场主体提供信用报告、信用管理咨询等服务。(发展改革委牵头,各地区各部门按职责分别负责)

五、强化信用监管的支撑保障

(十四)着力提升信用监管信息化建设水平。充分发挥全国信用信息共享平台和国家"互联网+监管"系统信息归集共享作用,对政府部门信用信息做到"应归尽归",推进地方信用信息平台、行业信用信息系统互联互通,畅通政企数据流通机制,形成全面覆盖各地区各部门、各类市场主体的信用信息"一张网"。依托全国信用信息共享平台和国家"互联网+监管"系统,将市场主体基础信息、执法监管和处置信息、失信联合惩戒信息等与相关部门业务系统按需共享,在信用监管等过程中加以应用,支撑形成数据同步、措施统一、标准一致的信用监管协同机制。(发展改革委、国务院办公厅牵头,各地区各部门按职责分别负责)

(十五)大力推进信用监管信息公开公示。在行政许可、行政处罚信息集中公示基础上,依托"信用中国"网站、中国政府网或其他渠道,进一步研究推动行政强制、行政确认、行政征收、行政给付、行政裁决、行政补偿、行政奖励和行政监督检查等其他行政行为信息7个工作日内上网公开,推动在司法裁判和执行活动中应当公开的失信被执行人、虚假诉讼失信人相关信息通过适当渠道公开,做到"应公开、尽公开"。(各地区各部门按职责分别负责)

(十六)充分发挥"互联网+"、大数据对信用监管的支撑作用。依托国家"互联网+监管"等系统,有效整合公共信用信息、市场信用信息、投诉举报信息和互联网及第三方相关信息,充分运用大数据、人工智能等新一代信息技术,实现信用监管数据可比对、过程可追溯、问题可监测。鼓励各地区各部门结合实际,依法依规与大数据机构合作开发信用信息,及时动态掌握市场主体经营情况及其规律特征。充分利用国家"互联网+监管"等系统建立风险预判预警机制,及早发现防范苗头性和跨行业跨区域风险。运用大数据主动发现和识别违法违规线索,有效防范危害公共利益和群众生命财产安全的违法违规行为。鼓励通过物联网、视联网等非接触式监管方式提升执法监管效率,实现监管规范化、精准化、智能化,减少人为因素,实现公正监管,杜绝随意检查、多头监管等问题,实现"进一次门、查多项事",减少对监管对象的扰动。(国务院办公厅、发展改革委、市场监管总局牵头,各部门按职责分别负责)

(十七)切实加大信用信息安全和市场主体权益保护力度。严肃查处违规泄露、篡改信用信息或利用信用信息谋私等行为。加强信用信息安全基础设施和安全防护能力建设。建立健全信用信息异议投诉制度,对市场主体提出异议的信息,信息提供和采集单位要尽快核实并反馈结果,经核实有误的信息要及时予以更正或撤销。因错误认定失信联合惩戒对象名单、错误采取失信联合惩戒措施损害市场主体合法权益的,有关部门和单位要积极采取措施消除不良影响。(各地区各部门按职责分别负责)

(十八)积极引导行业组织和信用服务机构协同监管。支持有关部门授权的行业协会商会协助开展行业信用建设和信用监管,鼓励行业协会商会建立会员信用记录,开展信用承诺、信用培训、诚信宣传、诚信倡议等,将诚信作为行规行约重要内容,引导本行业增强依法诚信经营意识。推动征信、信用评级、信用保险、信用担保、履约担保、信用管理咨询及培训等信用服务发展,切实发挥第三方信用服务机构在信用信息采集、加工、应用等方面的专业作用。鼓励相关部门与第三方信用服务机构在信用记录归集、信用信息共享、信用大数据分析、信用风险预警、失信案例核查、失信行为跟踪监测等方面开展合作。(发展改革委、民政部、人民银行按职责分别负责)

六、加强信用监管的组织实施

(十九)加强组织领导。各地区各部门要把构建以信用为基础的新型监管机制作为深入推进"放管服"改革的重要举措,摆在更加突出的位置,加强组织领导,细化责任分工,有力有序有效推动落实。完善信用监管的配套制度,并加强与其他"放管服"改革事项的衔接。负有市场监管、行业监管职责的部门要切实承担行业信用建设和信用监管的主体责任,充分发挥行业组织、第三方信用服务机构作用,为公众监督创造有利条件,整合形成全社会共同参与信用监管的强大合力。(发展改革委牵头,各地区各部门按职责分别负责)

(二十)开展试点示范。围绕信用承诺、信用修复、失信联合惩戒、信用大数据开发利用等重点工作,组织开展信用建设和信用监管试点示范。在各地区各部门探索创新的基础上,及时总结、提炼、交流开展信用建设和信用监管

的好经验、好做法，在更大范围复制推广。（发展改革委牵头，各地区各部门按职责分别负责）

（二十一）加快建章立制。推动制定社会信用体系建设相关法律，加快研究出台公共信用信息管理条例、统一社会信用代码管理办法等法规。建立健全全国统一的信用监管规则和标准，及时出台相关地方性法规、政府规章或规范性文件，将信用监管中行之有效的做法上升为制度规范。抓紧制定开展信用监管急需的国家标准。（发展改革委、司法部牵头，各地区各部门按职责分别负责）

（二十二）做好宣传解读。各地区各部门要通过各种渠道和形式，深入细致向市场主体做好政策宣传解读工作，让经营者充分理解并积极配合以信用为基础的新型监管措施。加强对基层和一线监管人员的指导和培训。组织新闻媒体广泛报道，积极宣传信用监管措施及其成效，营造良好社会氛围。（发展改革委牵头，各地区各部门按职责分别负责）

国务院办公厅关于建立职业化专业化药品检查员队伍的意见

（2019 年 7 月 9 日　国办发〔2019〕36 号）

职业化专业化药品（含医疗器械、化妆品）检查员是指经药品监管部门认定，依法对管理相对人从事药品研制、生产等场所、活动进行合规确认和风险研判的人员，是加强药品监管、保障药品安全的重要支撑力量。为贯彻党中央、国务院决策部署，建立职业化专业化药品检查员队伍，进一步完善药品监管体制机制，经国务院同意，现提出以下意见。

一、总体要求

（一）指导思想。以习近平新时代中国特色社会主义思想为指导，全面贯彻落实党的十九大和十九届二中、三中全会精神，按照党中央、国务院关于加强药品安全监管的决策部署，遵循科学监管规律，深化药品监管体制机制改革，坚持源头严防、过程严管、风险严控，强化药品安全监督检查，切实保障人民群众身体健康和用药用械安全。

（二）主要目标。坚持职业化方向和专业性、技术性要求，到 2020 年底，国务院药品监管部门和省级药品监管部门基本完成职业化专业化药品检查员队伍制度体系建设。在此基础上，再用三到五年时间，构建起基本满足药品监管要求的职业化专业化药品检查员队伍体系，进一步完善以专职检查员为主体、兼职检查员为补充，政治过硬、素质优良、业务精湛、廉洁高效的职业化专业化药品检查员队伍，形成权责明确、协作顺畅、覆盖全面的药品监督检查工作体系。

二、完善药品检查体制机制

（三）构建国家和省两级职业化专业化药品检查员队伍。国务院药品监管部门和省级药品监管部门分别建立国家级和省级职业化专业化药品检查员队伍，配备满足检查工作要求的专职检查员，为药品监管行政执法等提供技术支撑。在此基础上，国务院药品监管部门和省级药品监管部门要重点强化疫苗等高风险药品检查员队伍建设。

（四）强化检查机构建设。进一步加强国务院药品监管部门药品审核查验机构及国家疫苗检查机构建设，负责国家级职业化专业化药品检查员队伍日常管理。完善省级药品监管部门检查机构设置，负责省级职业化专业化药品检查员队伍日常管理。根据监管工作需要，国务院药品监管部门在药品产业集中、高风险药品生产聚集等重点地区加强药品检查工作力量，实施重点检查和精准检查。省级药品监管部门根据监管工作需要，在药品生产聚集的地区加强药品检查工作力量，有条件的地方可分区域设置检查分支机构，实施就近检查和常态化检查。

（五）明确检查事权划分。国务院药品监管部门主要承担药品、医疗器械、特殊用途化妆品研发过程现场检查，以及药物非临床研究质量管理规范、药物临床试验质量管理规范、医疗器械临床试验质量管理规范执行情况合规性检查；承担药品、医疗器械、化妆品境外现场检查以及生产环节重大有因检查。省级药品监管部门主要承担药品、医疗器械、化妆品生产过程现场检查，以及有关生产质量管理规范执行情况合规性检查；承担药品批发企业、零售连锁总部、互联网销售第三方平台相关现场检查；指导市县级市场监管部门开展药品、医疗器械、化妆品经营、使用环节现场检查，以及有关经营质量管理规范执行情况合规性检查。药品检查事项按照承担职责的职能部门隶属关系分别明确为中央或地方财政事权，由同级财政部门承担支出责任。

进一步加强疫苗等高风险药品检查工作。国务院药品监管部门强化疫苗等高风险药品研制、生产环节的飞行检查以及境外检查，不定期开展巡查并加强随机抽查。省级药品监管部门直接负责疫苗等高风险药品生产过程的派驻检查、日常检查，落实更加集中、更加严格的现场检查、信息公示、不良反应监测报告等制度，实行严格的属地监管。

（六）落实检查要求。国务院药品监管部门和省级药品监管部门要制定完善药品检查工作规则和流程规范，强化各项检查工作。进一步加强药品全过程质量安全风险管理，专项检查、飞行检查等工作要全面推行“双随机、一公开”监管，加快推进基于云计算、大数据、“互联网+”等信息技术的药品智慧监管，提高监督检查效能。加快完善内部举报人制度。药品检查员队伍要落实药品注册现场检查、疫苗药品派驻检查以及属地检查、境外检查要求，积极配合药品监管稽查办案，落实有因检查要求，为科学监管、依法查办药品违法行为提供技术支撑。

（七）完善检查工作协调机制。国务院药品监管部门建立全国统一的检查员库和检查员信息平台，实现国家级和省级检查员信息共享和检查工作协调联动。建立健全检查员统一调配使用机制，根据工作需要统筹调配检查员开展检查工作。上级药品监管部门根据工作需要，可调动下级药品监管部门开展检查工作；下级药品监管部门在工作中遇到复杂疑难问题，可申请上级药品监管部门派出检查员现场指导。

三、落实检查员配置

（八）合理确定队伍规模。根据监管事权、药品产业规模以及检查任务等，机构编制部门、财政部门会同药品监管部门科学合理确定职业化专业化药品检查员队伍规模，在统筹考虑现有各级药品监管人员、编制基础上，进一步加强国家级和省级专职药品检查员队伍人员配备，合理保障工作需要。有疫苗等高风险药品生产企业的地区，还应配备相应数量的具有疫苗等高风险药品检查技能和实践经验的药品检查员。

（九）规范检查员编制管理。充分考虑药品检查工作的公益属性，根据检查工作需要，统筹考虑药品检查机构人员编制。严格落实编制管理工作要求，采取多种形式保障检查员编制需求，吸引、稳定检查骨干和高水平检查员。创新检查员管理机制，实行检查员编制配备和政府购买检查服务相结合，优化检查员队伍编制结构，确保检查员队伍稳定。

（十）多渠道充实职业化专业化药品检查员队伍。药品监管部门要严格按照相应的资格条件，有计划、有步骤地充实职业化专业化药品检查员队伍。可通过直接划转监管部门内部有资质的监管人员、培训考核相关专业人员、面向社会公开招聘等方式，不断充实检查员队伍。创新人才选用方式，实施高水平检查员队伍扩充行动计划，大力培训培养、招聘引进具有疫苗等高风险药品检查技能和实践经验的药品检查员。

鼓励结合地方市场监管体制改革，将市县原从事药品生产、批发监管工作的检查（监管）人员划转充实省级职业化专业化药品检查员队伍，建立以省级药品监管部门为主体，吸收各级市场监管部门中具有相应药品检查资质人员参加的检查员队伍体系，落实本行政区域药品生产等监管全覆盖的要求。各级市场监管部门管理的具有药品研制、生产等检查资质的人员，可作为国家级、省级兼职检查员，纳入全国检查员库调配使用。同时，从相关科研机构、检验检测机构、高等院校中聘用符合资格条件的人员作为兼职检查员，为专职检查员队伍提供重要补充。

四、加强检查员队伍管理

（十一）实行检查员分级分类管理。国务院药品监管部门建立检查员分级分类管理制度。按照检查品种，将检查员分为药品、医疗器械、化妆品 3 个检查序列，并根据专业水平、业务能力、工作资历和工作实绩等情况，将检查员划分为初级检查员、中级检查员、高级检查员、专家级检查员 4 个层级，每个层级再细分为若干级别，对应不同的任职条件、职责权限、技术职称和考核标准，享有相应的薪酬待遇。

（十二）严格检查员岗位准入管理。国务院药品监管部门制定不同序列、不同层级检查员的岗位职责标准以及综合素质、检查能力要求，确立严格的岗位准入和任职条件，确保高标准、高要求建设职业化专业化药品检查员队伍。各级药品监管部门要全面考察拟任检查员的思想品德、业务素质、专业能力、专业素养、遵纪守法等情况，全面推行检查员培训并经药品监管部门考核合格后上岗制度，严把职业化专业化药品检查员队伍入口质量关。

（十三）建立科学合理的考核评价与职级升降机制。国家级和省级职业化专业化药品检查员队伍实行分级考核。要科学设置考核指标，建立以岗位职责为考核依据、以业绩贡献为评价重点，日常考核与年终考评、能力评价与实绩考核相结合的考核评价体系，实行多元化考核。注重考核检查员的职业道德、履职能力、专业技能、工作实绩等情况。建立技能考核和业绩考评相结合的职级升降制度以及不合格检查员退出制度，将职级调整与考评结果相挂钩。

五、不断提升检查员能力素质

（十四）强化检查员业务培训。着眼检查能力提升，分类开展各类药品检查员培训，建立统一规范的职业化专业化药品检查员培训体系，构建教、学、练、检一体化的教育培训机制。创新培训方式，建立检查员岗前培训和日常培训制度，初任检查员通过统一培训且考试考核合格后，方可取得药品监管部门颁发的检查工作资质。加大检查员培训机构、培训师资建设力度，构筑终身培训体系。检查员每年接受不少于 60 学时的业务知识和法律法规培训。建立检查员实训基地，突出检查工作模拟实操训练，强化培训全过程管理和考核评估，切实提升培训成效。

（十五）鼓励检查员提升能力水平。制定鼓励检查员提升专业素质和检查能力的具体措施，调动检查员参加集中培训、专业深造、个人自学的积极性和自觉性。推行检查员培训考核制度，进一步强化学习培训成果在年终考核、推优评先、职级调整、职务晋升等环节的运用。

（十六）创新高素质检查员培养模式。鼓励药品监管部门与高等院校、科研机构建立联合培养机制，储备高素质检查人才。积极依托相关国际机构和非营利组织，努力培养能够深度参与国际药品监管事务的高水平检查员。

六、建立激励约束机制

（十七）拓宽检查员职业发展空间。药品监管部门建立不同级别检查员与事业单位专业技术岗位等级对应机制，拓宽检查员职业发展空间。合理设定各级检查机构高级专业技术岗位数量，满足职业化专业化药品检查员队伍发展需要。

（十八）完善检查员参加相应职称评审的政策。符合条件的检查员可参加卫生（〔中〕医、〔中〕药、技）系列、工程系列职称评审。国务院药品监管部门和省级药品监管部门可按规定成立相应检查员职称评审委员会，经人力资源社会保障部门核准备案后，开展相应职称评审工作。建立以品德、知识、能力、业绩为主要内容的检查员职称评价标准和以专家评审为基础的业内评价机制，注重考核检查员的专业性、技术性、实践性，突出评价检查员履行岗位职责的工作绩效与实际贡献。

（十九）建立检查员薪酬待遇保障机制。按照体现专业技能和劳动价值的原则，健全和完善职业化专业化药品检查员队伍薪酬待遇分配机制。检查员薪酬待遇水平与检查员技术职称、检查工作难易程度及检查任务量相挂钩，构建向现场检查一线倾斜的薪酬激励机制。用人单位依法参加工伤等保险，鼓励通过人身意外伤害商业保险提高职业伤害保障水平，保障检查员现场检查的人身安全。按照国家有关规定，对发现重大风险隐患、工作业绩突出的检查员给予表彰奖励，充分调动检查员认真履职尽责的积极性和主动性，提升职业荣誉感。

（二十）建立检查员纪律约束和监督机制。国务院药品监管部门要制定检查员职业操守和廉洁自律规范，引导和规范检查员依法依规、客观公正履职尽责。建立健全检查工作制度，明确检查工作程序，建立检查员权力清单和责任清单，严格检查员廉洁自律要求。国务院药品监管部门和省级药品监管部门要健全符合检查工作实际的反腐倡廉长效机制，建立派出检查工作复核制度，实施派出检查小组内部制约和组长负责制，加强对药品检查关键环节和重点检查人员的监督。国务院药品监管部门和省级药品监管部门要构建利益冲突防范机制,防范利益冲突风险。完善信息公开制度,实行“阳光检查”,接受社会监督。建立严格责任追究制度,强化监督检查,对未履行检查职责、不当履行检查职责以及违法违规的检查员,要依法依规严肃处理。

七、完善组织领导和保障措施

(二十一)加强组织领导。各省(自治区、直辖市)政府要进一步增强保障药品安全的责任感和使命感,充分认识加强药品安全检查工作的重要性,切实加强对药品监管工作的组织领导,保障人民群众用药用械安全。完善相关配套政策,加快推进检查员队伍建设。健全部门间沟通协调机制,及时研究解决职业化专业化药品检查员队伍建设中的重大问题。各级药品监管部门要加强职业化专业化药品检查员队伍建设的规划和统筹管理,研究提出具体可行的操作意见。财政、人力资源社会保障、机构编制等有关部门要在各自职责范围内,积极推进有关工作,在预算经费、人事管理、机构编制等方面加大支持力度,为职业化专业化药品检查员队伍建设创造有利条件。

(二十二)强化检查工作信息化支撑。整合药品检查工作信息资源,优化检查工作流程,构建检查工作数据库。积极运用信息通信技术等现代科技手段,强化移动终端和过程记录设备的配备和使用,充分利用信息资源及数据分析技术,推动现场检查工作标准化规范化。

国务院办公厅关于印发治理高值医用耗材改革方案的通知

(2019年7月19日　国办发〔2019〕37号)

《治理高值医用耗材改革方案》已经国务院同意,现印发给你们,请结合实际,认真组织实施。

治理高值医用耗材改革方案

高值医用耗材是指直接作用于人体、对安全性有严格要求、临床使用量大、价格相对较高、群众费用负担重的医用耗材。近年来,我国高值医用耗材行业得到较快发展,水平不断提升,技术明显进步,在满足人民群众健康需求、促进健康产业发展等方面发挥了积极作用,但同时也出现了价格虚高、过度使用等群众反映强烈、社会关注度高的突出问题。为全面深入治理高值医用耗材,规范医疗服务行为,控制医疗费用不合理增长,维护人民群众健康权益,按照党中央、国务院决策部署,现就治理高值医用耗材制定如下改革方案。

一、总体要求

以习近平新时代中国特色社会主义思想为指导,全面贯彻党的十九大和十九届二中、三中全会精神,牢固树立以人民为中心的思想,通过优化制度、完善政策、创新方式,理顺高值医用耗材价格体系,完善高值医用耗材全流程监督管理,净化高值医用耗材市场环境和医疗服务执业环境,支持具有自主知识产权的国产高值医用耗材提升核心竞争力,推动形成高值医用耗材质量可靠、流通快捷、价格合理、使用规范的治理格局,促进行业健康有序发展、人民群众医疗费用负担进一步减轻。

二、完善价格形成机制,降低高值医用耗材虚高价格

(一)统一编码体系和信息平台。加强高值医用耗材规范化管理,明确治理范围,将单价和资源消耗占比相对较高的高值医用耗材作为重点治理对象。制定医疗器械唯一标识系统规则。逐步统一全国医保高值医用耗材分类与编码,探索实施高值医用耗材注册、采购、使用等环节规范编码的衔接应用。建立高值医用耗材价格监测和集中采购管理平台,加强统计分析,做好与医保支付审核平台的互联互通。建立部门间高值医用耗材价格信息共享和联动机制,强化购销价格信息监测。

(二)实行医保准入和目录动态调整。建立高值医用耗材基本医保准入制度,实行高值医用耗材目录管理,健全目录动态调整机制,及时增补必要的新技术产品,退出不再适合临床使用的产品。逐步实施高值医用耗材医保准入价格谈判,实现“以量换价”。建立高值医用耗材产品企业报告制度,企业对拟纳入医保的产品需按规定要求提交相关价格、市场销量、卫生经济学评估、不良事件监测等报告,作为医保准入评审的必要依据。建立高值医用耗材医保评估管理体系和标准体系。

(三)完善分类集中采购办法。按照带量采购、量价挂钩、促进市场竞争等原则探索高值医用耗材分类集中采购。所有公立医疗机构采购高值医用耗材须在采购平台上公开交易、阳光采购。对于临床用量较大、采购金额较高、临床使用较成熟、多家企业生产的高值医用耗材,按类别探索集中采购,鼓励医疗机构联合开展带量谈判采购,积极探索跨省联盟采购。对已通过医保准入并明确医保支付标准、价格相对稳定的高值医用耗材,实行直接挂网采购。

加强对医疗机构高值医用耗材实际采购量的监管。

（四）取消医用耗材加成。取消公立医疗机构医用耗材加成，2019年底前实现全部公立医疗机构医用耗材“零差率”销售，高值医用耗材销售价格按采购价格执行。公立医疗机构因取消医用耗材加成而减少的合理收入，主要通过调整医疗服务价格、财政适当补助、做好同医保支付衔接等方式妥善解决。公立医疗机构要通过分类集中采购、加强成本核算、规范合理使用等方式降低成本，实现良性平稳运行。

（五）制定医保支付政策。结合医保基金支付能力、患者承受能力、分类集中采购情况、高值医用耗材实际市场交易价格等因素，充分考虑公立医疗机构正常运行，研究制定医保支付政策；科学制定高值医用耗材医保支付标准，并建立动态调整机制。已通过医保准入谈判的，按谈判价格确定医保支付标准。对类别相同、功能相近的高值医用耗材，探索制定统一的医保支付标准。医保基金和患者按医保支付标准分别支付高值医用耗材费用，引导医疗机构主动降低采购价格。

三、规范医疗服务行为，严控高值医用耗材不合理使用

（六）严格医疗卫生行业管理责任落实。完善重点科室、重点病种的临床诊疗规范和指南，严格临床路径管理，提高临床诊疗规范化水平。加强涉及高值医用耗材的手术管理，规范临床技术指导行为。使用单位将高值医用耗材规范使用纳入医务人员规范化培训和继续教育内容，严格按产品说明书、技术操作规范等要求使用。探索推进医疗机构相关从业人员职业体系和专业化队伍建设。完善高值医用耗材临床应用管理，并将其纳入公立医疗机构绩效考核评价体系。加大医疗质量抽查力度，开展重点领域专项治理行动，从严查处各级各类医疗机构高值医用耗材临床使用违规行为，建立完善相关信用评价体系。

（七）完善医疗机构自我管理。建立高值医用耗材院内准入遴选机制，严禁科室自行采购。明确高值医用耗材管理科室，岗位责任落实到人。完善高值医用耗材使用院内点评机制和异常使用预警机制，开展对医务人员单一品牌高值医用耗材使用、单台手术高值医用耗材用量情况监测分析，对出现异常使用情况的要及时约谈相关医务人员，监测分析结果与其绩效考核挂钩。

（八）加强医保定点医疗机构服务行为管理。将高值医用耗材使用情况纳入定点医疗机构医保服务协议内容，加强对医保医生管理，对违反医保服务协议的，通过约谈、警示、通报批评、责令限期整改以及暂停或解除协议等方式进行处理。完善医保智能审核信息系统建设，加强高值医用耗材大数据分析，对高值医用耗材使用频次高和费用大的医疗机构和医务人员进行重点监控、重点稽核、定期通报并向社会公开。建立定点医疗机构、医务人员“黑名单”制度,完善医保定点医疗机构信用评价体系。

四、健全监督管理机制,严肃查处违法违规行为

(九)完善质量管理。严格规范高值医用耗材上市前注册审批流程,加强新产品医保管理与注册审批的有效衔接。提高医疗器械注册技术要求,推动高值医用耗材标准逐步与国际接轨。及时公开相关审批信息,强化社会监督。建立产品信息追溯体系和生产企业产品质量终身负责制。加强高值医用耗材全生命周期质量管理,完善研发、审批、规范应用政策。鼓励高值医用耗材创新发展,支持医用耗材研发生产,加快高新技术型高值医用耗材注册审批,推进市场公平竞争。加大对生产企业的抽检、飞行检查、生产环节检查力度。建立医疗机构医用耗材残次率报告系统,按照《医疗器械不良事件监测和再评价管理办法》开展医疗器械不良事件监测和再评价工作。

(十)强化流通管理。提升高值医用耗材流通领域规模化、专业化、信息化水平。公立医疗机构要建立高值医用耗材配送遴选机制,促进市场合理竞争。规范购销合同管理,医疗机构要严格依据合同完成回款。鼓励各地结合实际通过“两票制”等方式减少高值医用耗材流通环节,推动购销行为公开透明。将高值医用耗材相关企业及其从业人员诚信经营和执业情况纳入信用管理体系,加强对失信行为的记录、公示和预警,强化履约管理。

(十一)加强公立医疗机构党风廉政建设。充分发挥公立医疗机构党组织的领导作用,严格落实“一岗双责”,切实加强党风廉政建设和反腐败工作。公立医疗机构党组织要将预防和惩治高值医用耗材管理使用中的腐败问题作为全面从严治党的重要内容,承担主体责任,建立健全对高风险科室、岗位及人员严格监督管理的工作制度。公立医疗机构纪检监察机构履行监督执纪问责职责,加强对党员干部和医务人员严格遵守党纪国法情况的监督检查,严肃查处高值医用耗材领域不正之风和腐败问题。

(十二)部门联动加大违纪违法行为查处力度。建立多部门联合惩戒机制,严厉打击商业贿赂、垄断和不正当竞争、伪造和虚开发票、企业变相捐赠等行为。各级纪检监察机关加大审查调查工作力度,严肃查处高值医用耗材领域涉嫌贪污贿赂、失职渎职等违纪违法行为。坚持受贿行贿一起查,需要追究刑事责任和应由司法机关管辖的案件,依法移送司法机关。要加大涉及高值医用耗材典型案例的通报力度,形成震慑。

五、完善配套政策,促进行业健康发展

(十三)加大财政投入力度。明确政府办医主体责任,落实政府对符合区域卫生规划的公立医疗机构基本建设、设备购置、学科建设、人才培养、突发公共卫生事件处置的经费保障,以及对符合国家规定的离退休人员费用及政策性亏损补贴等的投入政策,确保公立医疗机构良性运行。

(十四)合理调整医疗服务价格。按照总量控制、结构调整、有升有降、逐步到位的原则,以及腾空间、调结构、保衔接的路径,合理调整医疗服务价格,重点提高体现技术劳务价值的医疗服务价格,做好医保与价格政策的衔接配合。建立医疗服务价格动态调整机制,逐步理顺比价关系,促进提高医疗服务收入在医疗总收入中的比例,为理顺高值医用耗材价格创造有利条件。

(十五)深化医保支付方式改革。加快推进按病种付费、按疾病诊断相关分组付费(DRGs)等支付方式改革,建立"结余留用、合理超支分担"的激励和风险分担机制,促进医疗机构将高值医用耗材使用内化为运行成本,主动控制高值医用耗材使用。坚持控制医疗费用与规范医疗服务质量并重,结合临床路径管理,合理制订按病种付费方案,扩大按病种付费的覆盖范围。

(十六)加快建立符合行业特点的薪酬制度。落实"允许医疗卫生机构突破现行事业单位工资调控水平,允许医疗服务收入扣除成本并按规定提取各项基金后主要用于人员奖励"的要求,完善薪酬分配政策,调动医务人员参与治理高值医用耗材改革的积极性。

六、坚持三医联动,强化组织实施

(十七)提高认识,加强领导。治理高值医用耗材是深化医药卫生体制改革的一项重点任务,涉及面广,社会各界广泛关注,各地各有关部门要充分认识这项工作的重要意义,切实加强领导,落实责任,坚持问题导向,分类施策,疏堵并举,确保改革平稳有序推进。

(十八)明确责任,分工协同。各地各有关部门要切实增强改革定力,明确责任分工,密切协同配合,确保治理高值医用耗材各项改革措施落地生效。鼓励地方结合实际,重点围绕分类集中采购、强化流通管理、规范公立医疗机构服务等方面,探索有效做法和模式,及时总结推广。

(十九)加强宣传,合理引导。各地各有关部门要及时准确解读政策,加强宣传引导,及时回应社会关切,合理引导社会预期,努力营造改革的良好氛围。

附件:重点任务分工

附件

重点任务分工

重点任务	负责单位	完成时限
完善价格形成机制，降低高值医用耗材虚高价格		
加强高值医用耗材规范化管理，明确治理范围，将单价和资源消耗占比相对较高的高值医用耗材作为重点治理对象。	国家卫生健康委、国家医保局（排在第一位的部门为牵头部门，下同）	2019年底前完成第一批重点治理清单
制定医疗器械唯一标识系统规则。	国家药监局、国家卫生健康委、国家医保局	2020年底前
逐步统一全国医保高值医用耗材分类与编码，探索实施高值医用耗材注册、采购、使用等环节规范编码衔接应用。	国家医保局、国家药监局、国家卫生健康委	2020年底前
建立高值医用耗材价格监测和集中采购管理平台，加强统计分析，做好与医保支付审核平台的互联互通。建立部门间高值医用耗材价格信息共享和联动机制，强化购销价格信息监测。	国家医保局、海关总署、国家药监局	2020年底前启动，持续推进
建立高值医用耗材基本医保准入制度，实行高值医用耗材目录管理，健全目录动态调整机制。	国家医保局、财政部	2020年6月底前出台准入管理办法
完善分类集中采购办法。对于临床用量较大、采购金额较高、临床使用较成熟、多家企业生产的高值医用耗材，按类别探索集中采购，鼓励医疗机构联合开展带量谈判采购，积极探索跨省联盟采购。	国家医保局	2019年下半年启动，持续完善集中采购办法
取消医用耗材加成。	国家医保局、国家卫生健康委、财政部	2019年底前
制定医保支付政策。	国家医保局、财政部、国家卫生健康委	持续推进

续表

重点任务	负责单位	完成时限
规范医疗服务行为，严控高值医用耗材不合理使用		
严格医疗卫生行业管理责任落实。加强涉及高值医用耗材的手术管理，规范临床技术指导行为。完善高值医用耗材临床应用管理，并将其纳入公立医疗机构绩效考核评价体系。	国家卫生健康委	2019 年底前
完善医疗机构自我管理。建立高值医用耗材院内准入遴选机制。完善高值医用耗材使用院内点评机制和异常使用预警机制。	国家卫生健康委	2019 年底前
加强医保定点医疗机构服务行为管理。	国家医保局	持续推进
健全监督管理机制，严肃查处违法违规行为		
完善质量管理。严格规范高值医用耗材上市前注册审批流程，加强新产品医保管理与注册审批的有效衔接。建立产品信息追溯体系和生产企业产品质量终身负责制。建立医疗机构医用耗材残次率报告系统，按照《医疗器械不良事件监测和再评价管理办法》开展医疗器械不良事件监测和再评价工作。	国家药监局、国家卫生健康委、国家发展改革委、国家医保局	2019 年底前
强化流通管理。鼓励各地结合实际通过“两票制”等方式减少高值医用耗材流通环节，推动购销行为公开透明。将高值医用耗材相关企业及其从业人员诚信经营和执业情况纳入信用管理体系，加强对失信行为的记录、公示和预警，强化履约管理。	国家卫生健康委、市场监管总局、国家发展改革委、工业和信息化部分别负责（分别负责为各部门按职责分别牵头，下同）	2020 年底前
加强公立医疗机构党风廉政建设。	国家卫生健康委	持续推进
部门联动加大违纪违法行为查处力度。建立多部门联合惩戒机制，严厉打击商业贿赂、垄断和不正当竞争、伪造和虚开发票、企业变相捐赠等行为。	国家卫生健康委、国家医保局、国家药监局、市场监管总局分别负责，中央纪委国家监委机关、最高人民法院、最高人民检察院参与	持续推进

续表

重点任务	负责单位	完成时限
完善配套政策,促进行业健康发展		
加大财政投入力度。	财政部、国家卫生健康委	持续推进
合理调整医疗服务价格。	国家医保局、财政部、国家卫生健康委	持续推进
深化医保支付方式改革。	国家医保局、国家卫生健康委、财政部	持续推进
加快建立符合行业特点的薪酬制度。	人力资源社会保障部、国家卫生健康委、财政部	持续推进

国务院部门规章

学校食品安全与营养健康管理规定

（2019 年 2 月 20 日教育部、国家市场监督管理总局、国家卫生健康委员会令第 45 号公布　自 2019 年 4 月 1 日起施行　国司备字[2019000403]）

第一章　总　　则

第一条　为保障学生和教职工在校集中用餐的食品安全与营养健康，加强监督管理，根据《中华人民共和国食品安全法》（以下简称食品安全法）、《中华人民共和国教育法》《中华人民共和国食品安全法实施条例》等法律法规，制定本规定。

第二条　实施学历教育的各级各类学校、幼儿园（以下统称学校）集中用餐的食品安全与营养健康管理，适用本规定。

本规定所称集中用餐是指学校通过食堂供餐或者外购食品（包括从供餐单位订餐）等形式，集中向学生和教职工提供食品的行为。

第三条　学校集中用餐实行预防为主、全程监控、属地管理、学校落实的原则，建立教育、食品安全监督管理、卫生健康等部门分工负责的工作机制。

第四条　学校集中用餐应当坚持公益便利的原则，围绕采购、贮存、加工、配送、供餐等关键环节，健全学校食品安全风险防控体系，保障食品安全，促进营养健康。

第五条　学校应当按照食品安全法律法规规定和健康中国战略要求，建立健全相关制度，落实校园食品安全责任，开展食品安全与营养健康的宣传教育。

第二章　管理体制

第六条　县级以上地方人民政府依法统一领导、组织、协调学校食品安全监督管理工作以及食品安全突发事故应对工作，将学校食品安全纳入本地区食品安全事故应急预案和学校安全风险防控体系建设。

第七条 教育部门应当指导和督促学校建立健全食品安全与营养健康相关管理制度，将学校食品安全与营养健康管理工作作为学校落实安全风险防控职责、推进健康教育的重要内容，加强评价考核；指导、监督学校加强食品安全教育和日常管理，降低食品安全风险，及时消除食品安全隐患，提升营养健康水平，积极协助相关部门开展工作。

第八条 食品安全监督管理部门应当加强学校集中用餐食品安全监督管理，依法查处涉及学校的食品安全违法行为；建立学校食堂食品安全信用档案，及时向教育部门通报学校食品安全相关信息；对学校食堂食品安全管理人员进行抽查考核，指导学校做好食品安全管理和宣传教育；依法会同有关部门开展学校食品安全事故调查处理。

第九条 卫生健康主管部门应当组织开展校园食品安全风险和营养健康监测，对学校提供营养指导，倡导健康饮食理念，开展适应学校需求的营养健康专业人员培训；指导学校开展食源性疾病预防和营养健康的知识教育，依法开展相关疫情防控处置工作；组织医疗机构救治因学校食品安全事故导致人身伤害的人员。

第十条 区域性的中小学卫生保健机构、妇幼保健机构、疾病预防控制机构，根据职责或者相关主管部门要求，组织开展区域内学校食品安全与营养健康的监测、技术培训和业务指导等工作。

鼓励有条件的地区成立学生营养健康专业指导机构，根据不同年龄阶段学生的膳食营养指南和健康教育的相关规定，指导学校开展学生营养健康相关活动，引导合理搭配饮食。

第十一条 食品安全监督管理部门应当将学校校园及周边地区作为监督检查的重点，定期对学校食堂、供餐单位和校园内以及周边食品经营者开展检查；每学期应当会同教育部门对本行政区域内学校开展食品安全专项检查，督促指导学校落实食品安全责任。

第三章 学校职责

第十二条 学校食品安全实行校长（园长）负责制。

学校应当将食品安全作为学校安全工作的重要内容，建立健全并落实有关食品安全管理制度和工作要求，定期组织开展食品安全隐患排查。

第十三条 中小学、幼儿园应当建立集中用餐陪餐制度，每餐均应当有学校相关负责人与学生共同用餐，做好陪餐记录，及时发现和解决集中用餐过程中存在的问题。

有条件的中小学、幼儿园应当建立家长陪餐制度，健全相应工作机制，对陪餐家长在学校食品安全与营养健康等方面提出的意见建议及时进行研究反馈。

第十四条 学校应当配备专（兼）职食品安全管理人员和营养健康管理人员，建立并落实集中用餐岗位责任制度，明确食品安全与营养健康管理相关责任。

有条件的地方应当为中小学、幼儿园配备营养专业人员或者支持学校聘请营养专业人员，对膳食营养均衡等进行咨询指导，推广科学配餐、膳食营养等理念。

第十五条 学校食品安全与营养健康管理相关工作人员应当按照有关要求，定期接受培训与考核，学习食品安全与营养健康相关法律、法规、规章、标准和其他相关专业知识。

第十六条 学校应当建立集中用餐信息公开制度，利用公共信息平台等方式及时向师生家长公开食品进货来源、供餐单位等信息，组织师生家长代表参与食品安全与营养健康的管理和监督。

第十七条 学校应当根据卫生健康主管部门发布的学生餐营养指南等标准，针对不同年龄段在校学生营养健康需求，因地制宜引导学生科学营养用餐。

有条件的中小学、幼儿园应当每周公布学生餐带量食谱和营养素供给量。

第十八条 学校应当加强食品安全与营养健康的宣传教育，在全国食品安全宣传周、全民营养周、中国学生营养日、全国碘缺乏病防治日等重要时间节点，开展相关科学知识普及和宣传教育活动。

学校应当将食品安全与营养健康相关知识纳入健康教育教学内容，通过主题班会、课外实践等形式开展经常性宣传教育活动。

第十九条 中小学、幼儿园应当培养学生健康的饮食习惯，加强对学生营养不良与超重、肥胖的监测、评价和干预，利用家长学校等方式对学生家长进行食品安全与营养健康相关知识的宣传教育。

第二十条 中小学、幼儿园一般不得在校内设置小卖部、超市等食品经营场所，确有需要设置的，应当依法取得许可，并避免售卖高盐、高糖及高脂食品。

第二十一条 学校在食品采购、食堂管理、供餐单位选择等涉及学校集中用餐的重大事项上，应当以适当方式听取家长委员会或者学生代表大会、教职工代表大会意见，保障师生家长的知情权、参与权、选择权、监督权。

学校应当畅通食品安全投诉渠道，听取师生家长对食堂、外购食品以及其他有关食品安全的意见、建议。

第二十二条 鼓励学校参加食品安全责任保险。

第四章 食堂管理

第二十三条 有条件的学校应当根据需要设置食堂，为学生和教职工提供服务。

学校自主经营的食堂应当坚持公益性原则，不以营利为目的。实施营养改善计划的农村义务教育学校食堂不得对外承包或者委托经营。

引入社会力量承包或者委托经营学校食堂的，应当以招投标等方式公开选择依法取得食品经营许可、能承担食品安全责任、社会信誉良好的餐饮服务单位或者符合条件的餐饮管理单位。

学校应当与承包方或者受委托经营方依法签订合同，明确双方在食品安全与营养健康方面的权利和义务，承担管理责任，督促其落实食品安全管理制度、履行食品安全与营养健康责任。承包方或者受委托经营方应当依照法律、法规、规章、食品安全标准以及合同约定进行经营，对食品安全负责，并接受委托方的监督。

第二十四条 学校食堂应当依法取得食品经营许可证，严格按照食品经营许可证载明的经营项目进行经营，并在食堂显著位置悬挂或者摆放许可证。

第二十五条 学校食堂应当建立食品安全与营养健康状况自查制度。经营条件发生变化，不再符合食品安全要求的，学校食堂应当立即整改；有发生食品安全事故潜在风险的，应当立即停止食品经营活动，并及时向所在地食品安全监督管理部门和教育部门报告。

第二十六条 学校食堂应当建立健全并落实食品安全管理制度，按照规定制定并执行场所及设施设备清洗消毒、维修保养校验、原料采购至供餐全过程控制管理、餐具饮具清洗消毒、食品添加剂使用管理等食品安全管理制度。

第二十七条 学校食堂应当建立并执行从业人员健康管理制度和培训制度。患有国家卫生健康委规定的有碍食品安全疾病的人员，不得从事接触直接入口食品的工作。从事接触直接入口食品工作的从业人员应当每年进行健康检查，取得健康证明后方可上岗工作，必要时应当进行临时健康检查。

学校食堂从业人员的健康证明应当在学校食堂显著位置进行统一公示。

学校食堂从业人员应当养成良好的个人卫生习惯，加工操作直接入口食品前应当洗手消毒，进入工作岗位前应当穿戴清洁的工作衣帽。

学校食堂从业人员不得有在食堂内吸烟等行为。

第二十八条 学校食堂应当建立食品安全追溯体系，如实、准确、完整记录并保存食品进货查验等信息，保证食品可追溯。鼓励食堂采用信息化手段采集、留存食品经营信息。

第二十九条 学校食堂应当具有与所经营的食品品种、数量、供餐人数相适应的场所并保持环境整洁，与有毒、有害场所以及其他污染源保持规定的距离。

第三十条 学校食堂应当根据所经营的食品品种、数量、供餐人数，配备相应的设施设备，并配备消毒、更衣、盥洗、采光、照明、通风、防腐、防尘、防蝇、防鼠、防虫、洗涤以及处理废水、存放垃圾和废弃物的设备或者设施。就餐区或者就餐区附近应当设置供用餐者清洗手部以及餐具、饮具的用水设施。

食品加工、贮存、陈列、转运等设施设备应当定期维护、清洗、消毒；保温设施及冷藏冷冻设施应当定期清洗、校验。

第三十一条 学校食堂应当具有合理的设备布局和工艺流程，防止待加工食品与直接入口食品、原料与成品或者半成品交叉污染，避免食品接触有毒物、不洁物。制售冷食类食品、生食类食品、裱花蛋糕、现榨果蔬汁等，应当按照有关要求设置专间或者专用操作区，专间应当在加工制作前进行消毒，并由专人加工操作。

第三十二条 学校食堂采购食品及原料应当遵循安全、健康、符合营养需要的原则。有条件的地方或者学校应当实行大宗食品公开招标、集中定点采购制度，签订采购合同时应当明确供货者食品安全责任和义务，保证食品安全。

第三十三条 学校食堂应当建立食品、食品添加剂和食品相关产品进货查验记录制度，如实准确记录名称、规格、数量、生产日期或者生产批号、保质期、进货日期以及供货者名称、地址、联系方式等内容，并保留载有上述信息的相关凭证。

进货查验记录和相关凭证保存期限不得少于产品保质期满后六个月；没有明确保质期的，保存期限不得少于二年。食用农产品的记录和凭证保存期限不得少于六个月。

第三十四条 学校食堂采购食品及原料，应当按照下列要求查验许可相关文件，并留存加盖公章（或者签字）的复印件或者其他凭证：

（一）从食品生产者采购食品的，应当查验其食品生产许可证和产品合格证明文件等；

（二）从食品经营者（商场、超市、便利店等）采购食品的，应当查验其食品经营许可证等；

（三）从食用农产品生产者直接采购的，应当查验并留存其社会信用代码或者身份证复印件；

（四）从集中交易市场采购食用农产品的，应当索取并留存由市场开办者或者经营者加盖公章（或者负责人签字）的购货凭证；

（五）采购肉类的应当查验肉类产品的检疫合格证明；采购肉类制品的应当查验肉类制品的检验合格证明。

第三十五条 学校食堂禁止采购、使用下列食品、食品添加剂、食品相关产品：

（一）超过保质期的食品、食品添加剂；

（二）腐败变质、油脂酸败、霉变生虫、污秽不洁、混有异物、掺假掺杂或者感官性状异常的食品、食品添加剂；

（三）未按规定进行检疫或者检疫不合格的肉类，或者未经检验或者检验不合格的肉类制品；

（四）不符合食品安全标准的食品原料、食品添加剂以及消毒剂、洗涤剂等食品相关产品；

（五）法律、法规、规章规定的其他禁止生产经营或者不符合食品安全标准的食品、食品添加剂、食品相关产品。

学校食堂在加工前应当检查待加工的食品及原料，发现有前款规定情形的，不得加工或者使用。

第三十六条 学校食堂提供蔬菜、水果以及按照国际惯例或者民族习惯需要提供的食品应当符合食品安全要求。

学校食堂不得采购、贮存、使用亚硝酸盐（包括亚硝酸钠、亚硝酸钾）。

中小学、幼儿园食堂不得制售冷荤类食品、生食类食品、裱花蛋糕，不得加工制作四季豆、鲜黄花菜、野生蘑菇、发芽土豆等高风险食品。省、自治区、直辖市食品安全监督管理部门可以结合实际制定本地区中小学、幼儿园集中用餐不得制售的高风险食品目录。

第三十七条 学校食堂应当按照保证食品安全的要求贮存食品，做到通风换气、分区分架分类、离墙离地存放、防蝇防鼠防虫设施完好，并定期检查库存，及时清理变质或者超过保质期的食品。

贮存散装食品，应当在贮存位置标明食品的名称、生产日期或者生产批号、保质期、生产者名称以及联系方式等内容。用于保存冷藏冷冻设备，应当贴有标识，原料、半成品和成品应当分柜存放。

食品库房不得存放有毒、有害物品。

第三十八条 学校食堂应当设置专用的备餐间或者专用操作区，制定并在显著位置公示人员操作规范；备餐操作时应当避免食品受到污染。食品添加剂应当专人专柜（位）保管，按照有关规定做到标识清晰、计量使用、专册记录。

学校食堂制作的食品在烹饪后应当尽量当餐用完，需要熟制的食品应当烧熟煮透。需要再次利用的，应当按照相关规范采取热藏或者冷藏方式存放，并在确认没有腐败变质的情况下，对需要加热的食品经高温彻底加热后食用。

第三十九条 学校食堂用于加工动物性食品原料、植物性食品原料、水产品原料、半成品或者成品等的容器、工具应当从形状、材质、颜色、标识上明显区分，做到分开使用，固定存放，用后洗净并保持清洁。

学校食堂的餐具、饮具和盛放或者接触直接入口食品的容器、工具，使用前应当洗净、消毒。

第四十条 中小学、幼儿园食堂应当对每餐次加工制作的每种食品成品进行留样，每个品种留样量应当满足检验需要，不得少于125克，并记录留样食品名称、留样量、留样时间、留样人员等。留样食品应当由专柜冷藏保存48小时以上。

高等学校食堂加工制作的大型活动集体用餐，批量制售的热食、非即做即售的热食、冷食类食品、生食类食品、裱花蛋糕应当按照前款规定留样，其他加工食品根据相关规定留样。

第四十一条 学校食堂用水应当符合国家规定的生活饮用水卫生标准。

第四十二条 学校食堂产生的餐厨废弃物应当在餐后及时清除，并按照环保要求分类处理。

食堂应当设置专门的餐厨废弃物收集设施并明显标识，按照规定收集、存放餐厨废弃物，建立相关制度及台账，按照规定交由符合要求的生活垃圾运输单位或者餐厨垃圾处理单位处理。

第四十三条 学校食堂应当建立安全保卫制度，采取措施，禁止非食堂从业人员未经允许进入食品处理区。

学校在校园安全信息化建设中，应当优先在食堂食品库房、烹饪间、备餐间、专间、留样间、餐具饮具清洗消毒间等重点场所实现视频监控全覆盖。

第四十四条 有条件的学校食堂应当做到明厨亮灶，通过视频或者透明玻璃窗、玻璃墙等方式，公开食品加工过程。鼓励运用互联网等信息化手段，加强对食品来源、采购、加工制作全过程的监督。

第五章　外购食品管理

第四十五条　学校从供餐单位订餐的，应当建立健全校外供餐管理制度，选择取得食品经营许可、能承担食品安全责任、社会信誉良好的供餐单位。

学校应当与供餐单位签订供餐合同（或者协议），明确双方食品安全与营养健康的权利和义务，存档备查。

第四十六条　供餐单位应当严格遵守法律、法规和食品安全标准，当餐加工，并遵守本规定的要求，确保食品安全。

第四十七条　学校应当对供餐单位提供的食品随机进行外观查验和必要检验，并在供餐合同（或者协议）中明确约定不合格食品的处理方式。

第四十八条　学校需要现场分餐的，应当建立分餐管理制度。在教室分餐的，应当保障分餐环境卫生整洁。

第四十九条　学校外购食品的，应当索取相关凭证，查验产品包装标签，查看生产日期、保质期和保存条件。不能即时分发的，应当按照保证食品安全的要求贮存。

第六章　食品安全事故调查与应急处置

第五十条　学校应当建立集中用餐食品安全应急管理和突发事故报告制度，制定食品安全事故处置方案。发生集中用餐食品安全事故或者疑似食品安全事故时，应当立即采取下列措施：

（一）积极协助医疗机构进行救治；

（二）停止供餐，并按照规定向所在地教育、食品安全监督管理、卫生健康等部门报告；

（三）封存导致或者可能导致食品安全事故的食品及其原料、工具、用具、设备设施和现场，并按照食品安全监督管理部门要求采取控制措施；

（四）配合食品安全监管部门进行现场调查处理；

（五）配合相关部门对用餐师生进行调查，加强与师生家长联系，通报情况，做好沟通引导工作。

第五十一条　教育部门接到学校食品安全事故报告后，应当立即赶往现场协助相关部门进行调查处理，督促学校采取有效措施，防止事故扩大，并向上级人民政府教育部门报告。

学校发生食品安全事故需要启动应急预案的，教育部门应当立即向同级人民政府以及上一级教育部门报告，按照规定进行处置。

第五十二条 食品安全监督管理部门会同卫生健康、教育等部门依法对食品安全事故进行调查处理。

县级以上疾病预防控制机构接到报告后应当对事故现场进行卫生处理，并对与事故有关的因素开展流行病学调查，及时向同级食品安全监督管理、卫生健康等部门提交流行病学调查报告。

学校食品安全事故的性质、后果及其调查处理情况由食品安全监督管理部门会同卫生健康、教育等部门依法发布和解释。

第五十三条 教育部门和学校应当按照国家食品安全信息统一公布制度的规定建立健全学校食品安全信息公布机制，主动关注涉及本地本校食品安全舆情，除由相关部门统一公布的食品安全信息外，应当准确、及时、客观地向社会发布相关工作信息，回应社会关切。

第七章 责任追究

第五十四条 违反本规定第二十五条、第二十六条、第二十七条第一款、第三十三条，以及第三十四条第（一）项、第（二）项、第（五）项，学校食堂（或者供餐单位）未按规定建立食品安全管理制度，或者未按规定制定、实施餐饮服务经营过程控制要求的，由县级以上人民政府食品安全监督管理部门依照食品安全法第一百二十六条第一款的规定处罚。

违反本规定第三十四条第（三）项、第（四）项，学校食堂（或者供餐单位）未查验或者留存食用农产品生产者、集中交易市场开办者或者经营者的社会信用代码或者身份证复印件或者购货凭证、合格证明文件的，由县级以上人民政府食品安全监督管理部门责令改正；拒不改正的，给予警告，并处5000元以上3万元以下罚款。

第五十五条 违反本规定第三十六条第二款，学校食堂（或者供餐单位）采购、贮存亚硝酸盐（包括亚硝酸钠、亚硝酸钾）的，由县级以上人民政府食品安全监督管理部门责令改正，给予警告，并处5000元以上3万元以下罚款。

违反本规定第三十六条第三款，中小学、幼儿园食堂（或者供餐单位）制售冷荤类食品、生食类食品、裱花蛋糕，或者加工制作四季豆、鲜黄花菜、野生蘑菇、发芽土豆等高风险食品的，由县级以上人民政府食品安全监督管理部门责令改正；拒不改正的，给予警告，并处5000元以上3万元以下罚款。

第五十六条 违反本规定第四十条，学校食堂（或者供餐单位）未按要求留样的，由县级以上人民政府食品安全监督管理部门责令改正，给予警告；拒不改正的，处5000元以上3万元以下罚款。

第五十七条 有食品安全法以及本规定的违法情形，学校未履行食品安全管理责任，由县级以上人民政府食品安全管理部门会同教育部门对学校主要负责人进行约谈，由学校主管教育部门视情节对学校直接负责的主管人员和其他直接责任人员给予相应的处分。

实施营养改善计划的学校违反食品安全法律法规以及本规定的，应当从重处理。

第五十八条 学校食品安全的相关工作人员、相关负责人有下列行为之一的，由学校主管教育部门给予警告或者记过处分；情节较重的，应当给予降低岗位等级或者撤职处分；情节严重的，应当给予开除处分；构成犯罪的，依法移送司法机关处理：

（一）知道或者应当知道食品、食品原料劣质或者不合格而采购的，或者利用工作之便以其他方式谋取不正当利益的；

（二）在招投标和物资采购工作中违反有关规定，造成不良影响或者损失的；

（三）怠于履行职责或者工作不负责任、态度恶劣，造成不良影响的；

（四）违规操作致使师生人身遭受损害的；

（五）发生食品安全事故，擅离职守或者不按规定报告、不采取措施处置或者处置不力的；

（六）其他违反本规定要求的行为。

第五十九条 学校食品安全管理直接负责的主管人员和其他直接责任人员有下列情形之一的，由学校主管教育部门会同有关部门视情节给予相应的处分；构成犯罪的，依法移送司法机关处理：

（一）隐瞒、谎报、缓报食品安全事故的；

（二）隐匿、伪造、毁灭、转移不合格食品或者有关证据，逃避检查、使调查难以进行或者责任难以追究的；

（三）发生食品安全事故，未采取有效控制措施、组织抢救工作致使食物中毒事态扩大，或者未配合有关部门进行食物中毒调查、保留现场的；

（四）其他违反食品安全相关法律法规规定的行为。

第六十条 对于出现重大以上学校食品安全事故的地区，由国务院教育督导机构或者省级人民政府教育督导机构对县级以上地方人民政府相关负责人进行约谈，并依法提请有关部门予以追责。

第六十一条 县级以上人民政府食品安全监督管理、卫生健康、教育等部门未按照食品安全法等法律法规以及本规定要求履行监督管理职责，造成所辖区域内学校集中用餐发生食品安全事故的，应当依据食品安全法和相关规定，对直接负责的主管人员和其他直接责任人员，给予相应的处分；构成犯罪的，依法移送司法机关处理。

第八章　附　　则

第六十二条　本规定下列用语的含义：

学校食堂，指学校为学生和教职工提供就餐服务，具有相对独立的原料存放、食品加工制作、食品供应及就餐空间的餐饮服务提供者。

供餐单位，指根据服务对象订购要求，集中加工、分送食品但不提供就餐场所的食品经营者。

学校食堂从业人员，指食堂中从事食品采购、加工制作、供餐、餐饮具清洗消毒等与餐饮服务有关的工作人员。

现榨果蔬汁，指以新鲜水果、蔬菜为主要原料，经压榨、粉碎等方法现场加工制作的供消费者直接饮用的果蔬汁饮品，不包括采用浓浆、浓缩汁、果蔬粉调配成的饮料。

冷食类食品、生食类食品、裱花蛋糕的定义适用《食品经营许可管理办法》的有关规定。

第六十三条　供餐人数较少，难以建立食堂的学校，以及以简单加工学生自带粮食、蔬菜或者以为学生热饭为主的小规模农村学校的食品安全，可以参照食品安全法第三十六条的规定实施管理。

对提供用餐服务的教育培训机构，可以参照本规定管理。

第六十四条　本规定自2019年4月1日起施行，2002年9月20日教育部、原卫生部发布的《学校食堂与学生集体用餐卫生管理规定》同时废止。

交通运输部关于修改《中华人民共和国港口设施保安规则》的决定

（2019年6月3日交通运输部令2019年第14号公布　自公布之日起施行　国司备字[2019000374]）

交通运输部决定对《中华人民共和国港口设施保安规则》（交通运输部令2016年第68号）作如下修改：

一、删去第四条第三项。

二、第五条增加一项，作为第一项：“（一）核发《港口设施保安符合证书》”。

三、第二十二条第二款第一项中的“所有人”后增加“可以提供服务的船舶类型”。

四、第三十七条中的“交通运输部”修改为“省级交通运输（港口）管理部门”，删去第三项中的“《港口设施保安计划》”，第四项修改为：“《港口设施保安计划》，以及所在地港口行政管理部门出具的审核意见”。

五、第三十八条第一款中的“交通运输部”修改为“省级交通运输（港口）管理部门”，第三款修改为：“《港口设施保安符合证书》由省级交通运输（港口）管理部门指定的负责人签发，签发后应当及时通知相关交通运输（港口）管理部门。”

六、删去第四十三条第二款。

七、第四十五条中的“报交通运输部备案”修改为：“录入信息系统”。

八、第四十六条中的“交通运输部”修改为“省级交通运输（港口）管理部门”，“全国”修改为“本辖区”。

九、第四十七条中的“交通运输部”修改为“省级交通运输（港口）管理部门”。

十、第九章名称修改为：“保安信息联络与共享”。

十一、第七十五条修改为：“各级交通运输（港口）管理部门应当建立信息系统，通过信息系统核发《港口设施保安符合证书》，保证港口设施保安信息的及时报送、接收、分析、转发和共享。”

十二、第七十八条修改为：“交通运输部应当制定年度监督检查计划，对省级交通运输（港口）管理部门的《港口设施保安符合证书》核发及年度核验等工作进行监督检查，发现不符合规定的，应当要求省级交通运输（港口）管理部门予以纠正。”

十三、第八十一条中的“中国港口设施保安网”修改为：“部网站”。

条文序号和个别文字作相应调整。

本决定自公布之日起施行。

《中华人民共和国港口设施保安规则》根据本决定作相应修正，重新发布。

中华人民共和国港口设施保安规则

（2007年12月17日交通部发布　根据2016年9月2日《交通运输部关于修改〈中华人民共和国港口设施保安规则〉的决定》第一次修订　根据2019年6月3日《交通运输部关于修改〈中华人民共和国港口设施保安规则〉的决定》第二次修订）

第一章　总　　则

第一条　为加强港口设施保安工作，根据经修订的《1974年国际海上人命安全公约》（以下简称SOLAS公约）、《国际船舶和港口设施保安规则》（以下简称ISPS规则）和《国际海运危险货物规则》，制定本规则。

第二条　为航行国际航线的客船、500总吨及以上的货船、500总吨及以上的特种用途船和移动式海上钻井平台服务的港口设施保安工作，适用本规则。

第三条　本规则下列用语的含义是：

（一）船港界面活动，是指船舶与港口之间人员往来、货物装卸或者接受其他港口服务时发生的交互活动；

（二）港口设施，是指在港口发生船港界面活动的场所，包括码头及其相应设施和航道、锚地等港口公用基础设施；

（三）船到船活动，是指从一船向另一船转移物品或者人员的行为；

（四）保安事件，是指威胁船舶、港口设施、船港界面活动和船到船活动安全的任何可疑行为或者情况；

（五）保安等级，是指可能发生保安事件的风险级别划分；

（六）港口设施保安评估，是指港口所在地港口行政管理部门通过对港口设施保安状况进行分析并提出相关保安措施建议的活动；

（七）港口设施保安计划，是指港口设施经营人或者管理人根据保安评估报告为确保采取旨在保护港口设施和港口设施内的船舶、人员、货物、货物运输单元和船上物料免受保安事件威胁的措施而制订的计划；

（八）港口设施保安主管，又称港口设施保安员，是指被港口设施经营人或者管理人指定负责制定、实施、调整《港口设施保安计划》，并与船舶保安员和船公司保安员进行保安联络的人员；

（九）保安声明，是指发生船港界面活动时，港口设施与船舶为协调各自采取的保安措施签署的书面协议（式样见附件1）；

（十）替代保安协议，是指我国政府与其他SOLAS公约缔约国政府就相互间固定短程航线上的港口设施签署的双边或者多边保安协议；

（十一）港口设施保安训练，是指对《港口设施保安计划》规定内容的部分或者全部保安措施和应急反应程序进行的练习；

（十二）港口设施保安演习，是指为了验证、评价和提高各级保安组织、相关部门、港口设施及人员的综合反应和协调配合能力，通过模拟保安事件，根据《港口设施保安计划》进行的多单位参与、协同进行的练习；

（十三）港口设施管理人，是指航道、锚地等港口公用基础设施的管理主体。

第四条 交通运输部主管全国港口设施保安工作，履行下列职责：

（一）制定并发布全国港口设施保安工作制度和技术标准；

（二）确定并发布港口设施保安等级和各保安等级的基本保安措施（内容见附件2）及3级保安状态下的保安指令；

（三）建立全国港口设施保安管理信息系统，收集、整理、分析港口设施保安信息并按规定向相关单位提供，视情向国际海事组织、相关缔约国政府以及国内其他相关部门通报；

（四）组织对《港口设施保安符合证书》（式样见附件3）年度核验工作进行抽查；

（五）签署替代保安协议；

（六）组织全国性的港口设施保安演习。

第五条 省级交通运输（港口）管理部门负责本行政区域内的港口设施保安工作，具体履行下列职责：

（一）核发《港口设施保安符合证书》；

（二）负责《港口设施保安符合证书》年度核验工作；

（三）收集、整理、分析并向相关单位提供港口设施保安信息；

（四）组织区域性港口设施保安演习。

第六条 港口所在地港口行政管理部门履行下列职责：

（一）负责组织港口设施保安评估和评估报告的后续修订；

（二）监督检查《港口设施保安计划》的实施；

（三）收集、整理、分析并向有关单位提供港口设施保安信息；

（四）组织本港港口设施保安演习；

（五）对其管理的港口公用基础设施进行保安评估，编写《港口设施保安评估报告》；

（六）对《港口设施保安计划》进行审核，并向港口设施经营人或者管理人出具审核修改意见；

（七）受省级交通运输（港口）管理部门委托，对申请《港口设施保安符合证书》年度核验的港口设施上一年度的保安工作进行核查并提交核查报告；

（八）监督检查港口设施保安费的征收和使用。

第七条 港口设施经营人或者管理人履行下列职责：

（一）负责制订《港口设施保安计划》和后续修订；

（二）实施《港口设施保安计划》；

（三）为港口设施保安主管履行职责提供必要的条件；

（四）在3级保安状态下，实施交通运输部发出的保安指令；

（五）收集、整理、分析并向有关部门提供港口设施保安信息；

（六）进行港口设施保安训练，参加港口设施保安演习。

港口设施经营人按照规定收取港口设施保安费。

第八条 港口设施保安是港口安全管理的重要内容，应当与港口生产经营统筹考虑，遵循节约、环保、资源共享的原则。

港口设施经营人或者管理人的主要负责人负责领导本单位的港口设施保安工作。

第九条 港口设施的保安评估和保安计划的制定及实施的有关费用由港口设施保安费支出。

第二章 保安等级

第十条 交通运输部应当根据相关情报信息，国内外形势以及影响社会政治稳定的因素，威胁信息的可信程度、威胁信息得到印证的程度、威胁信息的具体或者紧迫程度和保安事件的潜在后果，确定港口设施的保安等级。

地方各级交通运输（港口）管理部门可以向交通运输部提出变更港口设施保安等级的建议。

第十一条 港口设施的保安等级从低到高分为三级，分别是保安等级1、保安等级2和保安等级3。

保安等级1是指应当始终保持的最低防范性保安措施的等级。

保安等级2是指由于保安事件危险性升高而应在一段时间内保持适当的附加保护性保安措施的等级。

保安等级3是指当保安事件可能或者即将发生（尽管可能尚无法确定具

体目标)时应当在一段有限时间内保持进一步的特殊保护性保安措施的等级。

第十二条 交通运输部确定港口设施保安等级为2级或者3级的依据消失时,应当及时调整港口设施的保安等级。

交通运输部确定实施3级保安时,在必要的情况下应当发出适当的保安指令,并向可能受到影响的港口设施提供与保安有关的信息。

第十三条 港口设施经营人或者管理人应当根据保安等级的变化,按照《港口设施保安计划》及时调整保安措施。

在3级保安状态下,港口设施的经营人或者管理人应当执行交通运输部发出的保安指令,省、自治区交通运输(港口)管理部门和港口所在地港口行政管理部门应当监督保安指令的执行。

第十四条 交通运输部变更港口设施保安等级,应当根据具体情况及时以适当的方式通知有关的交通运输(港口)管理部门、海事管理机构、港口设施经营人或者管理人。

第十五条 各级交通运输(港口)管理部门、海事管理机构、港口设施经营人或者管理人收到港口设施保安等级变更的决定后,应当予以确认,并报告所采取的相应措施。

第十六条 计划入港或者在港的船舶保安等级高于港口设施的保安等级时,港口设施保安主管应当与船舶保安员或者船公司保安员协商,对有关情况做出评估,确定适当的保安措施,签署《保安声明》;计划入港或者在港的船舶保安等级不得低于该港口设施保安等级。

第十七条 港口设施经营人或者管理人应当将港口设施保安等级变更过程中的有关情况予以记录,作为进行港口设施保安评估、编写《港口设施保安评估报告》、制(修)订《港口设施保安计划》、实施《港口设施保安计划》的参考依据。

第三章 保安评估

第十八条 港口所在地港口行政管理部门负责港口设施保安评估。

第十九条 港口设施保安评估应当符合交通运输部制定的港口设施保安评估规范。

港口设施保安评估应当进行现场保安检验。现场保安检验包括检查和评估港口的现有保安措施、程序和操作。

第二十条 对港口设施进行保安评估应当评估下列事项:

（一）设施的保安状况；

（二）设施的结构、布局情况；

（三）对人员进行保护的安全体系；

（四）保安工作程序；

（五）无线电和电信系统，包括计算机系统和网络；

（六）如被损害或者被用于非法窥测，会对人员、财产或者港口作业构成危险的其他区域。

第二十一条 港口设施保安评估应当进行以下工作：

（一）确定和评估重点保护的财产和基础设施；

（二）对可能威胁财产和基础设施的因素及其发生的可能性进行识别，并确定相应的保安要求；

（三）根据可能威胁财产和基础设施的因素及其发生可能性的识别结果，以及相应的保安要求，对采取的保安措施进行鉴别、选择和优化；

（四）分析港口设施和人员的安全保护体系、运营流程等，确定其中可能导致保安事件的薄弱环节，提出消除薄弱环节或者降低薄弱环节影响的措施。

第二十二条 港口设施保安评估完成后应当编写评估报告。

《港口设施保安评估报告》应当结合港口设施实际情况，全面反映评估的开展情况，内容主要包括：

（一）港口设施的基本情况，包括设施种类、位置、经营人、所有人、可以提供服务的船舶类型等情况；

（二）港口设施的保安现状调查及分析；

（三）保安事件预测及风险控制评估；

（四）风险评估方法及应用；

（五）可能导致保安事件的薄弱环节及说明；

（六）消除薄弱环节或者降低薄弱环节影响的措施建议；

（七）评估结论。

第二十三条 港口设施的保安评估每五年进行一次。

港口设施发生重大变化时，应当重新进行保安评估。重新进行保安评估及相关程序按照本章规定办理。

前款所称重大变化包括港口主要设施或者其功能发生重大变化，港口设施保安组织、通信系统、保安工作的协调与配合程序发生重大改变，港口设施发生了重大保安事件等。

第二十四条 如果同一经营人所经营的多个港口设施位置、运营方式、设备和设计相类似，可以共同评估并制作一份《港口设施保安评估报告》。

第二十五条 《港口设施保安评估报告》应当保密，港口设施和承担港口设施保安评估的机构应当制定并落实防止擅自接触、泄露的措施。

第四章 保安计划

第二十六条 港口设施经营人或者管理人负责制订《港口设施保安计划》。

港口设施经营人或者管理人应当根据所在地港口行政管理部门出具的《港口设施保安评估报告》和交通运输部发布的《港口设施保安计划制订导则》起草制订《港口设施保安计划》，并组织专家进行现场检验和审查，根据现场检验结果和审查意见对《港口设施保安计划》进行修改。现场检验情况应当记录。

第二十七条 《港口设施保安计划》应当包含下列内容：

（一）港口设施经营人或者管理人所确定的负责实施《港口设施保安计划》的机构或者部门；

（二）负责实施《港口设施保安计划》的组织与其他有关单位的联系和必要的通信系统；

（三）港口设施保安主管及二十四小时联系方式；

（四）1级保安状态下的保安措施和保安等级提高时的全部附加措施和特殊的保安措施；

（五）根据经验和实际情况对《港口设施保安计划》进行经常性评价，并不断完善的安排；

（六）《港口设施保安计划》保密措施；

（七）向交通运输（港口）管理部门报告的程序；

（八）港口设施内部报告保安事件的程序；

（九）便利船上人员登岸或者人员变动以及来访者上船的程序和措施；

（十）对保安状况受到的威胁或者破坏做出反应的程序，包括维护港口设施或者船港界面的关键操作的规定；

（十一）对交通运输部在3级保安状态下发出的保安指令的反应程序；

（十二）在保安状况受到威胁或者破坏的情况下撤离人员的程序；

（十三）负有保安责任的港口设施人员和设施内参与保安事务的其他人员的职责；

（十四）与船舶保安活动进行配合的程序，特别是港口设施的保安等级低于船舶的保安等级时港口设施应当采取的程序和保安措施；

（十五）港口设施内船舶的保安报警系统被启动后做出反应的程序；

（十六）针对与曾靠泊过非缔约国港口的船舶、不适用ISPS规则的船舶以及固定（浮动）平台或者移动式海上钻井平台进行船港界面活动的程序和保安措施。

第二十八条 对港口设施重新进行保安评估时，港口设施经营人或者管理人应当按照本规则规定重新制订《港口设施保安计划》。

当港口设施发生本规则第二十三条以外的情况变化时，港口设施经营人或者管理人可以对《港口设施保安计划》进行必要的调整。调整的内容应当符合《港口设施保安评估报告》和《港口设施保安计划制订导则》的相关要求。

第二十九条 港口设施经营人或者管理人完成《港口设施保安计划》制订后，应当报所在地港口行政管理部门审核，并根据审核意见对《港口设施保安计划》进行修改。

港口设施经营人或者管理人报送《港口设施保安计划》时，应当一并报送专家现场检验结果和审查意见、现场检验情况记录。

所在地港口行政管理部门审核《港口设施保安计划》后，应当出具审核意见。

第三十条 《港口设施保安计划》应当保密。港口设施经营人或者管理人、各级港口行政管理部门应当制定并落实防止《港口设施保安计划》内容泄露的措施。

在下列条件下，执法人员可以查看《港口设施保安计划》：

（一）各级港口行政管理部门进行港口设施保安现场检查时；

（二）《港口设施保安符合证书》年度核验过程中需要对《港口设施保安计划》内容实施情况进行核实时。

第三十一条 港口设施经营人或者管理人应当全面落实《港口设施保安计划》，包括配备必要的保安人员，安装使用保安设备设施，制定并执行各项保安制度、措施和程序。

第三十二条 港口设施经营人或者管理人应当按照交通运输部规定的保安标准配备保安、交通、通信装备，按照规定设置港口设施内的标志。

第三十三条 新建或者改扩建的港口设施的保安设备设施应当与港口设施主体工程同时设计、同时建设、同时验收、同时投入使用。

第三十四条 港口设施经营人或者管理人在执行保安措施时，应当最大限度地减少对乘客、船舶、船上人员和来访者、货物以及相关服务的干扰或者延误。

第三十五条 各级交通运输（港口）管理部门应当对港口设施经营人或

者管理人在执行《港口设施保安计划》过程中涉及海事、海关、公安(边防)、检验检疫等部门的相关事宜给予必要的协调。

第三十六条 非经常性地为国际航行船舶提供服务的港口设施和处于试生产阶段的港口设施,经港口所在地港口行政管理部门同意,可以不制订《港口设施保安计划》,但应当采取适当的保安措施来达到保安要求。

港口所在地港口行政管理部门应当对港口设施采取的保安措施是否适当进行现场监管。

第五章 港口设施保安符合证书

第三十七条 《港口设施保安计划》经所在地港口行政管理部门审核并按要求修改后,港口设施经营人或者管理人应当向省级交通运输(港口)管理部门申请《港口设施保安符合证书》,并提交以下材料:

(一)申请书;

(二)港口经营许可证及港口危险货物作业附证(如有)的复印件;

(三)《港口设施保安评估报告》;

(四)《港口设施保安计划》,以及所在地港口行政管理部门出具的审核意见。

第三十八条 省级交通运输(港口)管理部门参考所在地港口行政管理部门出具的审核意见和相关港口设施的实际情况对申请材料进行审查。符合保安要求的,颁发《港口设施保安符合证书》;不符合保安要求的,不予颁发并书面说明理由。

《港口设施保安符合证书》应当自受理之日起二十个工作日内完成颁发工作。二十个工作日内不能作出决定的,经本机关负责人批准,可以延长十个工作日,并应将延长期限的理由告知申请人。

《港口设施保安符合证书》由省级交通运输(港口)管理部门指定的负责人签发,签发后应当及时通知相关交通运输(港口)管理部门。

第三十九条 《港口设施保安符合证书》的有效期为五年。在有效期内每年由省级交通运输(港口)管理部门核验一次。

《港口设施保安符合证书》年度核验期限为签发之日起每周年的前三个月和后三个月。

第四十条 港口设施经营人或者管理人应当于《港口设施保安符合证书》签发之日起每周年的前三个月内,向省级交通运输(港口)管理部门提出年度核验申请,并提交如下材料:

（一）《港口设施保安符合证书》年度核验申请表；

（二）《港口设施保安符合证书》正、副本；

（三）港口设施保安年度工作报告；

（四）港口设施保安自评表；

（五）其他需要提交的文件。

前款所称港口设施保安年度工作报告由港口设施保安主管负责编写，港口设施经营人或者管理人应当盖章确认。港口设施保安年度工作报告应当全面反映《港口设施保安计划》的落实情况、接受相关培训情况、保安训练、演习情况及记录、保安事件发生的情况及记录、《港口设施保安计划》修改记录等内容。

第四十一条 省级交通运输（港口）管理部门应当自受理之日起二十个工作日内完成《港口设施保安符合证书》年度核验。二十个工作日内不能完成的，经本机关负责人批准，可以延长十个工作日，并应将延长期限的理由告知申请人。年度核验内容包括：

（一）港口设施保安组织结构；

（二）港口设施保安主管及相关人员是否具备履行其职责的知识和能力；

（三）港口设施保安设备状况及运行情况；

（四）港口设施保安通信状况；

（五）港口设施保安规章制度及实施情况；

（六）港口设施保安训练、演习情况；

（七）《港口设施保安计划》所确定保安措施及程序的落实情况；

（八）港口设施保安事件发生及应对情况；

（九）《港口设施保安计划》的年度调整情况；

（十）其他与港口设施保安工作有关的事项。

除前款规定外，港口设施于上一次核验后发生过本规则第二十三条第三款规定的重大变化的，年度核验主管部门应当审查港口设施是否已重新进行保安评估并重新制订《港口设施保安计划》。

年度核验时，省级交通运输（港口）管理部门可以对港口设施上一年度的保安工作进行核查，也可以委托港口所在地港口行政管理部门核查并接受其提交的核查报告。

第四十二条 下列情况年度核验不得通过：

（一）保安设备设施状况不符合《港口设施保安计划》规定；

（二）港口设施保安主管、港口设施其他保安人员不具备履行其职责的知识和能力；

（三）未按照规定进行或者参加保安训练、演习；

（四）未按照规定收取和使用港口设施保安费。

第四十三条 通过年度核验的港口设施，由省级交通运输（港口）管理部门主管领导或者其授权的人员（仅限授权1名）在《港口设施保安符合证书》正、副本上签字并加盖专用章。

第四十四条 未通过年度核验的港口设施，由省级交通运输（港口）管理部门主管领导或者其授权的人员在年度核验申请书上签署意见并退还申请人，责令其限期改正。港口设施经营人或者管理人在期限内改正完毕，可以重新申请《港口设施保安符合证书》年度核验。

第四十五条 省级交通运输（港口）管理部门应及时将下列情况录入信息系统：

（一）通过年度核验的港口设施；

（二）未通过年度核验的港口设施；

（三）未按本规则第三十九条规定时间申请年度核验的港口设施；

（四）在年度核验过程中隐瞒有关情况或者提供虚假材料的港口设施；

（五）连续两个年度未申请年度核验的港口设施；

（六）发生过本规则第二十三条第三款规定的重大变化但未重新进行保安评估并重新制订《港口设施保安计划》的港口设施。

第四十六条 省级交通运输（港口）管理部门应当将本辖区《港口设施保安符合证书》年度核验情况予以公布。

第四十七条 《港口设施保安符合证书》记载的内容发生变化或者证书丢失、毁损时，应当向省级交通运输（港口）管理部门书面申请换发或者补办，并附相关证明材料。

省级交通运输（港口）管理部门核发新证书时，应当公告原证书作废。

第六章 港口设施保安主管

第四十八条 港口设施经营人或者管理人应当指定本单位负责人或者部门负责人担任港口设施保安主管。港口设施保安主管应当具备履行其职责的知识和能力。

第四十九条 一人只能担任一个港口设施的港口设施保安主管。

第五十条 港口设施保安主管履行下列职责：

（一）配合港口设施保安评估对港口设施进行初次全面保安检查；

（二）确保港口设施按本规则的规定制订《港口设施保安计划》；

（三）对港口设施进行定期保安检查，保证《港口设施保安计划》有效实施；

（四）对《港口设施保安计划》所载内容进行经常性评价和必要的调整；

（五）进行港口设施相关人员保安意识和警惕性的教育；

（六）确保港口设施保安工作人员获得充分的培训；

（七）与相关机构和人员保持信息沟通，向有关部门报告危及港口设施保安的事件并保存事件记录；

（八）与船公司和船舶保安员协调实施《港口设施保安计划》；

（九）签署《保安声明》；

（十）与提供保安服务的机构协调保安工作；

（十一）确保港口设施保安人员符合相关要求；

（十二）确保正确操作、测试、校准和保养保安设施设备；

（十三）在接到船舶保安员请求时，协助其确认登船人员的身份。

第五十一条 当港口设施保安主管被告知船舶在履行 SOLAS 公约第Ⅺ－2 章和 ISPS 规则的要求或者在实施《船舶保安计划》所列的措施和程序遇到困难时，以及在港口设施处于 3 级保安的情况下，港口设施的经营人或者管理人执行交通运输部发出的保安指令遇到困难时，港口设施保安主管和船舶保安员应进行联络并协调适当的行动。

第五十二条 港口设施保安主管在船舶入港之前和船舶在港口期间，应当履行下列义务：

（一）了解船舶履行 SOLAS 公约和 ISPS 规则的情况；

（二）与船舶保安员或者船公司保安员联系，了解该船舶的保安等级，并掌握有关船舶保安等级的任何变化；

（三）在与船舶建立联系后，港口设施保安主管应当将港口设施保安等级及其任何后续变化通知港内靠泊船舶和将要靠泊的船舶，并向船舶提供必要的保安信息。

第五十三条 当港口设施的保安等级确定为 2 级或者 3 级后，港口设施保安主管应及时确认《港口设施保安计划》所列的对应保安措施和程序得到执行，并应当立即与相关船公司和船舶保安员取得联系并协调适当的行动。

第五十四条 当港口设施保安主管得知船舶所处的保安等级高于港口设施的保安等级时，应当及时报告港口所在地港口行政管理部门，并与船舶保安员取得联系并协调适当的行动，包括按照各自的《保安计划》操作，并可视情填写或者签署《保安声明》。

第七章　保 安 声 明

第五十五条　在下列情况下，应船舶的要求，港口设施经营人或者管理人应当与船舶签署《保安声明》：

（一）该船所处的保安等级高于与之发生界面活动的港口设施的保安等级；

（二）中国政府与其他缔约国政府之间有涉及某些国际航线或者这些航线上的特定船舶关于《保安声明》的协议；

（三）曾经有过涉及该船或者涉及该港口设施的保安威胁或者保安事件。

第五十六条　在港口设施保安评估所确定的需要引起特别注意的船港界面活动开始前，应港口设施经营人或者管理人的要求，船舶应当与港口设施经营人或者管理人签署《保安声明》。

前款所称需要引起特别注意的船港界面活动，包括在人口密集或者经济上重要的作业场所或者在其附近的设施进行的作业，以及旅客上下船舶、危险货物或者有害物质的过驳或者装卸作业、船舶曾经靠泊过本规则第二条规定以外的港口设施等。

第五十七条　港口设施所在地港口行政管理部门可以根据船港界面活动对人员、财产、环境可能造成危险程度的判断，要求船、港双方签署《保安声明》。

第五十八条　《保安声明》由港口设施保安主管与船长或者船舶保安员签署。

第五十九条　《保安声明》应当根据保安等级变化做相应的改变或者重新签署。

第六十条　《保安声明》应当由港口设施保安主管保存三年。

第八章　港口设施保安培训、训练和演习

第六十一条　港口设施保安主管及下列从事港口设施保安工作的人员，应当按照 ISPS 规则的有关要求，完成港口设施保安培训，具备履行其职责的港口保安管理、港口保安设备设施应用、港口保安风险分析等方面的知识和能力：

（一）从事港口设施保安行政管理工作人员；

（二）从事港口设施保安评估的人员；

（三）制定《港口设施保安计划》的人员；

（四）港口设施经营人中主管安全、生产的负责人。

其他从事与港口设施保安有关工作的人员，应当按照 ISPS 规则的有关要求，经过相应的培训，具备履行其担任职责方面的知识和能力。

第六十二条 万吨级以上的港口设施应有六人以上具备履行保安职责方面的知识和能力，万吨级以下的港口设施应有三人以上具备履行保安职责方面的知识和能力。

第六十三条 港口设施经营人或者管理人应当对其员工进行相关保安基础知识和岗位保安要求的教育或者培训，使其有针对性地了解并掌握《港口设施保安计划》中与其职责相关的内容，并保证其具备如下知识：

（一）各保安等级的含义和本岗位保安要求；

（二）辨认和探察武器、危险物质和装置；

（三）辨认可能威胁保安者的特点和行为模式；

（四）紧急撤离、简单救护等自我保护技术。

第六十四条 港口设施应当进行保安训练和演习，确保港口设施人员熟练履行其在各保安等级所承担的保安职责，发现并及时改进任何保安缺陷。

第六十五条 港口设施的经营人或者管理人应当保证至少每三个月进行一次港口设施保安训练。

训练应当根据《港口设施保安计划》进行，目的是对《港口设施保安计划》全部或部分内容进行测试。

第六十六条 各级交通运输（港口）管理部门应当组织保安演习。保安演习至少每年进行一次，两次演习间隔不得超过十八个月。

演习应当结合《港口设施保安计划》，通过模拟一定保安事件情景，根据船港界面活动所涉及的各项保安要求，由多单位参与、协同进行，验证、评价和提高港口设施保安人员的综合反应能力，加强各级保安组织、各相关部门的整体反应和协调配合能力。

演习应当编制演习方案，并报送上级交通运输（港口）管理部门备案。

第六十七条 港口设施的经营人或者管理人应当参加包括有关部门、船舶保安员共同进行的保安演习。

第六十八条 港口设施保安训练、演习可以采用实地或者模拟的形式，也可以与相关训练、演习结合进行。

第六十九条 训练、演习完成后，应当进行评估并记录存档。

第九章 保安信息联络与共享

第七十条 中国海上搜救中心是全国港口设施保安总联络点，负责全国港口设施的保安报警接收和保安信息联络工作。

各地方港口行政管理部门值班室是所在地港口设施保安联络点，负责下列事项的全天候联系工作：

（一）接收港口设施保安信息，向相关海事管理机构了解船舶保安信息，针对接收到的保安报警及时按照应急反应程序采取保安行动，并视情通报有关部门；

（二）将港口设施保安信息及时通报海事管理机构，并为相关船舶提供保安建议或者援助；

（三）向中国海上搜救中心报告保安信息。

第七十一条 港口设施保安主管收到保安报警后，应立即与港口所在地港口行政管理部门联系，报告港口设施名称、位置，经营人或者管理人名称，设施内相关船舶、人员和货物，受到的保安威胁等情况。

港口设施保安主管应当随时保持通信联络畅通。

第七十二条 港口所在地港口行政管理部门收到相关船舶保安事件和其他船舶保安信息，应当按照应急反应程序，通知相关的港口设施，协调港口设施和船舶的保安行动。

第七十三条 交通运输部根据国际公约规定和工作需要，向国际海事组织报送港口设施保安信息，并负责接收和向国内相关部门、机构传送相关信息。

第七十四条 港口设施保安相关信息发生变化后港口设施经营人或者管理人应当向原报送单位及时发出更正信息。

第七十五条 各级交通运输（港口）管理部门应当建立信息系统，通过信息系统核发《港口设施保安符合证书》，保证港口设施保安信息的及时报送、接收、分析、转发和共享。

第十章 监督检查与法律责任

第七十六条 各级交通运输（港口）管理部门依法对港口设施保安活动实施的监督检查，任何单位或者个人不得拒绝、妨碍或者阻挠。

有关单位或者个人应当接受港口行政管理部门依法实施的监督检查，并为其提供必要的方便。

港口行政管理部门的工作人员实施监督检查时，应当出示执法证件，表明身份。

第七十七条 港口所在地港口行政管理部门应当对港口设施的下列保安事项进行监督检查：

（一）《港口设施保安符合证书》的有效性；

（二）《港口设施保安计划》的实施效果，包括保安措施实施过程中的协调性；

（三）港口设施保安主管和相关人员对保安知识的掌握情况。

第七十八条 交通运输部应当制定年度监督检查计划，对省级交通运输（港口）管理部门的《港口设施保安符合证书》核发及年度核验等工作进行监督检查，发现不符合规定的，应当要求省级交通运输（港口）管理部门予以纠正。

第七十九条 未按规定取得有效《港口设施保安符合证书》且不符合本规则第三十六条规定的港口设施，不得为航行国际航线船舶提供服务。

对于违反前款规定，擅自为航行国际航线船舶提供服务的港口设施，由港口所在地港口行政管理部门予以警告并责令停止违法行为，并可处以 3 万元以下罚款。

第八十条 对于违反本规则规定，港口设施保安主管和相关人员未经必要的培训，港口行政管理部门可以责令更换；港口设施保安主管和相关人员未能履行本规则规定的职责，港口行政管理部门可以责令其参加保安培训；情节严重的，可以责令暂停或者撤销其港口设施保安主管资格。

第十一章　附　　则

第八十一条 交通运输部通过部网站公布与港口设施保安相关的公开信息。

第八十二条 本规则自 2008 年 3 月 1 日起施行。但为 500 总吨及以上特种用途船服务的港口设施自 2008 年 7 月 1 日起适用本规则。交通部于 2003 年 11 月 14 日发布的《港口设施保安规则》（交水发〔2003〕500 号）同时废止。

附件 1

保安声明

船名：	
船籍港：	
IMO 编号：	
港口设施名称：	

本《保安声明》的有效期自…………………至…………………，针对下列活动(指具体船港界面活动的内容，例如集装箱装卸作业、旅客上下船舶、散油过驳作业等)：

……………………………………………………………………

所处保安等级：

船舶保安等级：	
港口设施保安等级：	

港口设施和船舶同意以下保安措施和责任，以确保符合《国际船舶和港口设施保安规则》A 部分的要求。

活　　动	港口设施：	船舶：
	船长、船舶保安员和港口设施保安主管在本栏的签名表示该活动将由其所代表的方面根据保安计划完成	
确保履行所有保安职责		
监控限制区域，确保只有经批准人员才能进入		
对进入港口设施的控制		
对进入船舶的控制		
监控港口设施，包括靠泊区域和船舶周围水域		
监控船舶，包括靠泊区域和船舶周围水域		

续表

货物装卸		
船舶物料交付		
无人照管行李的装卸		
控制人员及其物品上船		
确保船舶和港口之间的通讯联系随时可用		
……		

本声明的签字人证明,在具体活动中港口设施和船舶的保安措施和安排符合经修订的《1974 年国际海上人命安全公约》第Ⅺ－2 章以及《国际船舶和港口设施保安规则》A 部分的规定,并将按保安计划的规定或双方商定的具体安排执行。

签署日期……………………………地点………………………………

代 表 签 字	
港口设施:	船舶:

(港口设施保安主管签名)　　　　(船长或船舶保安员签名)

签字人姓名和职务	
姓名:	姓名:
职务:	职务:

联系细节 (根据情况填写) (写明电话号码或无线电频道或所用频率)	
港口设施方: 港口设施: 港口设施保安主管:	船舶方: 船长: 船舶保安员: 船公司: 船公司保安员:

附件 2

港口设施基本保安措施

下表列举了港口设施在不同保安等级下应采用的基本保安措施，这些措施反应了港口设施保安的基本要求，但未包括针对各类港口设施（如集装箱码头、油港或化工码头等）的特殊措施。这些特殊措施应当在各港口设施制订《港口设施保安计划》时确定。

下表保安等级一栏中的“是”系指在该保安等级下必须执行的措施，“任选”是指在该保安等级下可以选择执行的措施。

1. 保证港口设施保安工作的程序

保 安 措 施	保安等级		
	1	2	3
制订保安计划，对保安计划定期评审和更新	是	是	是
具有独立的保安组织	任选	是	是
相关人员明确并能履行其保安职责、任务	是	是	是
每一港口设施配备港口设施保安主管	是	是	是
港口设施保安主管能与船舶、船公司、相关单位联络并协调保安措施	是	是	是
有一个高效的保安指挥系统	是	是	是
有特别情况下的人员撤离程序	是	是	是
建立保安事件日报制度	是	是	是
所有保安人员穿着成套的、醒目的、有权威性的制服	是	是	是
保安人员针对周边地区和重要区域进行定期的巡查	任选	是	是
与外部保安力量有良好沟通和协助	任选	是	是
按保安计划规定的时间间隔实施保安演习和训练	是	是	是
及时收集、分析港口设施保安信息	是	是	是
规定保安计划的审批程序	是	是	是
保安计划及其内容保密	是	是	是
具有针对未制订保安计划船舶的保安措施	是	是	是

2. 港口设施进入通道的保安措施

保 安 措 施	保安等级		
	1	2	3
建立进港人员身份识别系统	是	是	是
验证进港人员身份	是	是	是
检查进港人员、行李、物品，防止携带违禁武器、危险品和爆炸物进港	是	是	是
要求所有工作人员持证进入限制区域	任选	是	是
证件的设计与外表能让保安人员迅速、肯定地辨别持有人的身份和限制	是	是	是
确保工作人员离职时证件被收回	是	是	是
在指定区域布置值班人员	任选	是	是
在港区设立符合保安行业标准的栅栏或围墙	是	是	是
港口设施的大门、入口的数量应保持最小数量	任选	任选	是
来访者的活动受到全程陪同	任选	是	是
保留来访者的记录	任选	是	是
具有便利船上人员和其他重要人员来访的程序	是	是	是
协助船舶保安员确认上船人员身份	是	是	是
具有应急交通控制方案	任选	是	是
非工作车辆以外的所有车辆都停放在指定停车区域，司机处于保安人员监控的范围内	任选	是	是
停车场与码头的距离大于15米，而且处于围墙、货物装卸区及储存区之外	任选	是	是
涵洞、隧道、桥梁、下水道、公用设施入口、人行电梯等所有开口处都被适当地加以监控	任选	是	是

3. 港口设施内限制区域的保安措施

保　安　措　施	保安等级		
	1	2	3
根据港口设施的性质及作用设置限制区域	是	是	是
密切监控港口内限制区域的出入口	任选	是	是
所有限制区域的入口处设置岗哨	任选	任选	是
所有限制区域的入口处能进行保安联络	是	是	是
安排人员值班或巡逻	任选	是	是
增加限制区域监视频率和范围,包括: (1)巡逻限制区域; (2)设置岗哨连续守卫限制区域; (3)布置人员连续巡逻限制区域的临近地区; (4)保证逃生、撤退和救援通道畅通。	任选	任选	是
所有限制区域入口都设有障碍物	是	是	是
所有限制区域都有人员识别与监控系统	任选	是	是
非工作人员经批准进入限制区域时,处于持续的陪同之下	是	是	是
港口限制区域内的照明系统使用正常	是	是	是
协调船舶与港口设施提供岸边附加灯光照明	任选	是	是
对限制区内重要设施提供附加保安措施	任选	是	是

4. 货物装卸过程中的保安措施

保　安　措　施	保安等级		
	1	2	3
查验货物与清单的一致性	是	是	是
对外来运货车辆进行入港检查	是	是	是
司机凭证件或得到门卫许可方可进入港口设施	是	是	是
有货物的移动与储存的记录	是	是	是

续表

保 安 措 施	保安等级		
	1	2	3
有指定进行货物检查的区域	是	是	是
有指定用于留置观察货物的区域	任选	是	是
在货物验收之前,对电子数据交换(EDI)信息和货物与集装箱的交货单进行检查	任选	是	是
用X—光机、扫描仪、金属探测器、爆炸品探测器等仪器检查货物	任选	是	是
危险货物应有说明以供查验	是	是	是
通过一定方式保留并持续更新所有货物的准确清单、所有设施内的货物、集装箱的位置图	任选	是	是
保安人员了解危险货物的位置,并针对这些货物采取附加的保安措施	是	是	是

5. 船舶物料交付过程中的保安措施

保 安 措 施	保安等级		
	1	2	3
有检查船舶物料的程序	任选	任选	是
检查运送船舶物料的车辆	是	是	是
在港口设施内对物料进行监控	任选	是	是
对船舶物料进行扫描检查	任选	任选	是
对物料交接人进行身份确认	任选	任选	是
设置区域进行船上物料及货物的检查	任选	是	是
设立存储区对部分物料进行留置观察	任选	是	是

6. 无人照管行李的保安措施

保安措施	保安等级		
	1	2	3
无人照管的行李在进入港口设施和在船港之间移动时，能够被确认、辨别、检查	是	是	是
对可疑行李打开检查	任选	是	是
通过功能分区等方法区分已检、未检行李	是	是	是
对可疑行李限制、暂停或拒绝装卸	任选	是	是
设置可疑行李的留置区	任选	是	是
用X—光机、扫描仪、金属探测器、爆炸品探测器等仪器检查无人照管行李	任选	是	是

7. 港口设施保安技术规定

保安措施	保安等级		
	1	2	3
在通道、工作区域、储存区域、岸边设置警示标识和疏散示意图	是	是	是
保安组织间能有效联络并及早报警	是	是	是
警卫的分派、次数以及巡逻路线按间隔进行改变	任选	是	是
保安用车配备有标志、外部或顶部警灯(报)	是	是	是
所有的周边障碍物(栅栏、围墙)和大门都有人值守，并在不用时被锁闭	任选	是	是
如果某一水域形成了障碍物的一部分，能够采取额外的保安措施	是	是	是
照明的检测、修理和更换在合理的时间内完成	是	是	是
照明设备、数量达到标准	是	是	是
所有限制区域的四周都设置有照明	是	是	是
所有车辆和行人入口都有照明	任选	是	是

续表

保 安 措 施	保安等级		
	1	2	3
配备有应急备用电源	是	是	是
保安力量具有自己的通讯系统	任选	是	是
保安通讯中心与各相关单位保持信息沟通	是	是	是
保安通讯中心能满足不同保安等级的要求	是	是	是
通讯系统能够及时向所有保安力量传达指令	是	是	是
配备报警系统	是	是	是
正在工作中的保安人员配备手持通讯终端	任选	是	是
具有对船上报警做出反应的程序	是	是	是
闭路监控系统覆盖限制区域	是	是	是
闭路监控系统覆盖所有港口设施	任选	是	是
对水面(下)进行巡逻和搜索	任选	任选	是
能够对保安威胁事件独立或根据上级指令做出反应,并采取相应的保安措施	是	是	是

附件3

中华人民共和国
THE PEOPLE'S REPUBLIC OF CHINA
港口设施保安符合证书
STATEMENT OF COMPLIANCE OF A PORT FACILITY

（套印国徽）

证书编号：

Statement Number：

本证书根据《中华人民共和国港口设施保安规则》及国际海事组织《国际船舶和港口设施保安规则》签发

Issued under the provisions of
Port Facility Security Rules of the People's Republic of China
and the International Code for the Security of Ships
and of Port Facilities of IMO（ISPS CODE）

港口设施名称：……………………………………………………

Name of the Port Facility：…………………………………………

港口设施地址：……………………………………………………

Address of the Port Facility：………………………………………

经营人：……………………………………………………………

Name of the Operator：……………………………………………

兹证明，经核验本港口设施符合经修订的《1974年国际海上人命安全公约》第XI－2章以及《国际船舶和港口设施保安规则》A部分的规定，且该港口设施根据《港口设施保安计划》操作，可以为下列类型的船舶提供服务：

This is to certify that the compliance of this port facility with the provisions of chapter XI－2 of the International Convention for the Safety of Life at Sea，1974 and part A of the ISPS Code has been verified and that this port facility operates in accordance with the Port Facility Security Plan and can provide services to the following type（s）of ships：

本《符合证书》有效期至：________________________________，但期间未通过核验的，即行失效。

This Statement of Compliance is valid until ________________________

subject to verifications as indicated overleaf.

签发地点________________________

Issued at ________________________

（Place of issue of the statement）

签发日期 经授权的官员签字

Date of issue （Signature of the duly authorized official issuing the document）

（发证机关盖章或钢印）

（Seal or stamp of issuing authority）

核验签注

ENDORSEMENT FOR VERIFICATIONS

中华人民共和国政府确定，此《符合证书》的有效性取决于每年一次的核验。

The Government of The People's Republic of China has established that the validity of the Statement of Compliance is subject to mandatory annual verification.

兹证明，经核验该港口设施符合经修订的《1974 年国际海上人命安全公约》第XI－2 章以及《国际船舶和港口设施保安规则》A 部分的规定。

This is to certify that, during a verification carried out in accordance with paragraph B/16.62.4 of the ISPS Code, the port facility was found to comply with the relevant provisions of chapter XI－2 of the Convention and Part A of the ISPS Code.

第 1 次核验　　签署：____________经授权的官员签字

1st verification　　Signed：____________(Signature of authorized official)

地点(Place)：________________________

日期(Date)：________________________

第 2 次核验　　签署：____________经授权的官员签字

2nd verification　　Signed：____________(Signature of authorized official)

地点(Place)：________________________

日期(Date)：________________________

第 3 次核验　　签署：____________经授权的官员签字

3rd verification　　Signed：____________(Signature of authorized official)

地点(Place)：________________________

日期(Date)：________________________

第 4 次核验　　签署：____________经授权的官员签字

4th verification　　Signed：____________(Signature of authorized official)

地点(Place)：________________________

日期(Date)：________________________

交通运输部关于修改《中华人民共和国国际船舶保安规则》的决定

（2019 年 6 月 3 日交通运输部令 2019 年第 15 号公布　自公布之日起施行　国司备字［2019000375］）

交通运输部决定对《中华人民共和国国际船舶保安规则》（交通部令 2007 年第 2 号）作如下修改：

一、第三条增加一款，作为第三款：“船舶检验机构依据中华人民共和国海事局的授权和本规则有关规定具体履行下列职责：

（一）对《船舶保安计划》进行技术审核；

（二）签发《国际船舶保安证书》和《临时国际船舶保安证书》。”

二、第三条第二款第四项、第四条第十项、第九条第二项和第三项、第十条第一款和第二款、第二十八条第二项、第三十条第一款第五项、第三十七条第三项中的“批准”修改为“审核合格”；第四条第十项中的“报批”修改为“报审”；第四十八条第一款第一项中的“签发机关”修改为“签发机构”。

三、第十九条修改为：“公司应当向船舶检验机构提出《船舶保安计划》技术审核申请。

船舶检验机构应当审核《船舶保安计划》是否符合第十八条的有关规定。审核合格的，应当出具证明文书，审核不合格的，应当书面告知理由。”

四、第二十条修改为：“《船舶保安计划》审核合格后，船舶不得擅自更换该计划中所述的任何保安设备。

船舶更换已经审核合格的《船舶保安计划》涉及的任何保安设备，应当与本规则和 ISPS 规则规定的内容等效。更换保安设备后的《船舶保安计划》应当经船舶检验机构重新认证后方可实施。”

五、第三章第四节名称修改为：“国际船舶保安证书”。

六、第二十四条第二款修改为：“《国际船舶保安证书》或者《临时国际船舶保安证书》应当作为船舶法定检验证书的组成部分，随船携带。”

七、第二十五条第一款修改为：“符合以下条件，船舶检验机构应当向中国籍船舶签发《国际船舶保安证书》：

（一）船舶具备有效的船舶国籍证书和《船舶连续概要记录》；

（二）船舶按照规定标注了永久识别号，并按规定配备了满足 SOLAS 公约要求的船舶保安报警系统；

（三）船舶按照规定配备了合格的船舶保安员；

（四）船舶具有经审核合格的《船舶保安计划》；

（五）船舶已通过保安核验。”

删去第二款。将第三款中的“有下列情况之一的，中华人民共和国海事局或者其指定的海事管理机构应当核发《临时国际船舶保安证书》”修改为“有下列情况之一的，船舶检验机构应当签发《临时国际船舶保安证书》”。

八、第二十七条中的“至少申请一次船舶保安期间审核”修改为“至少向船舶检验机构申请一次船舶保安期间审核”。

九、第五十七条修改为：“船舶检验机构审核《船舶保安计划》以及签发《国际船舶保安证书》和《临时国际船舶保安证书》的具体标准、规范应当向中华人民共和国海事局备案。”

十、第五十八条中的“中华人民共和国海事局”修改为：“船舶检验机构”。

条文序号和个别文字作相应调整。

本决定自公布之日起施行。

《中华人民共和国国际船舶保安规则》根据本决定作相应修正，重新发布。

中华人民共和国国际船舶保安规则

（2007年3月26日交通部发布　根据2019年6月3日《交通运输部关于修改〈中华人民共和国国际船舶保安规则〉的决定》修订）

第一章　总　　则

第一条　为加强国际航行船舶保安管理，根据经过修订的《1974年国际海上人命安全公约》（以下简称SOLAS公约）和《国际船舶和港口设施保安规则》（以下简称ISPS规则）的规定，制定本规则。

第二条　本规则适用于下列从事国际航行的中国籍船舶和从事国际航运业务的中国公司以及进入中国管辖海域的外国籍船舶：

（一）客船；

（二）500总吨及以上的货船；

（三）500总吨及以上的特种用途船；

(四)移动式海上钻井装置。

适用本规则的船舶以下简称船舶。

本规则不适用于军用船舶和仅用于政府公务用途的船舶。

第三条 交通运输部主管全国船舶保安工作。中华人民共和国海事局负责具体执行SOLAS公约和ISPS规则规定的缔约国政府船舶保安主管机关的职责。

交通运输部在沿海设立的海事管理机构按照本规则具体履行下列职责:

(一)负责管理船舶保安员和公司保安员的培训,对通过规定的船舶保安培训并经考试合格者,签发相应的培训合格证;

(二)接收船舶海上保安信息,并在法定的职责内按照规定的程序采取相应的行动;

(三)向已经进入中国领海或者已经报告拟进入中国领海的船舶提供相应的保安信息,向相关部门通报保安信息,并按照法定职责采取相应的行动;

(四)实施船舶保安监督管理,检查《船舶连续概要记录》、《国际船舶保安证书》、《临时国际船舶保安证书》、保安报警装置、保安演习以及本规则规定的其他船舶保安事项,检查已经审核合格的船舶保安计划以及修订内容的有效性;

(五)对船舶保安员、公司保安员实施监督管理;

(六)中华人民共和国海事局规定的其他船舶保安职责。

船舶检验机构依据中华人民共和国海事局的授权和本规则有关规定具体履行下列职责:

(一)对《船舶保安计划》进行技术审核;

(二)签发《国际船舶保安证书》和《临时国际船舶保安证书》。

第四条 本规则下列用语的含义是:

(一)特种用途船,是指根据船舶功能的需要而载有12名以上特殊人员(包括乘客)的机械自航船舶,包括以下类型:

1. 从事科研、考察及测量的船舶;
2. 用于海上人员训练的船舶;
3. 不从事捕捞的鲸船及鱼类加工船;
4. 不从事捕捞的其他海洋生物资源加工船;
5. 设计特点与作业方式与第1目至第4目相类似的其他船舶。

(二)船港界面活动,是指船舶与港口之间的人员来往、货物装卸或者接受港口服务时发生的交互活动。

(三)船到船活动,是指从一船向另一船转移物品或者人员且与港口设施不相关的行为。

（四）保安事件，是指威胁船舶、港口设施或者船港界面活动、船到船活动安全的任何可疑行为或者情况。

（五）保安联络点，是指由交通运输部公布并设立在各直属海事管理机构的联络点。船舶、公司可通过该联络点向海事管理机构就船舶保安事项请求建议或者援助，报告关于其他船舶、动向或者通信的任何保安问题。

（六）保安等级，是指可能导致保安事件或者发生保安事件的风险级别划分。

（七）保安声明，是指船舶与其所从事活动的港口设施或者其他船舶之间达成谅解的书面协议，规定各自的保安措施。

（八）《船舶保安计划》，是指为确保在船上采取旨在保护船上人员、货物、货物运输单元、船舶物料或者船舶免受保安事件威胁的措施而制订的计划。

（九）船舶保安员，是指由公司指定的承担船舶保安责任的船上人员。该保安员对船长负责，其职责包括实施和维护《船舶保安计划》以及与公司保安员和港口设施保安员进行联络。

（十）公司保安员，是指由公司所指定的，负责开展船舶保安评估、制订和报审《船舶保安计划》、实施和维持审核合格后的《船舶保安计划》，并与港口设施保安员和船舶保安员进行联络的人员。

（十一）港口设施保安员，是指被指定负责落实《港口设施保安计划》的制订、实施、修订和维护工作，并与船舶保安员和公司保安员进行联络的人员。

（十二）公司，是指承担安全与防污染管理责任和义务的航运企业，包括船舶所有人、经营人、管理人和光船承租人。

第二章　船舶保安等级

第五条　船舶保安等级从低到高分为三级，分别是保安等级 1、保安等级 2 和保安等级 3。

保安等级 1 是指应当始终保持的最低防范性保安措施的等级。

保安等级 2 是指由于保安事件危险性升高而应在一段时间内保持适当的附加保护性保安措施的等级。

保安等级 3 是指当保安事件可能或者即将发生（尽管可能尚无法确定具体目标）时应在一段有限时间内保持进一步的特殊保护性保安措施的等级。

第六条　中华人民共和国海事局应当根据威胁信息的可信程度、得到佐证的程度、具体或者紧迫程度以及保安事件潜在的后果确定和调整船舶的保安等级。

前款所称威胁信息包括但不限于以船舶为载体或者工具对下列对象产生威胁的信息:国家安全、公共安全、公共卫生、公共环境、公共资源、海上通信安全、重要设施安全、社会治安等。

第七条 船舶保安等级由交通运输部发布。

交通运输部发布船舶保安等级时,可以视情发出适当的指令,并向可能受到影响的船舶提供保安信息。

第三章 船舶和公司的保安要求

第一节 一般规定

第八条 船舶应当按照SOLAS公约的要求和中华人民共和国海事局的规定,配备船舶自动识别系统(AIS)、《船舶连续概要记录》,安装船舶保安警报系统,标记船舶永久识别号。

第九条 公司应当履行以下职责:

(一)负责对所属船舶进行船舶保安评估;

(二)负责编制《船舶保安计划》和已审核合格计划的后续修订;

(三)实施经过审核合格的《船舶保安计划》;

(四)采取适当的措施,避免泄漏船舶保安评估或者《船舶保安计划》及其相关的保安敏感性、保密性资料;

(五)应当安排一名或者数名人员作为公司保安员,确定每人所负责的船舶,并确保其能够24小时与船舶、港口设施保安员和海事管理机构保持联系;

(六)向船籍港海事管理机构及时提供最新的公司保安员名单以及24小时联络方式等资料;

(七)在每艘船舶上指定一名适合履行船舶保安职责的人员作为船舶保安员;

(八)为船舶保安员、公司保安员、船长履行职责提供必要的条件;

(九)赋予船长在船舶保安以及在必要时请求公司或者海事管理机构提供帮助方面的决定权;

(十)根据确定的保安等级,采取相应的保安措施;

(十一)组织、参加船舶保安培训、训练和演习;

(十二)收集船舶保安信息,并向相关部门报告或者通报。

第十条 在各等级保安状态下,船舶应当按照经审核合格的船舶保安计划开展工作。

发现保安威胁,在船舶保安等级未确认改变之前,船舶可以按照经过审核合格的保安计划,采取高于其所处保安等级的保安措施,包括附加保护性措施和特殊保护性措施。

船舶的保安等级高于其拟进入或者所在港口的保安等级,船舶应当立即将此情况通知拟进入或者所在国家的保安联络点。

船舶的保安等级低于其拟进入或者所在港口的保安等级,船舶应当立即按照本船的《船舶保安计划》升高船舶的保安等级至不低于港口的保安等级,并向拟进入或者所在国家的保安联络点报告。

第十一条 船长在职责范围内做出的维护船舶安全或者保安的决定,不受公司或者任何其他人员的限制。其中包括拒绝人员(经确定为SOLAS公约、ISPS规则缔约国政府正式授权的人员除外)及其物品上船或者拒绝装货(包括集装箱或者其他封闭的货运单元)。

不论处于何种保安等级,船长在任何时候对船舶的安全负有最终责任。如果有理由相信执行任何有关指令会危及船舶的安全,船长可以要求澄清或者修改指令。

第十二条 船舶在进入中华人民共和国港口之前、在港口期间,船长和船舶保安员应当履行下列义务:

(一)了解拟挂靠的港口设施履行SOLAS公约和ISPS规则的情况;

(二)与我国海事管理机构公布的保安联络点联系,以确定适合的船舶保安等级,并掌握有关船舶保安等级的任何变化;

(三)与拟挂靠的港口设施的保安员联系,了解该港口设施的保安等级,并掌握有关港口设施保安等级的任何变化;

(四)如果保安联络点确定了该船需要提升保安等级并就此发出指令,船长和船舶保安员应当向保安联络点确认已收到关于保安等级改变的指令,并确认已开始实施《船舶保安计划》所列明的措施和程序;如果在实施中遇到任何困难,应当与港口设施保安员联系,并协调适当的行动;

(五)如果船舶按照本条第(四)项规定需要提高的保安等级或已处于的保安等级高于其拟挂靠或所在港口的保安等级,船长和船舶保安员应当立即将此情况通知港口所在地海事管理机构和港口设施保安员,并在必要时与港口设施保安员协调适当的行动。

第十三条 在中华人民共和国领海或者拟进入中华人民共和国领海的船舶,发现可能影响所在区域海上保安的任何信息,应当立即向沿岸保安联络点报告。

第二节　船舶保安评估

第十四条　公司保安员应当确保船舶保安评估由具备评价船舶保安技能的人员按照本规则、SOLAS 公约和 ISPS 规则的要求开展,并对船舶保安评估的妥善实施负有最终责任。

公司可以由公司保安员实施保安评估,也可就某一具体船舶的保安评估委托具备船舶保安评估资质的机构实施,实施船舶保安评估的机构应当对评估的结论负责。

第十五条　船舶保安评估应当符合下列要求以及中华人民共和国海事局规定或者认可的船舶保安评估规范:

(一)确定现有保安措施、程序和操作;

(二)确定并评价应予重点保护的船上关键操作;

(三)确定船上关键操作可能受到的威胁及其发生的可能性,以确定并按优先顺序排定保安措施;

(四)找出船舶设施、设备和重要部位以及方针和程序中的弱点,包括人为因素。

船舶保安评估应当包括现场保安检验。现场保安检验应当检查和评估船上的现有保护措施、指南、程序和操作。

船舶发生重大变化时,应当及时重新进行保安评估。前述重大变化包括:船舶的通信、报警、消防、救生等重要设备结构、功能发生变化,船舶的保安组织机构、职责和协调程序发生重大变化,船舶发生了保安事件等。

第十六条　如果同一公司所有、租赁或者管理的船舶的种类,通信、报警、消防、救生等主要设备、结构相同或者相近,经向海事管理机构说明,可以共同评估并制作一份《船舶保安评估报告》。

第十七条　完成船舶保安评估后,评估人应当制作书面的《船舶保安评估报告》。

《船舶保安评估报告》应当由公司加以审查、接受并保存。

《船舶保安评估报告》应当保密,公司和承担船舶保安评估的机构应当制定并落实防止擅自接触、泄露的措施。

第三节　船舶保安计划

第十八条　《船舶保安评估报告》被公司接受后,公司应当根据船舶保安评估已经确定的船舶特点、潜在威胁和薄弱环节等情况,编制《船舶保安计划》。

《船舶保安计划》应当就本规则定义的三个保安等级作出规定，并至少包括以下内容：

（一）船舶的保安组织机构以及各自职责；

（二）标明船舶保安员和公司保安员，包括公司保安员的24小时联系方式；

（三）船舶与公司、港口设施、其他船舶和具有保安职责的有关主管机关的关系；

（四）保安等级1状态下应当落实的保安措施，以及保安等级提高时应当落实的全部附加和特别保安措施；

（五）《船舶保安计划》的保密措施；

（六）《船舶保安计划》的定期审查和更新程序；

（七）与海事管理机构、港口设施保安员及其他部门联系、报告的程序，船舶内部联系和报告保安事件的程序；

（八）防止将企图用于攻击人员、船舶或者港口的武器、危险物质和装置擅自携带上船的措施；

（九）对限制区域的确定以及防止擅自进入限制区域的措施；

（十）防止擅自上船的措施；

（十一）对保安威胁或者保安状况的破坏作出反应的程序，包括维持船舶或者船港界面的关键操作的规定；

（十二）对缔约国政府在保安等级3时可能发出的指令作出反应的程序；

（十三）在保安威胁或者保安状况受到破坏时的撤离程序；

（十四）保安活动审核程序；

（十五）与计划有关的培训、训练和演习程序；

（十六）确保检查、测试、校准和保养船上装备的任何保安设备的程序；

（十七）测试或者校准船上装备的任何保安设备的频度；

（十八）指明船舶保安警报系统启动点的安装位置；

（十九）船舶保安警报系统的使用，包括试验、启动、关闭、复位和减少误报警的程序、说明和指导；

（二十）保安和监控设备或者系统的类型和维护要求；

（二十一）建立、保持和更新危险货物或者财产及其地点清单的程序；

（二十二）向有关缔约国政府联络点报告的程序；

（二十三）自身要求签署《保安声明》的条件以及如何处理港口设施提出《保安声明》要求的做法；

（二十四）位于非缔约国的港口、与不符合SOLAS公约第XI-2章和ISPS

规则 A 部分的港口设施或者未取得《国际船舶保安证书》的船舶发生界面活动以及与固定、浮动平台或者就位的移动式海上钻井装置进行界面活动时将采取的程序和保安措施。

第十九条 公司应当向船舶检验机构提出《船舶保安计划》技术审核申请。

船舶检验机构应当审核《船舶保安计划》是否符合第十八条的有关规定。审核合格的，应当出具证明文书，审核不合格的，应当书面告知理由。

第二十条 《船舶保安计划》审核合格后，船舶不得擅自更换该计划中所述的任何保安设备。

船舶更换已经审核合格的《船舶保安计划》涉及的任何保安设备，应当与本规则和 ISPS 规则规定的内容等效。更换保安设备后的《船舶保安计划》应当经船舶检验机构重新认证后方可实施。

第二十一条 船舶重新进行保安评估，公司或者公司保安员应当对《船舶保安计划》作出相应的修订后，按本节规定的程序提出申请。

第二十二条 《船舶保安计划》应当保密。

在符合下列条件时，执法人员可以查看《船舶保安计划》中与不符合情况有关的具体部分：

（一）有明确理由相信船舶不符合 SOLAS 公约第 XI－2 章或者 ISPS 规则 A 部分的要求，且只能通过审查船舶保安计划的相关要求验证或者纠正不符合情况；

（二）中国籍船舶征得船籍港海事管理机构或者船长的同意，但对计划中的保密信息未经中华人民共和国海事局另行同意，不能受到检查；外国籍船舶征得其所属缔约国政府或者船长的同意，但对计划中的保密信息未经其所属缔约国政府同意，不能受到检查。

本条前款所述的保密信息包括：

（一）对限制区域的确定以及防止擅自进入限制区域的措施；

（二）对保安状况受到的威胁或者破坏作出响应的程序，包括维持船舶或者船港界面的关键操作的规定；

（三）对缔约国政府在处于保安等级 3 时可能发出的任何指令作出响应的程序；

（四）船舶上负有保安责任人员的职责和船舶上其他人员在保安方面的职责；

（五）确保检查、测试、校准和保养船上任何保安设备的程序；

（六）指明船舶保安警报系统启动点所在位置；

（七）船舶保安警报系统的使用，包括试验、启动、关闭和复位以及限制误发警报的程序、说明和指导。

第二十三条 如果同一公司所有、租赁或者管理的船舶的种类，通信、报警、消防、救生等主要设备、结构相同或者相近，事先取得船籍港海事管理机构同意，可以共同制作一份《船舶保安计划》。

第四节 国际船舶保安证书

第二十四条 从事国际航行的船舶必须持有《国际船舶保安证书》或者《临时国际船舶保安证书》。

《国际船舶保安证书》或者《临时国际船舶保安证书》应当作为船舶法定检验证书的组成部分，随船携带。

第二十五条 符合以下条件，船舶检验机构应当向中国籍船舶签发《国际船舶保安证书》：

（一）船舶具备有效的船舶国籍证书和《船舶连续概要记录》；

（二）船舶按照规定标注了永久识别号，并按规定配备了满足 SOLAS 公约要求的船舶保安报警系统；

（三）船舶按照规定配备了合格的船舶保安员；

（四）船舶具有经审核合格的《船舶保安计划》；

（五）船舶已通过保安核验。

有下列情况之一的，船舶检验机构应当签发《临时国际船舶保安证书》：

（一）在交船时或者在投入营运或者重新投入营运之前，船舶没有《国际船舶保安证书》；

（二）船舶从 SOLAS 公约和 ISPS 规则的一缔约国政府换旗到另一缔约国政府；

（三）船舶从一非 SOLAS 公约和 ISPS 规则缔约国政府换旗到一缔约国政府；

（四）公司承担了其以前未经营过的某一船舶的经营责任。

第二十六条 《国际船舶保安证书》的有效期最长不超过 5 年，《临时国际船舶保安证书》的有效期最长不超过 6 个月。

第二十七条 船舶应当按照中华人民共和国海事局的规定，在《国际船舶保安证书》有效期内的第 2 周年和第 3 周年之间，至少向船舶检验机构申请一次船舶保安期间审核。

第二十八条 中国籍船舶有以下情况之一的，应当申请附加审核：

（一）在接受海事管理机构检查时，检查人员有充分理由确认船舶不符合

ISPS规则A部分及本规则的要求；

（二）船舶保安计划作出修正并经审核合格后，公司应当在3个月内申请对船舶进行附加审核，以检查修正后计划的执行情况；

（三）船舶因不满足ISPS规则的要求被滞留、被禁止进港或者驱逐出港。

第五节　船舶保安声明

第二十九条　海事管理机构可以根据船港界面活动或者船到船活动对人员、财产和环境可能造成危险程度的判断，要求船舶与港口设施或者其他船舶签署《保安声明》。

签署《保安声明》的双方，应当确保在船舶与港口设施或者其他船舶之间就各方所分别采取的保安措施达成协议，说明各自的责任，并按照协议开展行动。

第三十条　在下列情况下，船舶可以要求与港口设施或者其他船舶签署《保安声明》：

（一）该船舶所处的保安等级高于其所从事界面活动的港口设施或者另一船舶的保安等级；

（二）在中华人民共和国政府与其他缔约国政府之间有涉及某些国际航线或者这些航线上的特定船舶的关于《保安声明》的协议；

（三）曾经有涉及该船舶或者涉及该港口设施的保安威胁或者重大保安事件；

（四）该船舶位于一个不要求具有和实施经过批准的《港口设施保安计划》的港口设施；

（五）该船舶与另一艘不要求具有和实施经审核合格的《船舶保安计划》的船舶进行船到船活动；

（六）符合该船舶《船舶保安计划》要求签署《保安声明》的其他条件。

对于上述第（一）项至第（五）项签署《保安声明》的请求，有关港口设施或者船舶应当回应。

船舶接到港口设施或者其他船舶签署《保安声明》的请求，应当予以回应。

第三十一条　《保安声明》应当由船长或者船舶保安员、港口设施保安员代表相关各方签署。

《保安声明》应当根据保安等级变化做相应的改变或者重新签署。

《保安声明》应当留船保存3年。

第六节　船舶保安的训练、演习

第三十二条　为了保证《船舶保安计划》的有效实施,公司应当每隔 3 个月进行一次船舶保安训练,测试下列威胁保安的因素:

(一)对船舶、货物、船舶基础设备或者系统以及船舶物料的损坏或者破坏;

(二)劫持或者扣留船舶或者船上人员;

(三)未经允许进入船舶的人员(包括藏于船上的偷渡人员);

(四)走私武器或者设备(包括大规模杀伤性武器);

(五)使用船舶载运企图制造保安事件的人员、设备;

(六)使用船舶本身作为损坏或者破坏的武器;

(七)在港或者锚泊时从海上发动的攻击;

(八)在海上时的攻击。

如果一次有 25% 以上船员发生变更,而这些人员在最近的适当间隔期中没有参加过该船的保安训练,则必须在发生变更后的一个星期内进行训练。

第三十三条　为了保证《船舶保安计划》的有效实施,测试通信、协调、资源共享和应答能力,公司保安员、船舶保安员应当每日历年至少参加一次由公司或者海事管理机构组织的保安演习,最长间隔不超过 18 个月。

保安演习可以采用实地或者模拟的形式,也可以与相关演习结合进行。

中国籍船舶如果参加国外有关主管当局组织的保安演习,应当事先通报船籍港海事管理机构。未事先通报的,海事管理机构不予承认。

第七节　船舶保安记录

第三十四条　船舶应当保存涉及以下活动的记录:

(一)培训、训练、演习;

(二)保安状况受到的威胁和保安事件;

(三)保安状况受到的破坏;

(四)保安等级的改变;

(五)与船舶保安状况直接有关的通信;

(六)保安活动的内部审核和评审;

(七)对船舶保安评估的定期评审;

(八)对船舶保安计划的定期评审;

(九)对船舶保安计划任何修正的实施;

(十)船舶保安设备的保养、校准和测试,包括对船舶保安警报系统的测试；

（十一）在任何港口进行船港界面活动时其所处的保安等级；

（十二）在任何港口进行船港界面活动时所采取的特别和附加的保安措施；

（十三）任何船到船活动时维持的适当的保安程序；

（十四）其他与船舶保安有关的实用信息（但不包括船舶保安计划的细节）。

第三十五条 船舶应当对船舶保安记录加以保护，防止擅自接触、删除、破坏、修改或者泄露。

船舶应当建立专门的船舶保安记录簿。

船舶保安记录应当存船保留3年。

第八节 对保安员和有关人员的要求

第三十六条 公司保安员和船舶保安员，应当按照ISPS规则的有关要求，完成海事管理机构规定的船舶保安培训，具备履行其职责的知识和能力。

公司和船舶的其他相关人员，应当按照ISPS规则的有关要求，经过相应的培训，具备履行其担任职责方面的知识和能力。

第三十七条 公司保安员履行下列职责：

（一）利用适当的保安评估和其他相关信息，就船舶可能遇到威胁的情况提出建议；

（二）确保船舶保安评估得以开展；

（三）确保《船舶保安计划》得以制定、提交审核合格以及随后得以实施和维护；

（四）确保对《船舶保安计划》进行适当修改，以纠正缺陷并符合各船舶的保安要求；

（五）安排对保安活动进行内部审核和审查；

（六）安排船舶进行初次和后续的审核；

（七）确保迅速解决和处理在内部审核、定期审查、保安检查和其它审核期间确定的缺陷和不符合项；

（八）加强保安意识和警惕性；

（九）确保负责船舶保安的人员受到适当的培训；

（十）确保船舶保安员和有关港口设施保安员之间的有效沟通与合作；

（十一）及时接收海事管理机构发布的船舶保安信息，并确保将信息及时传递到公司所属船舶；

（十二）确保保安要求和安全要求的一致性；

（十三）若采用了姊妹船或者船队的保安计划，确保每条船舶的计划均准确反映该船具体信息；

（十四）确保海事管理机构为某一特定船舶或者某一组船舶批准的任何替代或者等效措施得以实施和保持。

第三十八条 船舶保安员履行下列职责：

（一）承担船舶的定期保安检查，确保船舶保持适当的保安措施；

（二）保持和监督《船舶保安计划》的实施；

（三）与船上其他人员和有关港口设施保安员协调货物和船舶备品装卸中的保安事项；

（四）对《船舶保安计划》提出修改建议；

（五）向公司保安员报告内部审核、定期审查、保安检查和其它审核期间所确定的缺陷和不符合项，并采取纠正措施；

（六）加强船上保安意识和警惕性；

（七）确保为船上人员提供充分的培训；

（八）报告所有保安事件；

（九）与公司保安员和有关港口设施保安员协调实施《船舶保安计划》；

（十）确保正确操作、测试、校准和保养保安设备。

中国籍船舶的船舶保安员无法履行职责的，海事管理机构出具书面的证明文件，指定其他船员短时间替代船舶保安员的职责，并由船公司通知船舶停靠的下一港口的海事主管当局。

第四章　海上保安报警和处置

第三十九条 中国海上搜救中心总值班室是全国船舶和港口设施保安的总联络点，负责全国船舶和港口设施的保安报警接收和保安信息联络工作。

第四十条 交通运输部在沿海设立的各海事管理机构的值班室，负责下列事项的对外联系工作：

（一）接收港口保安信息和船舶保安信息，针对接到的保安报警及时按照船舶保安应急反应程序采取通告有关部门等保安行动；

（二）对船舶提供保安建议或者援助；

（三）为拟进入我国领海和港口的船舶提供保安信息和保安通信联系；

（四）按规定程序向中国海上搜救中心总值班室报告保安信息。

第四十一条 当出现威胁船舶、船港界面活动或者船到船活动安全的任何可疑行为或者情况，船长或者船舶保安员应当向船舶所在公司进行船舶保安报警。

公司保安员收到船舶保安报警后，应当立即与保安事件发生地的海事管理机构联系，报告船舶的船名、船籍、位置、船舶种类、船上人员和货物情况、受到的保安威胁等情况，同时通报船籍港海事管理机构；如涉及到港口设施，还应通报港口设施所在地港口行政管理部门。

第四十二条 船舶应当制定并落实有关措施妥善使用船舶保安警报设备，以防止船舶发生误报警。保安报警的测试应当避免采取直接与海上保安联络点之间测试的方式，以保证海上保安报警线路的畅通。

第四十三条 船舶发生误报警，应当采取措施立即消除，并向有关海事管理机构报告；海事管理机构以及其他单位和个人因对误报警采取行动支付的额外费用，由误报警的船舶承担。

第四十四条 中华人民共和国海事局负责统一对外发布除保安等级以外的船舶保安信息，并发布全国性或者局部重要性的船舶保安指令。

各海事管理机构根据中华人民共和国海事局的授权，向相关单位发布船舶保安信息和指令。

第四十五条 海事管理机构收到港口保安事件和其他港口保安信息，应当按照应急反应程序，通知相关的公司和船舶，协调港口设施和船舶的保安行动，同时及时通报港口行政管理部门。

第四十六条 海事管理机构收到中华人民共和国管辖水域内船舶的保安报警后，应当按照规定的程序及时采取应急反应措施。

海事管理机构收到中华人民共和国管辖水域外船舶的保安报警后，应当立即向中华人民共和国海事局报告，由中华人民共和国海事局按照规定的程序采取通知该船舶航行位置附近国家等行动。

第五章 监督检查与法律责任

第四十七条 海事管理机构依法对船舶保安活动实施的监督检查，任何单位或者个人不得拒绝、妨碍或者阻挠。

有关单位或者个人应当接受海事管理机构依法实施的监督检查，并为其提供方便。

海事管理机构的工作人员实施监督检查时，应当出示执法证件，表明身份。

第四十八条 海事管理机构应当对船舶的下列保安事项进行监督检查：

（一）《国际船舶保安证书》或者《临时国际船舶保安证书》及证书签发机构的有效性；

（二）《船舶保安计划》在船上实施的有效性；

（三）《船舶连续概要记录》记载和保存的情况；

（四）船舶永久识别号的标识情况，以及保安报警装置、船舶自动识别系统（AIS）的配备情况；

（五）中华人民共和国海事局规定的其他检查事项。

经检查，海事管理机构有明显理由认为船舶不符合 SOLAS 公约第Ⅴ、Ⅺ章、ISPS 规则 A 部分和本规则要求的，海事管理机构可以对船舶采取进一步强制检查、责令船舶立即或者限期纠正、限制操作（包括限制在港内活动）、责令驶向指定地点、禁止进港、滞留船舶、驱逐出港等行政强制措施。

第四十九条 对拟进入中华人民共和国港口的国际航行船舶，海事管理机构可以在其提交国际航行船舶进口岸申请的同时要求提供以下信息，以确保船舶符合 SOLAS 公约第Ⅺ章、ISPS 规则和本规则的要求：

（一）船舶当前运营所处的保安等级；

（二）船舶挂靠前 10 个港口进行船港界面活动时其所处的保安等级；

（三）船舶挂靠前 10 个港口进行船港界面活动时所采取的特别和附加的保安措施；

（四）船舶挂靠前 10 个港口进行船港界面活动时维持的适当的保安程序；

（五）船舶挂靠前 10 个港口与未取得《国际船舶保安证书》的船舶发生界面活动或者与固定、浮动平台或者就位的移动式海上钻井装置进行界面活动时采取的保安程序和保安措施；

（六）其他海事管理机构要求提供的实用保安信息。

对于船舶未按要求提供前款所述的信息，或者海事管理机构认为提供的信息不符合 SOLAS 公约第Ⅺ章、ISPS 规则和本规则的要求，海事管理机构可以采取强制检查、责令船舶立即或者限期纠正、责令驶向指定地点、禁止进港等行政强制措施。

第五十条 对外国籍船舶按照第四十八、四十九条规定采取强制检查、责令船舶立即或者限期纠正、限制操作（包括限制在港内活动）、责令驶向指定地点、禁止进港、滞留船舶、驱逐出港的行政强制措施，中华人民共和国海事局应当将此情况通报船旗国海事当局和国际海事组织。

采取禁止进港或者驱逐出港的措施，还应当通知可知的船舶随后拟挂靠港口的国家当局以及其他有关沿岸国。

第五十一条 对于挂靠未按规定取得有效《港口设施保安符合证书》的我国港口设施的船舶,港口所在地海事管理机构应当采取禁止进港或者驱逐出港的行政强制措施。

第五十二条 对于违反本规则规定的中国公司,海事管理机构可以责令改正;情节严重的,可以责令对有关船舶重新进行保安评估或者修订《船舶保安计划》。

第五十三条 违反本规则规定,公司保安员和船舶保安员未经必要的培训,海事管理机构可以责令公司更换;公司保安员和船舶保安员未能履行本规则规定的职责,海事管理机构可以责令其参加保安培训,情节严重的,可以责令公司暂停或者撤销其保安员资格。

第五十四条 对于违反本规则的行为,依法应当给予海事行政处罚的,海事管理机构按照交通运输部颁布的海事行政处罚有关规定实施行政处罚。

第五十五条 海事管理机构工作人员违反本规则规定,滥用职权,玩忽职守,给人民生命财产造成损失的,由所在单位或者其上级主管机关给予行政处分;涉嫌犯罪的,依法移送司法机关。

第六章 附 则

第五十六条 中华人民共和国海事局可以许可中国籍船舶实施等效于SOLAS公约第Ⅺ章、ISPS规则A部分所述措施的其他保安措施。

交通运输部应当将许可该种保安措施的要求、程序等细节通知国际海事组织秘书长。

第五十七条 船舶检验机构审核《船舶保安计划》以及签发《国际船舶保安证书》和《临时国际船舶保安证书》的具体标准、规范应当向中华人民共和国海事局备案。

第五十八条 《国际船舶保安证书》、《临时国际船舶保安证书》的内容和格式,由船舶检验机构按照SOLAS公约和ISPS规则的要求统一制定。

第五十九条 本规则自2007年7月1日起施行。但是,500总吨及以上的特种用途船自2008年7月1日起适用本规则。交通部于2004年6月16日发布的《船舶保安规则》(交海发〔2004〕315号)同时废止。

民用核安全设备焊接人员资格管理规定

（2019年6月12日生态环境部令第5号公布　自2020年1月1日起施行　国司备字[2019000442]）

第一章　总　则

第一条　为了加强民用核安全设备焊接人员（以下简称焊接人员）的资格管理，保证民用核安全设备质量，根据《中华人民共和国核安全法》和《民用核安全设备监督管理条例》，制定本规定。

第二条　本规定适用于焊接人员的资格考核和管理工作。

第三条　从事民用核安全设备焊接活动（以下简称焊接活动）的人员应当依据本规定取得资格证书。

第四条　国务院核安全监管部门负责焊接人员的资格管理，统一组织资格考核，颁发资格证书，对焊接人员资格及相关资格考核活动进行监督检查。

第五条　民用核安全设备制造、安装单位和民用核设施营运单位（以下简称聘用单位）应当聘用取得资格证书的人员开展焊接活动，对焊接人员进行岗位管理。

第六条　本规定所称的焊接人员是指从事民用核安全设备焊接操作的焊工、焊接操作工；焊接方法是指焊接活动中的电弧焊（包括焊条电弧焊、钨极惰性气体保护电弧焊、熔化极气体保护电弧焊、埋弧焊等）和高能束焊（包括电子束焊、激光焊等）以及国务院核安全监管部门认可的其他焊接方法。

第二章　证书申请与颁发

第七条　申请《民用核安全设备焊接人员资格证》资格考核的人员应当具备下列条件：

（一）身体健康，裸视或者矫正视力达到4.8及以上，辨色视力正常；

（二）中等职业教育或者高中及以上学历，工作满1年；

（三）熟练的焊接操作技能。

第八条　有下列情形之一的人员，不得申请《民用核安全设备焊接人员资格证》资格考核：

（一）被吊销资格证书的人员，自证书吊销之日起未满3年的；

（二）依照本规定被给予不得申请资格考核处理的期限未满的。

第九条 国务院核安全监管部门制定考试计划，组织承担考核工作的单位（以下简称考核单位）实施资格考核。

考核单位负责编制考试用焊接工艺规程，实施具体考试工作，检验考试试件，出具考试结果报告。

第十条 申请人员由聘用单位组织报名参加资格考核，并提交下列材料：

（一）申请表；

（二）学历证明；

（三）二级及以上医院出具的视力检查结果。

第十一条 国务院核安全监管部门对提交的材料进行审核，自收到材料之日起5个工作日内确认申请人员考试资格。

第十二条 首次参加资格考核的申请人员应当通过理论考试和相应焊接方法的操作考试。参加增加焊接方法资格考核的申请人员只需要进行相应焊接方法的操作考试。

理论考试主要考查申请人员对核设施系统基本知识，核安全设备及质量保证相关知识，核安全文化，焊接工艺、设备、材料等焊接基本知识的理解和掌握程度。

操作考试主要考查申请人员按照焊接工艺规程及过程质量控制要求熟练地焊接规定的试件并获得合格焊接接头的能力。

第十三条 所有考试成绩均达到合格标准视为资格考核合格。

考试成绩未达到合格标准的，可在考试结束日的次日起1年内至多补考两次，补考仍未合格的，视为本次考核不合格。

第十四条 国务院核安全监管部门收到考核单位的考试结果报告之日起20个工作日内完成审查，作出是否授予资格的决定。

资格证书由国务院核安全监管部门自授予资格决定之日起10个工作日内向合格的人员颁发。

第十五条 资格证书包括下列主要内容：

（一）人员姓名、身份证号及聘用单位；

（二）焊接方法；

（三）有效期限；

（四）证书编号。

第十六条 资格证书的有效期限为5年。

第十七条 资格证书有效期届满拟继续从事焊接活动的人员，应当在证

书有效期届满6个月前,由聘用单位组织向国务院核安全监管部门提出延续申请,并提交下列材料:

(一)申请表;

(二)二级及以上医院出具的视力检查结果;

(三)资格证书有效期内从事焊接活动的工作记录和业绩情况。

第十八条 对资格证书有效期内焊接活动工作记录和业绩良好的,由国务院核安全监管部门作出准予延续的决定,资格证书有效期延续5年。对资格证书有效期内从事焊接活动不符合国务院核安全监管部门有关工作记录和业绩管理要求的,不予延续,需要重新申领资格证书。

第十九条 已取得国外相关资格证书的境外单位焊接人员,需经国务院核安全监管部门核准后,方可在中华人民共和国境内从事焊接活动。

第二十条 申请核准的境外单位焊接人员,应当由聘用单位组织提交下列材料:

(一)持有的资格证书;

(二)相关核安全设备焊接活动业绩;

(三)未发生过责任事故、重大技术失误的书面说明材料;

(四)境内焊接活动需求材料。

第三章 监督管理

第二十一条 聘用单位应当对申请人员相关申请材料进行核实,确保材料真实、准确,没有隐瞒。

第二十二条 聘用单位应当对本单位焊接人员进行培训和岗位管理,按照民用核安全设备标准和技术要求实施焊接人员技能评定,合格后进行授权,并做好焊接人员连续操作记录管理。

第二十三条 焊接人员应当按照焊接工艺规程开展焊接活动,遵守从业操守,提高知识技能,严格尽职履责。

第二十四条 焊接人员一般应当固定在一个单位执业,确需在两个单位执业的,应当报国务院核安全监管部门备案。

焊接人员变更聘用单位的,应当由其聘用单位向国务院核安全监管部门提出资格证书变更申请,经审查同意后更换新的资格证书。变更后的资格证书有效期适用原资格证书有效期,原资格证书失效。

第二十五条 任何单位和个人不得伪造、变造或者买卖资格证书。

第二十六条 考核单位应当建立健全考核管理制度,配备与拟从事的资格考核活动相适应的考核场所、档案室、焊接设备和仪器,具有相应的专业技术人员和管理人员。

考核工作人员应当严格按照考核管理规定实施资格考核,保证考核的公正公平。

第二十七条 考核单位应当建立并管理焊接人员考试档案。考试档案的保存期限为10年。

第二十八条 焊接人员资格管理中相关违法信息由国务院核安全监管部门记入社会诚信档案,及时向社会公开。

第二十九条 对国务院核安全监管部门依法进行的监督检查,被检查单位和人员应当予以配合,如实反映情况,提供必要资料,不得拒绝和阻碍。

第四章 法律责任

第三十条 焊接人员违反相关法律法规和国家相关规定的,由国务院核安全监管部门根据情节严重程度依法分类予以处罚。

第三十一条 申请人员隐瞒有关情况或者提供虚假材料的,国务院核安全监管部门不予受理或者不予许可,并给予警告;申请人员1年内不得再次申请资格考核。

第三十二条 焊接人员以欺骗、贿赂等不正当手段取得资格证书的,由国务院核安全监管部门撤销其资格证书,3年内不得再次申请资格考核;构成犯罪的,依法追究刑事责任。

第三十三条 焊接人员违反焊接工艺规程导致严重焊接质量问题的,依据《民用核安全设备监督管理条例》的相关规定,由国务院核安全监管部门吊销其资格证书。

第三十四条 伪造、变造或者买卖资格证书的,依据《中华人民共和国治安管理处罚法》的相关规定予以处罚;构成犯罪的,依法追究刑事责任。

第三十五条 聘用单位聘用未取得相应资格证书的焊接人员从事焊接活动的,依据《中华人民共和国核安全法》的相关规定,由国务院核安全监管部门责令改正,处10万元以上50万元以下的罚款;拒不改正的,暂扣或者吊销许可证,对直接负责的主管人员和其他直接责任人员处2万元以上10万元以下的罚款。

第三十六条 考核工作人员有下列行为之一的,由国务院核安全监管部门依据有关法律法规和国家相关规定予以处理:

(一)以不正当手段协助他人取得考试资格或者取得相应证书的;

（二）泄露考务实施工作中应当保密的信息的；

（三）在评阅卷工作中，擅自更改评分标准或者不按评分标准进行评卷的；

（四）指使或者纵容他人作弊，或者参与考场内外串通作弊的；

（五）其他严重违纪违规行为。

第五章 附 则

第三十七条 资格考核的具体内容和评定标准由国务院核安全监管部门制定发布。

第三十八条 考核单位不得开展影响资格考核公平、公正的培训活动，不得收取考试费用。

第三十九条 本规定自2020年1月1日起施行。2007年12月28日原国家环境保护总局发布的《民用核安全设备焊工焊接操作工资格管理规定》（国家环境保护总局令第45号）同时废止。

民用核安全设备无损检验人员资格管理规定

（2019年6月13日生态环境部令第6号公布 自2020年1月1日起施行 国司备字［2019000441］）

第一章 总 则

第一条 为了加强民用核安全设备无损检验人员（以下简称无损检验人员）的资格管理，保证民用核安全设备质量，根据《中华人民共和国核安全法》和《民用核安全设备监督管理条例》，制定本规定。

第二条 本规定适用于无损检验人员的资格考核和管理工作。

无损检验人员的资格等级分为Ⅰ级（初级）、Ⅱ级（中级）和Ⅲ级（高级）。

第三条 从事民用核安全设备无损检验活动（以下简称无损检验活动）的人员应当依据本规定取得资格证书。

第四条 国务院核安全监管部门负责无损检验人员的资格管理，统一组织资格考核，颁发资格证书，对无损检验人员资格及相关资格考核活动进行监督检查。

第五条 民用核安全设备制造、安装、无损检验单位和民用核设施营运单位(以下简称聘用单位)应当聘用取得资格证书的人员开展无损检验活动,对无损检验人员进行岗位管理。

第六条 本规定所称的无损检验方法是指无损检验活动中的超声检验(UT)、射线检验(RT)、涡流检验(ET)、泄漏检验(LT)、渗透检验(PT)、磁粉检验(MT)、目视检验(VT)以及国务院核安全监管部门认可的其他无损检验方法。

第二章 证书申请与颁发

第七条 Ⅰ级无损检验人员在Ⅱ级或者Ⅲ级无损检验人员的监督指导下方可承担下列工作:

(一)安装和使用仪器设备;

(二)按照无损检验规程进行无损检验操作;

(三)记录检验数据。

第八条 Ⅱ级无损检验人员承担下列工作:

(一)根据确定的工艺,编制无损检验规程;

(二)调整和校验仪器设备,实施无损检验活动;

(三)依据标准、规范和无损检验规程,评价检验结果;

(四)编制无损检验结果报告;

(五)监督和指导Ⅰ级无损检验人员;

(六)本规定第七条所列工作。

第九条 Ⅲ级无损检验人员承担下列工作:

(一)确定无损检验技术和工艺;

(二)制定特殊的无损检验工艺;

(三)对无损检验结果进行评定;

(四)编制验收准则;

(五)审核无损检验规程和结果报告;

(六)本规定第八条所列工作。

第十条 申请Ⅰ级资格考核的人员应当具备下列条件:

(一)身体健康,裸视或者矫正视力达到4.8及以上,辨色视力正常;

(二)大专及以上学历,工作满1年,或者中等职业教育、高中学历,工作满2年。

第十一条 申请Ⅱ级资格考核的人员应当具备下列条件：

（一）身体健康，裸视或者矫正视力达到4.8及以上，辨色视力正常；

（二）持有拟申请方法Ⅰ级资格证书满2年且业绩良好，或者持有特种设备相应方法Ⅱ级资格证书满1年且业绩良好，或者持有特种设备相应方法Ⅲ级资格证书。

第十二条 申请Ⅲ级资格考核的人员应当具备下列条件：

（一）身体健康，裸视或者矫正视力达到4.8及以上，辨色视力正常；

（二）持有超声检验（UT）、射线检验（RT）、涡流检验（ET）中1种及以上方法的Ⅱ级资格证书；

（三）持有泄漏检验（LT）、渗透检验（PT）、磁粉检验（MT）、目视检验（VT）中1种及以上方法的Ⅱ级资格证书；

（四）持有拟申请方法Ⅱ级资格证书满5年且业绩良好，或者持有特种设备相应方法Ⅲ级资格证书满2年且业绩良好。

第十三条 有下列情形之一的人员，申请Ⅱ级或者Ⅲ级资格考核的，其有关工作年限在本规定第十一条或者第十二条有关规定基础上延长2年：

（一）脱离无损检验工作1年以上的；

（二）违反无损检验操作规程或者标准规范，未造成严重后果的。

第十四条 有下列情形之一的人员，不得申请民用核安全设备无损检验人员资格考核：

（一）被吊销资格证书的人员，自证书吊销之日起未满3年的；

（二）依照本规定被给予不得申请资格考核的处理期限未满的。

第十五条 国务院核安全监管部门制定考试计划，组织承担考核工作的单位（以下简称考核单位）实施资格考核。

考核单位负责管理检验设备、仪器，维护试块和试件，实施具体考试工作，出具考试结果报告。

第十六条 申请人员由聘用单位组织报名参加资格考核，并提交下列材料：

（一）申请表；

（二）学历证明；

（三）二级及以上医院出具的视力检查结果；

（四）相关资格证书。

第十七条 国务院核安全监管部门对申请材料进行审核，自收到材料之日起5个工作日内确认申请人员考试资格。

第十八条 Ⅰ级和Ⅱ级的资格考核包括理论考试和操作考试。Ⅲ级的资格考核包括理论考试、操作考试和综合答辩。

资格考核按不同的检验方法和级别进行。

第十九条　Ⅰ级和Ⅱ级的理论考试主要考查申请人员对核设施系统基本知识、核安全设备及质量保证相关知识、核安全文化和无损检验基础知识的理解和掌握程度,以及将有关无损检验技术应用于民用核安全设备的能力。

Ⅲ级的理论考试除包括前款规定的考查内容外,还应当考查申请人员对无损检验新技术、特殊工艺和相关标准规范的理解和应用能力。

第二十条　操作考试主要考查申请人员正确应用无损检验仪器设备进行操作,出具检验结果并对结果进行评价的能力。

第二十一条　综合答辩主要考查申请人员对民用核安全设备无损检验理论、方法和实践操作等方面的综合应用能力。

第二十二条　所有考试成绩均达到合格标准视为资格考核合格。

考试成绩未达到合格标准的,可在考试结束日的次日起1年内至多补考两次,补考仍未合格的,视为本次考核不合格。

第二十三条　国务院核安全监管部门收到考核单位的考试结果报告之日起20个工作日内完成审查,作出是否授予资格的决定。

资格证书由国务院核安全监管部门自授予资格决定之日起10个工作日内向合格的人员颁发。

第二十四条　资格证书包括下列主要内容:

(一)人员姓名、身份证号及聘用单位;

(二)方法和级别;

(三)有效期限;

(四)证书编号。

第二十五条　资格证书的有效期限为5年。

第二十六条　资格证书有效期届满拟继续从事无损检验活动的人员,应当在证书有效期届满6个月前,由聘用单位组织向国务院核安全监管部门提出延续申请,并提交下列材料:

(一)申请表;

(二)二级及以上医院出具的视力检查结果;

(三)资格证书有效期内从事无损检验活动的工作记录和业绩情况。

第二十七条　对资格证书有效期内无损检验活动工作记录和业绩良好的,由国务院核安全监管部门作出准予延续的决定,资格证书有效期延续5年。对资格证书有效期内从事无损检验活动不符合国务院核安全监管部门有关工作记录和业绩管理要求的,不予延续,需要重新申领资格证书。

第二十八条 已取得国外相关资格证书的境外单位无损检验人员，需经国务院核安全监管部门核准后，方可在中华人民共和国境内从事无损检验活动。

第二十九条 申请核准的境外单位无损检验人员，应当由聘用单位组织提交下列材料：

（一）持有的资格证书；

（二）相关核安全设备无损检验活动业绩；

（三）未发生过责任事故、重大技术失误的书面说明材料；

（四）境内无损检验活动需求材料。

第三章 监督管理

第三十条 聘用单位应当对申请人员相关申请材料进行核实，确保材料真实、准确，没有隐瞒。

第三十一条 聘用单位应当对本单位无损检验人员进行培训和岗位管理，保证其按照民用核安全设备标准和技术要求从事无损检验活动。

鼓励聘用单位对Ⅱ级和Ⅲ级无损检验人员在职称评定、薪酬待遇、荣誉激励等方面给予政策倾斜。

第三十二条 无损检验人员应当按照无损检验规程进行无损检验活动，遵守从业操守，提高知识技能，严格尽职履责。无损检验人员对其出具的无损检验结果负责。

第三十三条 无损检验结果报告的编制和审核应当由取得相应资格证书的无损检验人员承担，并经其聘用单位批准后方为有效。

第三十四条 无损检验人员超出资格证书范围从事无损检验活动的，其检验结果无效。

第三十五条 无损检验人员一般应当固定在一个单位执业，确需在两个单位执业的，应当报国务院核安全监管部门备案。

无损检验人员变更聘用单位的，应当由其聘用单位向国务院核安全监管部门提出资格证书变更申请，经审查同意后更换新的资格证书。变更后的资格证书有效期适用原资格证书有效期，原资格证书失效。

第三十六条 任何单位和个人不得伪造、变造或者买卖资格证书。

第三十七条 考核单位应当建立健全考核管理制度，配备与拟从事的资格考核活动相适应的考核场所、档案室、检验设备和仪器，具有相应的专业技术人员和管理人员。

考核工作人员应当严格按照考核管理规定实施资格考核,保证考核的公正公平。

第三十八条 考核单位应当建立并管理无损检验人员考试档案。考试档案的保存期限为10年。

第三十九条 无损检验人员资格管理中相关违法信息由国务院核安全监管部门记入社会诚信档案,及时向社会公开。

第四十条 对国务院核安全监管部门依法进行的监督检查,被检查单位和人员应当予以配合,如实反映情况,提供必要资料,不得拒绝和阻碍。

第四章 法律责任

第四十一条 无损检验人员违反相关法律法规和国家相关规定的,由国务院核安全监管部门根据情节严重程度依法分类予以处罚。

第四十二条 申请人员隐瞒有关情况或者提供虚假材料的,国务院核安全监管部门不予受理或者不予许可,并给予警告;申请人员1年内不得再次申请资格考核。

第四十三条 无损检验人员以欺骗、贿赂等不正当手段取得资格证书的,由国务院核安全监管部门撤销其资格证书,3年内不得再次申请资格考核;构成犯罪的,依法追究刑事责任。

第四十四条 无损检验人员违反无损检验规程导致无损检验结果报告严重错误的,依据《民用核安全设备监督管理条例》的相关规定,由国务院核安全监管部门吊销其资格证书。

第四十五条 伪造、变造或者买卖资格证书的,依据《中华人民共和国治安管理处罚法》的相关规定予以处罚;构成犯罪的,依法追究刑事责任。

第四十六条 聘用单位聘用未取得相应资格证书的无损检验人员从事无损检验活动的,依据《中华人民共和国核安全法》的相关规定,由国务院核安全监管部门责令改正,处10万元以上50万元以下的罚款;拒不改正的,暂扣或者吊销许可证,对直接负责的主管人员和其他直接责任人员处2万元以上10万元以下的罚款。

第四十七条 考核工作人员有下列行为之一的,由国务院核安全监管部门依据有关法律法规和国家相关规定予以处理:

(一)以不正当手段协助他人取得考试资格或者取得相应证书的;

(二)泄露考务实施工作中应当保密的信息的;

(三)在评阅卷工作中,擅自更改评分标准或者不按评分标准进行评卷的；

（四）指使或者纵容他人作弊，或者参与考场内外串通作弊的；

（五）其他严重违纪违规行为。

第五章　附　　则

第四十八条　资格考核的具体内容和评定标准由国务院核安全监管部门制定发布。

第四十九条　考核单位不得开展影响资格考核公平、公正的培训活动，不得收取考试费用。

第五十条　本规定自2020年1月1日起施行。2007年12月28日原国家环境保护总局和国防科学技术工业委员会联合发布的《民用核安全设备无损检验人员资格管理规定》（国家环境保护总局令第44号）同时废止。

智能快件箱寄递服务管理办法

（2019年6月20日交通运输部令2019年第16号公布　自2019年10月1日起施行　国司备字[2019000392]）

第一条　为了维护快递市场秩序，保护用户合法权益，加强寄递安全管理，规范和便利智能快件箱寄递服务，根据《中华人民共和国邮政法》《快递暂行条例》等法律、行政法规，制定本办法。

第二条　智能快件箱寄递服务的提供、使用等活动及对其实施监督管理，适用本办法。

本办法所称智能快件箱，是指提供快件收寄、投递服务的智能末端服务设施，不包括自助存取非寄递物品的设施、设备。

第三条　国务院邮政管理部门和省、自治区、直辖市邮政管理机构以及省级以下邮政管理机构（以下统称邮政管理部门）依法对智能快件箱寄递服务实施监督管理。

第四条　提供智能快件箱寄递服务，应当保护用户合法权益，切实保障寄递安全。

邮政管理部门实施监督管理，应当遵循公开、公平、公正以及鼓励竞争、促进发展的原则。

第五条 支持将智能快件箱纳入公共服务设施相关规划和便民服务、民生工程等项目，在住宅小区、高等院校、商业中心、交通枢纽等区域布局智能快件箱。

第六条 运营智能快件箱提供寄递服务的企业（以下简称智能快件箱运营企业）和使用智能快件箱提供寄递服务的企业（以下简称智能快件箱使用企业）应当具备与快件收寄、投递业务相适应的服务能力。

智能快件箱运营企业、智能快件箱使用企业符合快递业务经营许可条件的，可以按照有关规定申请快递业务经营许可。

第七条 智能快件箱运营企业应当自智能快件箱提供寄递服务之日起20日内，向智能快件箱所在地省级以下邮政管理机构为智能快件箱办理快递末端网点备案。

第八条 智能快件箱运营企业应当在箱体外表显著位置标明该智能快件箱的名称、地址等基本情况；智能快件箱有编号的，应当标明编号。

第九条 智能快件箱具备接收交寄物品功能的，智能快件箱运营企业应当为实名收寄提供技术条件和技术服务；智能快件箱具备投递快件功能的，智能快件箱运营企业应当为收件人验收、拒收快件提供技术条件。

智能快件箱运营企业应当保存交寄、收寄、投递、领取和拒收退件等操作记录；通过智能快件箱查验寄件人身份的，应当保存查验结果。

鼓励智能快件箱运营企业设置快件包装回收装置和设施，提供快件包装回收服务。

第十条 智能快件箱运营企业应当安装监控设备，监控交寄、收寄、投递、领取等操作的全过程和智能快件箱周围环境。

第十一条 智能快件箱运营企业收寄快件的，应当告知寄件人相关保价规则和保险服务项目，并通过智能快件箱提醒寄件人阅读快递服务合同条款、遵守禁止寄递和限制寄递物品的有关规定。

第十二条 智能快件箱运营企业应当保证智能快件箱正常使用，对其已投入运营的智能快件箱进行维护，及时处理异常情况。

智能快件箱运营企业应当采取有效技术措施保障数据安全，维护数据采集、存储、处理、传输等正常运行。发生或者可能发生服务异常、中断等情况的，智能快件箱运营企业应当立即采取补救措施，并告知智能快件箱使用企业。

第十三条 智能快件箱运营企业应当依法保护用户的信息安全，防止信息泄露、毁损、丢失。除法律另有规定外，未经用户同意，不得向任何组织或者个人提供用户使用智能快件箱寄递服务的信息。

第十四条 智能快件箱运营企业撤除已备案的智能快件箱的，按照快递末端网点撤销备案的规定办理。

第十五条 智能快件箱运营企业、智能快件箱使用企业为不同主体的，应当书面明确各方在服务人员管理、快件寄递、注意事项通知、数据管理、快件安全、信息安全、纠纷处理等方面的责任。

智能快件箱运营企业与智能快件箱使用企业中止合作的，应当协商并采取措施保护用户的合法权益。

第十六条 智能快件箱运营企业不得向智能快件箱使用企业以外的组织或者个人授予使用智能快件箱收寄或者投递快件的权限。

智能快件箱使用企业及其分支机构应当准确记录向快递从业人员分配智能快件箱使用权限的情况并及时更新。

第十七条 智能快件箱使用企业应当建立智能快件箱使用管理制度，明确收寄验视、实名收寄等操作规范，以及服务时限、服务质量、安全保障等事项。

第十八条 寄件人使用智能快件箱交寄快件的，应当依法如实提供寄递详情单信息，接受身份查验；通过查验后，将未封装的交寄物品放至智能快件箱的箱体内。

第十九条 有下列情形之一的，智能快件箱运营企业不得开放智能快件箱接收交寄物品的功能：

（一）监控设备未运行或者被遮挡的；

（二）交寄物品、交寄行为被遮挡的；

（三）国家规定涉及安全保障的其他情形。

第二十条 智能快件箱使用企业取出寄件人使用智能快件箱交寄的物品时，应当比对交寄记录，确认无误后，依法当场验视并封装。

智能快件箱使用企业委托智能快件箱运营企业查验寄件人身份、登记寄件人身份信息和交寄物品信息的，不免除智能快件箱使用企业实名收寄的义务。

智能快件箱使用企业应当对通过智能快件箱收寄的快件作出标识，并重点进行安全检查。

第二十一条 有下列情形之一的，智能快件箱使用企业不得收寄，当场将交寄物品退回至智能快件箱，并告知智能快件箱运营企业：

（一）交寄物品与交寄信息不一致的；

（二）寄件人身份未经查验或者未登记身份信息的；

（三）国家规定涉及安全保障的其他情形。

第二十二条　智能快件箱使用企业使用智能快件箱投递快件，应当征得收件人同意；收件人不同意使用智能快件箱投递快件的，智能快件箱使用企业应当按照快递服务合同约定的名址提供投递服务。寄件人交寄物品时指定智能快件箱作为投递地址的除外。

第二十三条　快件出现外包装明显破损、重量与寄递详情单记载明显不符等情况的，智能快件箱使用企业不得使用智能快件箱投递。

寄递详情单注明快件内件物品为生鲜产品、贵重物品的，智能快件箱使用企业不得使用智能快件箱投递，与寄件人另有约定的除外。

第二十四条　智能快件箱使用企业按照约定将快件放至智能快件箱的，应当及时通知收件人取出快件，告知收件人智能快件箱名称、地址、快件保管期限等信息。

智能快件箱使用企业委托智能快件箱运营企业通知收件人取出快件的，不免除前款规定的智能快件箱使用企业的义务。

第二十五条　智能快件箱运营企业应当合理设置快件保管期限，保管期限内不得向收件人收费。

第二十六条　快件延误、损毁、内件短少的，收件人可以当场拒绝签收，并按照智能快件箱运营企业的提示将快件退回智能快件箱。

第二十七条　智能快件箱使用企业使用智能快件箱提供寄递服务过程中，发现禁止寄递或者限制寄递物品的，应当依法处理。

第二十八条　邮政管理部门应当使用信息技术加强对智能快件箱运营企业经营活动的日常监督检查，可以依法要求智能快件箱运营企业报告以下经营情况：

（一）智能快件箱布放位置、数量；

（二）智能快件箱寄递快件数量、种类；

（三）智能快件箱寄递服务操作记录、监控信息；

（四）邮政管理部门要求报送的其他信息。

对邮政管理部门依法进行的监督检查，智能快件箱运营企业应当予以协助、配合，不得拒绝、阻挠。

第二十九条　智能快件箱运营企业未按照本办法第七条规定向邮政管理部门备案的，由邮政管理部门依照《快递暂行条例》第四十条第二款的规定予以处罚。

第三十条　智能快件箱运营企业未按照本办法第八条规定标明智能快件箱有关信息的，由邮政管理部门责令改正；逾期未改正的，处5000元以上1万元以下的罚款。

智能快件箱运营企业未按照本办法第九条第二款规定保存操作记录、查验结果的，由邮政管理部门责令改正，可以处5000元以上1万元以下的罚款。

第三十一条 智能快件箱运营企业违反本办法第十六条第一款规定向智能快件箱使用企业以外的组织或者个人授予使用权限的，邮政管理部门可以处5000元以上1万元以下的罚款；情节严重的，处1万元以上3万元以下的罚款。

第三十二条 智能快件箱运营企业违反本办法第十九条规定开放智能快件箱接收交寄物品功能的，邮政管理部门可以处5000元以上3万元以下的罚款。

第三十三条 交寄物品与交寄信息不一致，智能快件箱使用企业仍予收寄的，邮政管理部门可以处5000元以上3万元以下的罚款。

第三十四条 运营、使用智能末端服务设施提供邮政普遍服务的，参照本办法执行；法律、法规、规章及强制性标准对邮政普遍服务另有规定的，从其规定。

第三十五条 本办法自2019年10月1日起施行。

交通运输部关于修改《道路货物运输及站场管理规定》的决定

（2019年6月20日交通运输部令2019年第17号公布 自公布之日起施行 国司备字［2019000452］）

交通运输部决定对《道路货物运输及站场管理规定》（交通运输部令2016年第35号）作如下修改：

一、将第六条第二项第三目修改为："经设区的市级道路运输管理机构对有关道路货物运输法规、机动车维修和货物及装载保管基本知识考试合格，并取得从业资格证（使用总质量4500千克及以下普通货运车辆的驾驶人员除外）。"

二、将第八条、第九条、第十五条中的"工商行政"修改为"市场监督"。

三、增加一条，作为第十四条："使用总质量4500千克及以下普通货运车辆从事普通货运经营的，无需按照本规定申请取得《道路运输经营许可证》及《道路运输证》。"

四、将第二十一条改为第二十二条，第一款修改为："道路货物运输经营者应当要求其聘用的车辆驾驶员随车携带按照规定要求取得的《道路运输证》。”

五、将第二十二条改为第二十三条，修改为：“道路货物运输经营者应当聘用按照规定要求持有从业资格证的驾驶人员。”

六、将第二十三条改为第二十四条，修改为“营运驾驶员应当按照规定驾驶与其从业资格类别相符的车辆。驾驶营运车辆时，应当随身携带按照规定要求取得的从业资格证。”

七、将第二十九条改为第三十条，第二款修改为：“鼓励道路货物运输经营者采用电子合同、电子运单等信息化技术，提升运输管理水平。”

八、将第四十八条改为第四十九条，将其中的“货运车辆”修改为“配发《道路运输证》的货运车辆”。

九、将第五十三条改为第五十四条、第五十九条改为第六十条，将其中的“道路货物运输经营者”修改为“取得道路货物运输经营许可的道路货物运输经营者”。

十、将第五十六条改为第五十七条，第一项修改为“未按规定取得道路货物运输经营许可，擅自从事道路货物运输经营的。”

十一、删去第六十七条。

条文序号和个别文字作相应调整。

本决定自公布之日起施行。

《道路货物运输及站场管理规定》根据本决定作相应修正，重新发布。

道路货物运输及站场管理规定

（2005年6月16日交通部发布　根据2008年7月23日交通运输部《关于修改〈道路货物运输及站场管理规定〉的决定》第一次修订　根据2009年4月20日交通运输部《关于修改〈道路货物运输及站场管理规定〉的决定》第二次修订　根据2012年3月14日交通运输部《关于修改〈道路货物运输及站场管理规定〉的决定》第三次修订　根据2016年4月11日交通运输部《关于修改〈道路货物运输及站场管理规定〉的决定》第四次修订　根据2019年6月20日交通运输部《关于修改〈道路货物运输及站场管理规定〉的决定》第五次修订）

第一章　总　　则

第一条　为规范道路货物运输和道路货物运输站（场）经营活动，维护道路货物运输市场秩序，保障道路货物运输安全，保护道路货物运输和道路货物运输站（场）有关各方当事人的合法权益，根据《中华人民共和国道路运输条例》及有关法律、行政法规的规定，制定本规定。

第二条 从事道路货物运输经营和道路货物运输站（场）经营的，应当遵守本规定。

本规定所称道路货物运输经营，是指为社会提供公共服务、具有商业性质的道路货物运输活动。道路货物运输包括道路普通货运、道路货物专用运输、道路大型物件运输和道路危险货物运输。

本规定所称道路货物专用运输，是指使用集装箱、冷藏保鲜设备、罐式容器等专用车辆进行的货物运输。

本规定所称道路货物运输站（场）（以下简称"货运站"），是指以场地设施为依托，为社会提供有偿服务的具有仓储、保管、配载、信息服务、装卸、理货等功能的综合货运站（场）、零担货运站、集装箱中转站、物流中心等经营场所。

第三条 道路货物运输和货运站经营者应当依法经营，诚实信用，公平竞争。

道路货物运输管理应当公平、公正、公开和便民。

第四条 鼓励道路货物运输实行集约化、网络化经营。鼓励采用集装箱、封闭厢式车和多轴重型车运输。

第五条 交通运输部主管全国道路货物运输和货运站管理工作。

县级以上地方人民政府交通运输主管部门负责组织领导本行政区域的道路货物运输和货运站管理工作。

县级以上道路运输管理机构具体实施本行政区域的道路货物运输和货运站管理工作。

第二章 经营许可

第六条 申请从事道路货物运输经营的，应当具备下列条件：

（一）有与其经营业务相适应并经检测合格的运输车辆：

1. 车辆技术要求应当符合《道路运输车辆技术管理规定》有关规定。

2. 车辆其他要求：

（1）从事大型物件运输经营的，应当具有与所运输大型物件相适应的超重型车组；

（2）从事冷藏保鲜、罐式容器等专用运输的，应当具有与运输货物相适应的专用容器、设备、设施，并固定在专用车辆上；

(3)从事集装箱运输的，车辆还应当有固定集装箱的转锁装置。

(二)有符合规定条件的驾驶人员：

1.取得与驾驶车辆相应的机动车驾驶证；

2.年龄不超过60周岁；

3.经设区的市级道路运输管理机构对有关道路货物运输法规、机动车维修和货物及装载保管基本知识考试合格，并取得从业资格证(使用总质量4500千克及以下普通货运车辆的驾驶人员除外)。

(三)有健全的安全生产管理制度，包括安全生产责任制度、安全生产业务操作规程、安全生产监督检查制度、驾驶员和车辆安全生产管理制度等。

第七条 申请从事货运站经营的，应当具备下列条件：

(一)有与其经营规模相适应的货运站房、生产调度办公室、信息管理中心、仓库、仓储库棚、场地和道路等设施，并经有关部门组织的工程竣工验收合格；

(二)有与其经营规模相适应的安全、消防、装卸、通讯、计量等设备；

(三)有与其经营规模、经营类别相适应的管理人员和专业技术人员；

(四)有健全的业务操作规程和安全生产管理制度。

第八条 申请从事道路货物运输经营的，应当依法向市场监督管理机关办理有关登记手续后，向县级道路运输管理机构提出申请，并提供以下材料：

(一)《道路货物运输经营申请表》(见附件1)；

(二)负责人身份证明，经办人的身份证明和委托书；

(三)机动车辆行驶证、车辆技术等级评定结论复印件；拟投入运输车辆的承诺书，承诺书应当包括车辆数量、类型、技术性能、投入时间等内容；

(四)聘用或者拟聘用驾驶员的机动车驾驶证、从业资格证及其复印件；

(五)安全生产管理制度文本；

(六)法律、法规规定的其他材料。

第九条 申请从事货运站经营的，应当依法向市场监督管理机关办理有关登记手续后，向县级道路运输管理机构提出申请，并提供以下材料：

(一)《道路货物运输站(场)经营申请表》(见附件2)；

(二)负责人身份证明，经办人的身份证明和委托书；

(三)经营道路货运站的土地、房屋的合法证明；

(四)货运站竣工验收证明；

(五)与业务相适应的专业人员和管理人员的身份证明、专业证书；

(六)业务操作规程和安全生产管理制度文本。

第十条 道路运输管理机构应当按照《中华人民共和国道路运输条例》《交通行政许可实施程序规定》和本规定规范的程序实施道路货物运输经营和货运站经营的行政许可。

第十一条 道路运输管理机构对道路货运经营申请予以受理的，应当自受理之日起 20 日内作出许可或者不予许可的决定；道路运输管理机构对货运站经营申请予以受理的，应当自受理之日起 15 日内作出许可或者不予许可的决定。

第十二条 道路运输管理机构对符合法定条件的道路货物运输经营申请作出准予行政许可决定的，应当出具《道路货物运输经营行政许可决定书》（见附件 3），明确许可事项。在 10 日内向被许可人颁发《道路运输经营许可证》，在《道路运输经营许可证》上注明经营范围。

道路运输管理机构对符合法定条件的货运站经营申请作出准予行政许可决定的，应当出具《道路货物运输站（场）经营行政许可决定书》（见附件 4），明确许可事项。在 10 日内向被许可人颁发《道路运输经营许可证》，在《道路运输经营许可证》上注明经营范围。

对道路货物运输和货运站经营不予许可的，应当向申请人出具《不予交通行政许可决定书》。

第十三条 被许可人应当按照承诺书的要求投入运输车辆。购置车辆或者已有车辆经道路运输管理机构核实并符合条件的，道路运输管理机构向投入运输的车辆配发《道路运输证》。

第十四条 使用总质量 4500 千克及以下普通货运车辆从事普通货运经营的，无需按照本规定申请取得《道路运输经营许可证》及《道路运输证》。

第十五条 道路货物运输经营者设立子公司的，应当向设立地的道路运输管理机构申请经营许可；设立分公司的，应当向设立地的道路运输管理机构报备。

第十六条 从事货运代理（代办）等货运相关服务的经营者，应当依法到市场监督管理机关办理有关登记手续，并持有关登记证件到设立地的道路运输管理机构备案。

第十七条 道路货物运输和货运站经营者需要终止经营的，应当在终止经营之日 30 日前告知原许可的道路运输管理机构，并办理有关注销手续。

第十八条 道路货物运输经营者变更许可事项、扩大经营范围的，按本章有关许可规定办理。

道路货物运输和货运站经营者变更名称、地址等，应当向作出原许可决定的道路运输管理机构备案。

第三章 货运经营管理

第十九条 道路货物运输经营者应当按照《道路运输经营许可证》核定的经营范围从事货物运输经营，不得转让、出租道路运输经营许可证件。

第二十条 道路货物运输经营者应当对从业人员进行经常性的安全、职业道德教育和业务知识、操作规程培训。

第二十一条 道路货物运输经营者应当按照国家有关规定在其重型货运车辆、牵引车上安装、使用行驶记录仪，并采取有效措施，防止驾驶人员连续驾驶时间超过4个小时。

第二十二条 道路货物运输经营者应当要求其聘用的车辆驾驶员随车携带按照规定要求取得的《道路运输证》。

《道路运输证》不得转让、出租、涂改、伪造。

第二十三条 道路货物运输经营者应当聘用按照规定要求持有从业资格证的驾驶人员。

第二十四条 营运驾驶员应当按照规定驾驶与其从业资格类别相符的车辆。驾驶营运车辆时，应当随身携带按照规定要求取得的从业资格证。

第二十五条 运输的货物应当符合货运车辆核定的载质量，载物的长、宽、高不得违反装载要求。禁止货运车辆违反国家有关规定超限、超载运输。

禁止使用货运车辆运输旅客。

第二十六条 道路货物运输经营者运输大型物件，应当制定道路运输组织方案。涉及超限运输的应当按照交通运输部颁布的《超限运输车辆行驶公路管理规定》办理相应的审批手续。

第二十七条 从事大型物件运输的车辆，应当按照规定装置统一的标志和悬挂标志旗；夜间行驶和停车休息时应当设置标志灯。

第二十八条 道路货物运输经营者不得运输法律、行政法规禁止运输的货物。

道路货物运输经营者在受理法律、行政法规规定限运、凭证运输的货物时，应当查验并确认有关手续齐全有效后方可运输。

货物托运人应当按照有关法律、行政法规的规定办理限运、凭证运输手续。

第二十九条 道路货物运输经营者不得采取不正当手段招揽货物、垄断货源。不得阻碍其他货运经营者开展正常的运输经营活动。

道路货物运输经营者应当采取有效措施，防止货物变质、腐烂、短少或者损失。

第三十条 道路货物运输经营者和货物托运人应当按照《合同法》的要求，订立道路货物运输合同。

鼓励道路货物运输经营者采用电子合同、电子运单等信息化技术，提升运输管理水平。

第三十一条 国家鼓励实行封闭式运输。道路货物运输经营者应当采取有效的措施，防止货物脱落、扬撒等情况发生。

第三十二条 道路货物运输经营者应当制定有关交通事故、自然灾害、公共卫生以及其他突发公共事件的道路运输应急预案。应急预案应当包括报告程序、应急指挥、应急车辆和设备的储备以及处置措施等内容。

第三十三条 发生交通事故、自然灾害、公共卫生以及其他突发公共事件，道路货物运输经营者应当服从县级以上人民政府或者有关部门的统一调度、指挥。

第三十四条 道路货物运输经营者应当严格遵守国家有关价格法律、法规和规章的规定，不得恶意压价竞争。

第四章 货运站经营管理

第三十五条 货运站经营者应当按照经营许可证核定的许可事项经营，不得随意改变货运站用途和服务功能。

第三十六条 货运站经营者应当依法加强安全管理，完善安全生产条件，健全和落实安全生产责任制。

货运站经营者应当对出站车辆进行安全检查，防止超载车辆或者未经安全检查的车辆出站，保证安全生产。

第三十七条 货运站经营者应当按照货物的性质、保管要求进行分类存放，危险货物应当单独存放，保证货物完好无损。

第三十八条 货物运输包装应当按照国家规定的货物运输包装标准作业，包装物和包装技术、质量要符合运输要求。

第三十九条 货运站经营者应当按照规定的业务操作规程进行货物的搬运装卸。搬运装卸作业应当轻装、轻卸，堆放整齐，防止混杂、撒漏、破损，严禁有毒、易污染物品与食品混装。

第四十条 货运站经营者应当严格执行价格规定，在经营场所公布收费项目和收费标准。严禁乱收费。

第四十一条 进入货运站经营的经营业户及车辆，经营手续必须齐全。

货运站经营者应当公平对待使用货运站的道路货物运输经营者，禁止无证经营的车辆进站从事经营活动，无正当理由不得拒绝道路货物运输经营者进站从事经营活动。

第四十二条 货运站经营者不得垄断货源、抢装货物、扣押货物。

第四十三条 货运站要保持清洁卫生，各项服务标志醒目。

第四十四条 货运站经营者经营配载服务应当坚持自愿原则，提供的货源信息和运力信息应当真实、准确。

第四十五条 货运站经营者不得超限、超载配货，不得为无道路运输经营许可证或证照不全者提供服务；不得违反国家有关规定，为运输车辆装卸国家禁运、限运的物品。

第四十六条 货运站经营者应当制定有关突发公共事件的应急预案。应急预案应当包括报告程序、应急指挥、应急车辆和设备的储备以及处置措施等内容。

第四十七条 货运站经营者应当建立和完善各类台账和档案，并按要求报送有关信息。

第五章 监督检查

第四十八条 道路运输管理机构应当加强对道路货物运输经营和货运站经营活动的监督检查。

道路运输管理机构工作人员应当严格按照职责权限和法定程序进行监督检查。

第四十九条 县级以上道路运输管理机构应当定期对配发《道路运输证》的货运车辆进行审验，每年审验一次。审验内容包括车辆技术等级评定情况、车辆结构及尺寸变动情况和违章记录等。

审验符合要求的，道路运输管理机构在《道路运输证》审验记录中或者IC卡注明；不符合要求的，应当责令限期改正或者办理变更手续。

第五十条 道路运输管理机构及其工作人员应当重点在货运站、货物集散地对道路货物运输、货运站经营活动实施监督检查。此外，根据管理需要，可以在公路路口实施监督检查，但不得随意拦截正常行驶的道路运输车辆，不得双向拦截车辆进行检查。

第五十一条 道路运输管理机构的工作人员实施监督检查时，应当有2名以上人员参加，并向当事人出示交通运输部统一制式的交通行政执法证件。

第五十二条 道路运输管理机构的工作人员可以向被检查单位和个人了

解情况，查阅和复制有关材料。但是，应当保守被调查单位和个人的商业秘密。

被监督检查的单位和个人应当接受道路运输管理机构及其工作人员依法实施的监督检查，如实提供有关情况或者资料。

第五十三条 道路运输管理人员在货运站、货物集散地实施监督检查过程中，发现货运车辆有超载行为的，应当立即予以制止，装载符合标准后方可放行。

第五十四条 取得道路货物运输经营许可的道路货物运输经营者在许可的道路运输管理机构管辖区域外违法从事经营活动的，违法行为发生地的道路运输管理机构应当依法将当事人的违法事实、处罚结果记录到《道路运输证》上，并抄告作出道路运输经营许可的道路运输管理机构。

第五十五条 道路货物运输经营者违反本规定的，县级以上道路运输管理机构在作出行政处罚决定的过程中，可以按照行政处罚法的规定将其违法证据先行登记保存。作出行政处罚决定后，道路货物运输经营者拒不履行的，作出行政处罚决定的道路运输管理机构可以将其拒不履行行政处罚决定的事实通知违法车辆车籍所在地道路运输管理机构，作为能否通过车辆年度审验和决定质量信誉考核结果的重要依据。

第五十六条 道路运输管理机构的工作人员在实施道路运输监督检查过程中，对没有《道路运输证》又无法当场提供其他有效证明的货运车辆可以予以暂扣，并出具《道路运输车辆暂扣凭证》(见附件5)。对暂扣车辆应当妥善保管，不得使用，不得收取或者变相收取保管费用。

违法当事人应当在暂扣凭证规定时间内到指定地点接受处理。逾期不接受处理的，道路运输管理机构可依法作出处罚决定，并将处罚决定书送达当事人。当事人无正当理由逾期不履行处罚决定的，道路运输管理机构可申请人民法院强制执行。

第六章 法律责任

第五十七条 违反本规定，有下列行为之一的，由县级以上道路运输管理机构责令停止经营；有违法所得的，没收违法所得，处违法所得2倍以上10倍以下的罚款；没有违法所得或者违法所得不足2万元的，处3万元以上10万元以下的罚款；构成犯罪的，依法追究刑事责任：

(一)未按规定取得道路货物运输经营许可，擅自从事道路货物运输经营的；

（二）使用失效、伪造、变造、被注销等无效的道路运输经营许可证件从事道路货物运输经营的；

（三）超越许可的事项，从事道路货物运输经营的。

第五十八条 违反本规定，道路货物运输和货运站经营者非法转让、出租道路运输经营许可证件的，由县级以上道路运输管理机构责令停止违法行为，收缴有关证件，处2000元以上1万元以下的罚款；有违法所得的，没收违法所得。

第五十九条 违反本规定，取得道路货物运输经营许可的道路货物运输经营者使用无道路运输证的车辆参加货物运输的，由县级以上道路运输管理机构责令改正，处3000元以上1万元以下的罚款。

违反本规定，道路货物运输经营者不按照规定携带《道路运输证》的，由县级以上道路运输管理机构责令改正，处警告或者20元以上200元以下的罚款。

第六十条 违反本规定，取得道路货物运输经营许可的道路货物运输经营者、货运站经营者已不具备开业要求的有关安全条件、存在重大运输安全隐患的，由县级以上道路运输管理机构限期责令改正；在规定时间内不能按要求改正且情节严重的，由原许可机关吊销《道路运输经营许可证》或者吊销其相应的经营范围。

第六十一条 违反本规定，道路货物运输经营者有下列情形之一的，由县级以上道路运输管理机构责令改正，处1000元以上3000元以下的罚款；情节严重的，由原许可机关吊销道路运输经营许可证或者吊销其相应的经营范围：

（一）强行招揽货物的；

（二）没有采取必要措施防止货物脱落、扬撒的。

第六十二条 违反本规定，有下列行为之一的，由县级以上道路运输管理机构责令停止经营；有违法所得的，没收违法所得，处违法所得2倍以上10倍以下的罚款；没有违法所得或者违法所得不足1万元的，处2万元以上5万元以下的罚款；构成犯罪的，依法追究刑事责任：

（一）未取得货运站经营许可，擅自从事货运站经营的；

（二）使用失效、伪造、变造、被注销等无效的道路运输经营许可证件从事货运站经营的；

（三）超越许可的事项，从事货运站经营的。

第六十三条 违反本规定，货运站经营者对超限、超载车辆配载，放行出站的，由县级以上道路运输管理机构责令改正，处1万元以上3万元以下的罚款。

第六十四条 违反本规定,货运站经营者擅自改变道路运输站(场)的用途和服务功能,由县级以上道路运输管理机构责令改正;拒不改正的,处3000元的罚款;有违法所得的,没收违法所得。

第六十五条 违反本规定,有下列行为之一的,由县级以上道路运输管理机构责令限期整改,整改不合格的,予以通报:

(一)没有按照国家有关规定在货运车辆上安装符合标准的具有行驶记录功能的卫星定位装置的;

(二)大型物件运输车辆不按规定悬挂、标明运输标志的;

(三)发生公共突发性事件,不接受当地政府统一调度安排的;

(四)因配载造成超限、超载的;

(五)运输没有限运证明物资的;

(六)未查验禁运、限运物资证明,配载禁运、限运物资的。

第六十六条 道路运输管理机构的工作人员违反本规定,有下列情形之一的,依法给予相应的行政处分;构成犯罪的,依法追究刑事责任:

(一)不依照本规定规定的条件、程序和期限实施行政许可的;

(二)参与或者变相参与道路货物运输和货运站经营的;

(三)发现违法行为不及时查处的;

(四)违反规定拦截、检查正常行驶的道路运输车辆的;

(五)违法扣留运输车辆、《道路运输证》的;

(六)索取、收受他人财物,或者谋取其他利益的;

(七)其他违法行为。

第七章 附 则

第六十七条 道路货物运输经营者从事国际道路货物运输经营、危险货物运输活动,除一般行为规范适用本规定外,有关从业条件等特殊要求应当适用交通运输部制定的国际道路运输管理规定、道路危险货物运输管理规定。

第六十八条 道路运输管理机构依照规定发放道路货物运输经营许可证件和《道路运输证》,可以收取工本费。工本费的具体收费标准由省级人民政府财政、价格主管部门会同同级交通运输主管部门核定。

第六十九条 本规定自2005年8月1日起施行。交通部1993年5月19日发布的《道路货物运输业户开业技术经济条件(试行)》(交运发〔1993〕531号)、1996年12月2日发布的《道路零担货物运输管理办法》(交公路发〔1996〕1039号)、1997年5月22日发布的《道路货物运单使用和管理办法》

（交通部令 1997 年第 4 号）、2001 年 4 月 5 日发布的《道路货物运输企业经营资质管理规定（试行）》（交公路发〔2001〕154 号）同时废止。

附件：

1. 道路货物运输经营申请表
2. 道路货物运输站（场）经营申请表
3. 道路货物运输经营行政许可决定书
4. 道路货物运输站（场）经营行政许可决定书
5. 道路运输车辆暂扣凭证

附件 1

货运 1 表　第 1 页　共 4 页

受理申请机关专用

道路货物运输经营申请表

说明

1. 本表根据《道路货物运输及站场管理规定》制作，申请从事道路货物运输经营应当向县级道路运输管理机构提出申请，填写本表，并同时提交其它相关材料（材料要求见第 4 页）。
2. 本表可向各级道路运输管理机构免费索取，也可自行从交通运输部网站（www.mot.gov.cn）下载打印。
3. 有关常见问题可查询交通运输部网站。
4. 本表必须用钢笔填写或者计算机打印，要求用正楷，字迹工整。

申请人基本信息

申请人名称＿＿＿＿＿＿＿＿＿＿＿＿＿＿＿＿＿＿＿＿＿＿＿＿

要求填写企业（公司）全称、企业预先核准全称或个体经营者姓名

负责人姓名＿＿＿＿＿＿＿＿＿＿　经办人姓名＿＿＿＿＿＿＿＿＿＿

如系个人申请，不必填写"负责人姓名"及"经办人姓名"项

通 信 地 址＿＿＿＿＿＿＿＿＿＿＿＿＿＿＿＿＿＿＿＿＿＿＿＿

邮　　编＿＿＿＿＿＿＿＿＿＿　电　　话＿＿＿＿＿＿＿＿＿＿

手　　机＿＿＿＿＿＿＿＿＿＿　电 子 邮 箱＿＿＿＿＿＿＿＿＿＿

申请许可内容

请在□内划√

拟申请的道路货物运输经营范围或拟申请扩大的道路货物运输经营范围：

普通货运　□　　专用运输　□　　大型物件运输　□

如拟申请扩大道路货物运输经营范围，请选择现有的经营范围：

普通货运　□　　专用运输　□　　大型物件运输　□

货物运输车辆信息

已购置货物运输车辆情况

序号	厂牌型号	数量	载重质量（吨）	车辆技术等级	外廓尺寸（毫米）
1					
2					
3					
4					
5					
6					

表格不够,可另附表填写。外廓尺寸指车辆长×宽×高。

拟购置货物运输车辆情况

序号	厂牌型号	数量	载重质量（吨）	车辆技术等级	外廓尺寸（毫米）
1					
2					
3					
4					
5					
6					

表格不够,可另附表填写。外廓尺寸指车辆长×宽×高。

如申请扩大经营范围,请填写“现有运输车辆情况”表

现有运输车辆情况

序号	道路运输证号	厂牌型号	车辆数量	载重质量（吨）	车辆技术等级	外廓尺寸（毫米）
1						
2						
3						
4						
5						
6						

表格不够,可另附表填写。外廓尺寸指车辆长×宽×高。

拟聘用营运货车驾驶员情况

序号	姓名	性别	年龄	取得驾驶证时间	从业资格证号	从业人员资格类型
1						
2						
3						
4						
5						
6						
7						
8						
9						
10						
11						
12						
13						
14						
15						
16						
17						
18						
19						
20						
21						
22						
23						
24						
25						
26						
27						
28						
29						
30						

表格不够，可另附表填写

申请材料核对表

请在□内划√

1. 道路货物运输经营申请表(本表) □
2. 负责人、办理人身份证明和委托书 □
3. 现有机动车辆行驶证、车辆技术等级证书或车辆技术检测合格证复印件,拟投入运输车辆的承诺书 □
4. 已聘用或拟聘用驾驶员的机动车驾驶证、从业资格证及其复印件 □
5. 安全生产管理制度文本 □

只有上述5份材料齐全有效后,您的申请才能受理

声明

我声明本表及其它相关材料中提供的信息均真实可靠。

我知悉如此表中有故意填写的虚假信息,我取得的道路运输经营许可将被吊销。

我承诺将遵守《中华人民共和国道路运输条例》及其它有关道路运输法规的规定。

负责人签名________________ 日期________________

负责人职位________________

如系个人申请不必填写“负责人职位”项

附件 2

货运 2 表　第 1 页　共 3 页

道路货物运输站(场) 经营申请表	受理申请机关专用

说明

1. 本表根据《道路货物运输及站场管理规定》制作,申请从事道路货物运输站(场)经营应当向县级道路运输管理机构提出申请,填写本表,并同时提交其他相关材料(材料要求见第 3 页)。
2. 本表可向各级道路运输管理机构免费索取,也可自行从交通运输部网站(www.mot.gov.cn)下载打印。
3. 有关常见问题可查询交通运输部网站。
4. 本表必须用钢笔填写或者计算机打印,要求用正楷,字迹工整。

申请人基本信息

申请人名称＿＿＿＿＿＿＿＿＿＿＿＿＿＿＿＿＿＿＿＿

要求填写企业(公司)全称、企业预先核准全称或个体经营者姓名

负责人姓名＿＿＿＿＿＿＿＿＿＿　经办人姓名＿＿＿＿＿＿＿＿＿＿

如系个人申请,不必填写“负责人姓名”及“经办人姓名”项

通 信 地 址＿＿＿＿＿＿＿＿＿＿＿＿＿＿＿＿＿＿＿＿

电　　话＿＿＿＿＿＿＿＿＿＿　传　　真＿＿＿＿＿＿＿＿＿＿

手　　机＿＿＿＿＿＿＿＿＿＿　电 子 邮 箱＿＿＿＿＿＿＿＿＿＿

货运2表　第2页　共3页

设备、设施情况

设备			设施	
装卸设备	型号	数量（台）	设施种类	面积（平方米）
集装箱叉车			通用仓库	
正面吊运机			专用仓库	
集装箱轨道吊机			简易仓库	
小型叉车			集装箱堆场	
直举升叉车			通用堆场	
搬运手推车			停车场	
货物传送带			货物托运场所	
监控系统			有否高台	
计算机管理系统			检查口	

与表内名称不一的，可在空白栏中填写。表格不够，可另附表。

申请材料核对表　　　　请在□内划√

1. 道路货物运输站(场)经营申请表(本表) □
2. 负责人身份证明,办理人身份证明和委托书 □
3. 经营道路货运站(场)的土地、房屋的合法证明 □
4. 道路货物运输站(场)竣工验收证明 □
5. 专业人员和管理人员身份证明、专业证书 □
6. 业务操作规程和安全生产管理等制度文本 □

只有上述 6 份材料齐全有效后,您的申请才能受理

声明

我声明本表及其它相关材料中提供的信息均真实可靠。

我知悉如此表中有故意填写的虚假信息,我取得的道路运输经营许可将被吊销。

我承诺将遵守《中华人民共和国道路运输条例》及其它有关道路运输法规的规定。

负责人签名________________　　　　日期________________

负责人职位________________

如系个人申请不必填写“负责人职位”项

附件3

道路货物运输经营行政许可决定书

编号:

____________________:

你于　　年　　月　　日提出____________________申请。

经审查,你的申请符合____的规定,决定予以道路货物运输经营行政许可。

经营范围:____

车辆数量:____________________辆

请于　　年　　月　　日去　　　　　　　　　　　　领取或换发《道路运输经营许可证》,并于　　年　　月　　日前落实拟投入车辆,然后办理相关手续。

(印章)

年　　月　　日

附件4

道路货物运输站(场)经营行政许可决定书

编号:

____________________:

你于　　年　　月　　日提出____________________申请。

经审查,你的申请符合____

____的规定,决定予以道路货物运输站(场)经营行政许可。

请于　　年　　月　　日去　　　　　　　　　　领取或换发《道路运输经营许可证》,然后办理相关手续。

(印章)

年　　月　　日

附件 5

道路运输车辆暂扣凭证

编号：　　字第　　号

第　　联

当事人姓名：________________________　联系电话：____________

业户名称：____

通信地址：________________________　邮政编码：____________

我单位在依法实施道路运输检查时，发现你驾驶的车辆在从事道路运输活动，且无法当场提供《道路运输证》和其他有效证明，依据《中华人民共和国道路运输条例》第六十三条的规定，决定暂扣你的车辆。请在 7 日内持本凭证到__________接受处理。暂扣期间，对车辆予以免费保管；逾期不接受处理的，将依法作出行政处罚决定；拒不履行的，将申请人民法院强制执行。

当事人对暂扣车辆的决定不服的，可根据《中华人民共和国行政复议法》或《中华人民共和国行政诉讼法》，在接到本凭证之日起 60 日内向________申请行政复议，或在 3 个月内向人民法院提起诉讼。

车 辆 简 况

车号：________车型：________轮胎：________门锁：________

车灯：________玻璃：________后视镜：________

车上其它设备及物品：____

____

备注：____

执法人员签名：__________________执法证号：________________

当事人签名：____________________

执法机关（印章）

年　　月　　日

交通运输部关于修改《道路运输从业人员管理规定》的决定

（2019年6月21日交通运输部令2019年第18号公布　自公布之日起施行　国司备字[2019000451]）

交通运输部决定对《道路运输从业人员管理规定》（交通运输部令2016年第52号）作如下修改：

一、将第四十六条中的"2万元以上10万元以下"修改为"5万元以上10万元以下"。

二、将第四十七条中的"吊销"修改为"撤销"。

三、增加一条，作为第五十条："使用总质量4500千克及以下普通货运车辆的驾驶人员，不适用本规定。"

条文序号作相应调整。

本决定自公布之日起施行。

《道路运输从业人员管理规定》根据本决定作相应修正，重新发布。

道路运输从业人员管理规定

（2006年11月23日交通部发布　根据2016年4月21日《交通运输部关于修改〈道路运输从业人员管理规定〉的决定》第一次修订　根据2019年6月21日《交通运输部关于修改〈道路运输从业人员管理规定〉的决定》第二次修订）

第一章　总　　则

第一条　为加强道路运输从业人员管理，提高道路运输从业人员综合素质，根据《中华人民共和国道路运输条例》、《危险化学品安全管理条例》以及有关法律、行政法规，制定本规定。

第二条 本规定所称道路运输从业人员是指经营性道路客货运输驾驶员、道路危险货物运输从业人员、机动车维修技术人员、机动车驾驶培训教练员、道路运输经理人和其他道路运输从业人员。

经营性道路客货运输驾驶员包括经营性道路旅客运输驾驶员和经营性道路货物运输驾驶员。

道路危险货物运输从业人员包括道路危险货物运输驾驶员、装卸管理人员和押运人员。

机动车维修技术人员包括机动车维修技术负责人员、质量检验人员以及从事机修、电器、钣金、涂漆、车辆技术评估（含检测）作业的技术人员。

机动车驾驶培训教练员包括理论教练员、驾驶操作教练员、道路客货运输驾驶员从业资格培训教练员和危险货物运输驾驶员从业资格培训教练员。

道路运输经理人包括道路客货运输企业、道路客货运输站（场）、机动车驾驶员培训机构、机动车维修企业的管理人员。

其他道路运输从业人员是指除上述人员以外的道路运输从业人员，包括道路客运乘务员、机动车驾驶员培训机构教学负责人及结业考核人员、机动车维修企业价格结算员及业务接待员。

第三条 道路运输从业人员应当依法经营，诚实信用，规范操作，文明从业。

第四条 道路运输从业人员管理工作应当公平、公正、公开和便民。

第五条 交通运输部负责全国道路运输从业人员管理工作。

县级以上地方人民政府交通运输主管部门负责组织领导本行政区域内的道路运输从业人员管理工作，并具体负责本行政区域内道路危险货物运输从业人员的管理工作。

县级以上道路运输管理机构具体负责本行政区域内经营性道路客货运输驾驶员、机动车维修技术人员、机动车驾驶培训教练员、道路运输经理人和其他道路运输从业人员的管理工作。

第二章 从业资格管理

第六条 国家对经营性道路客货运输驾驶员、道路危险货物运输从业人员实行从业资格考试制度。其他已实施国家职业资格制度的道路运输从业人员,按照国家职业资格的有关规定执行。

从业资格是对道路运输从业人员所从事的特定岗位职业素质的基本评价。

经营性道路客货运输驾驶员和道路危险货物运输从业人员必须取得相应从业资格,方可从事相应的道路运输活动。

鼓励机动车维修企业、机动车驾驶员培训机构优先聘用取得国家职业资格的从业人员从事机动车维修和机动车驾驶员培训工作。

第七条 道路运输从业人员从业资格考试应当按照交通运输部编制的考试大纲、考试题库、考核标准、考试工作规范和程序组织实施。

第八条 经营性道路客货运输驾驶员从业资格考试由设区的市级道路运输管理机构组织实施,每月组织一次考试。

道路危险货物运输从业人员从业资格考试由设区的市级人民政府交通运输主管部门组织实施,每季度组织一次考试。

第九条 经营性道路旅客运输驾驶员应当符合下列条件:

(一)取得相应的机动车驾驶证1年以上;

(二)年龄不超过60周岁;

(三)3年内无重大以上交通责任事故;

(四)掌握相关道路旅客运输法规、机动车维修和旅客急救基本知识;

(五)经考试合格,取得相应的从业资格证件。

第十条 经营性道路货物运输驾驶员应当符合下列条件:

(一)取得相应的机动车驾驶证;

(二)年龄不超过60周岁;

(三)掌握相关道路货物运输法规、机动车维修和货物装载保管基本知识;

(四)经考试合格,取得相应的从业资格证件。

第十一条 道路危险货物运输驾驶员应当符合下列条件:

(一)取得相应的机动车驾驶证;

(二)年龄不超过60周岁;

(三)3年内无重大以上交通责任事故;

(四)取得经营性道路旅客运输或者货物运输驾驶员从业资格2年以上

或者接受全日制驾驶职业教育的；

（五）接受相关法规、安全知识、专业技术、职业卫生防护和应急救援知识的培训，了解危险货物性质、危害特征、包装容器的使用特性和发生意外时的应急措施；

（六）经考试合格，取得相应的从业资格证件。

第十二条 道路危险货物运输装卸管理人员和押运人员应当符合下列条件：

（一）年龄不超过60周岁；

（二）初中以上学历；

（三）接受相关法规、安全知识、专业技术、职业卫生防护和应急救援知识的培训，了解危险货物性质、危害特征、包装容器的使用特性和发生意外时的应急措施；

（四）经考试合格，取得相应的从业资格证件。

第十三条 机动车维修技术人员应当符合下列条件：

（一）技术负责人员

1. 具有机动车维修或者相关专业大专以上学历，或者具有机动车维修或相关专业中级以上专业技术职称；

2. 熟悉机动车维修业务，掌握机动车维修及相关政策法规和技术规范。

（二）质量检验人员

1. 具有高中以上学历；

2. 熟悉机动车维修检测作业规范，掌握机动车维修故障诊断和质量检验的相关技术，熟悉机动车维修服务收费标准及相关政策法规和技术规范。

（三）从事机修、电器、钣金、涂漆、车辆技术评估（含检测）作业的技术人员

1. 具有初中以上学历；

2. 熟悉所从事工种的维修技术和操作规范，并了解机动车维修及相关政策法规。

第十四条 机动车驾驶培训教练员应当符合下列条件：

（一）理论教练员

1. 取得相应的机动车驾驶证，具有2年以上安全驾驶经历；

2. 具有汽车及相关专业中专以上学历或者汽车及相关专业中级以上技术

职称；

3. 掌握道路交通安全法规、驾驶理论、机动车构造、交通安全心理学、常用伤员急救等安全驾驶知识，了解车辆环保和节约能源的有关知识，了解教育学、教育心理学的基本教学知识，具备编写教案、规范讲解的授课能力。

（二）驾驶操作教练员

1. 取得相应的机动车驾驶证，符合安全驾驶经历和相应车型驾驶经历的要求；

2. 年龄不超过60周岁；

3. 掌握道路交通安全法规、驾驶理论、机动车构造、交通安全心理学和应急驾驶的基本知识，熟悉车辆维护和常见故障诊断、车辆环保和节约能源的有关知识，具备驾驶要领讲解、驾驶动作示范、指导驾驶的教学能力。

（三）道路客货运输驾驶员从业资格培训教练员

1. 具有汽车及相关专业大专以上学历或者汽车及相关专业高级以上技术职称；

2. 掌握道路旅客运输法规、货物运输法规以及机动车维修、货物装卸保管和旅客急救等相关知识，具备相应的授课能力；

3. 具有2年以上从事普通机动车驾驶员培训的教学经历，且近2年无不良的教学记录。

（四）危险货物运输驾驶员从业资格培训教练员

1. 具有化工及相关专业大专以上学历或者化工及相关专业高级以上技术职称；

2. 掌握危险货物运输法规、危险化学品特性、包装容器使用方法、职业安全防护和应急救援等知识，具备相应的授课能力；

3. 具有2年以上化工及相关专业的教学经历，且近2年无不良的教学记录。

第十五条 申请参加经营性道路客货运输驾驶员从业资格考试的人员，应当向其户籍地或者暂住地设区的市级道路运输管理机构提出申请，填写《经营性道路客货运输驾驶员从业资格考试申请表》（式样见附件1），并提供下列材料：

（一）身份证明及复印件；

（二）机动车驾驶证及复印件；

（三）申请参加道路旅客运输驾驶员从业资格考试的，还应当提供道路交通安全主管部门出具的3年内无重大以上交通责任事故记录证明。

第十六条 申请参加道路危险货物运输驾驶员从业资格考试的，应当向其户籍地或者暂住地设区的市级交通运输主管部门提出申请，填写《道路危险货物运输从业人员从业资格考试申请表》（式样见附件2），并提供下列材料：

（一）身份证明及复印件；

（二）机动车驾驶证及复印件；

（三）道路旅客运输驾驶员从业资格证件或者道路货物运输驾驶员从业资格证件及复印件或者全日制驾驶职业教育学籍证明；

（四）相关培训证明及复印件；

（五）道路交通安全主管部门出具的3年内无重大以上交通责任事故记录证明。

第十七条 申请参加道路危险货物运输装卸管理人员和押运人员从业资格考试的，应当向其户籍地或者暂住地设区的市级交通运输主管部门提出申请，填写《道路危险货物运输从业人员从业资格考试申请表》，并提供下列材料：

（一）身份证明及复印件；

（二）学历证明及复印件；

（三）相关培训证明及复印件。

第十八条 交通运输主管部门和道路运输管理机构对符合申请条件的申请人应当安排考试。

第十九条 交通运输主管部门和道路运输管理机构应当在考试结束10日内公布考试成绩。对考试合格人员，应当自公布考试成绩之日起10日内颁发相应的道路运输从业人员从业资格证件。

第二十条 道路运输从业人员从业资格考试成绩有效期为1年，考试成绩逾期作废。

第二十一条 申请人在从业资格考试中有舞弊行为的，取消当次考试资格，考试成绩无效。

第二十二条 交通运输主管部门或者道路运输管理机构应当建立道路运输从业人员从业资格管理档案。

道路运输从业人员从业资格管理档案包括:从业资格考试申请材料,从业资格考试及从业资格证件记录,从业资格证件换发、补发、变更记录,违章、事故及诚信考核、继续教育记录等。

第二十三条 交通运输主管部门和道路运输管理机构应当向社会提供道路运输从业人员相关从业信息的查询服务。

第三章 从业资格证件管理

第二十四条 经营性道路客货运输驾驶员、道路危险货物运输从业人员经考试合格后,取得《中华人民共和国道路运输从业人员从业资格证》(式样见附件3)。

第二十五条 道路运输从业人员从业资格证件全国通用。

第二十六条 已获得从业资格证件的人员需要增加相应从业资格类别的,应当向原发证机关提出申请,并按照规定参加相应培训和考试。

第二十七条 道路运输从业人员从业资格证件由交通运输部统一印制并编号。

道路危险货物运输从业人员从业资格证件由设区的市级交通运输主管部门发放和管理。

经营性道路客货运输驾驶员从业资格证件由设区的市级道路运输管理机构发放和管理。

第二十八条 交通运输主管部门和道路运输管理机构应当建立道路运输从业人员从业资格证件管理数据库,使用全国统一的管理软件核发从业资格证件,并逐步采用电子存取和防伪技术,确保有关信息实时输入、输出和存储。

交通运输主管部门和道路运输管理机构应当结合道路运输从业人员从业资格证件的管理工作,建立道路运输从业人员管理信息系统,并逐步实现异地稽查信息共享和动态资格管理。

第二十九条 道路运输从业人员从业资格证件有效期为6年。道路运输从业人员应当在从业资格证件有效期届满30日前到原发证机关办理换证手续。

道路运输从业人员从业资格证件遗失、毁损的,应当到原发证机关办理证件补发手续。

道路运输从业人员服务单位变更的,应当到交通运输主管部门或者道路运输管理机构办理从业资格证件变更手续。

道路运输从业人员从业资格档案应当由原发证机关在变更手续办结后30日内移交户籍迁入地或者现居住地的交通运输主管部门或者道路运输管理机构。

第三十条 道路运输从业人员办理换证、补证和变更手续,应当填写《道路运输从业人员从业资格证件换发、补发、变更登记表》(式样见附件4)。

第三十一条 交通运输主管部门和道路运输管理机构应当对符合要求的从业资格证件换发、补发、变更申请予以办理。

申请人违反相关从业资格管理规定且尚未接受处罚的,受理机关应当在其接受处罚后换发、补发、变更相应的从业资格证件。

第三十二条 道路运输从业人员有下列情形之一的,由发证机关注销其从业资格证件:

(一)持证人死亡的;

(二)持证人申请注销的;

(三)经营性道路客货运输驾驶员、道路危险货物运输从业人员年龄超过60周岁的;

(四)经营性道路客货运输驾驶员、道路危险货物运输驾驶员的机动车驾驶证被注销或者被吊销的;

(五)超过从业资格证件有效期180日未申请换证的。

凡被注销的从业资格证件,应当由发证机关予以收回,公告作废并登记归档;无法收回的,从业资格证件自行作废。

第三十三条 交通运输主管部门和道路运输管理机构应当将经营性道路客货运输驾驶员、道路危险货物运输从业人员的违章行为记录在《中华人民共和国道路运输从业人员从业资格证》的违章记录栏内,并通报发证机关。发证机关应当将该记录作为道路运输从业人员诚信考核和计分考核的依据,并存入管理档案。机动车维修技术人员、机动车驾驶培训教练员违章记录直接记入诚信管理档案,并作为诚信考核的重要内容。

第三十四条 道路运输从业人员诚信考核和计分考核周期为12个月,从初次领取从业资格证件之日起计算。诚信考核等级分为优良、合格、基本合格和不合格,分别用AAA级、AA级、A级和B级表示。在考核周期内,累计计分超过规定的,诚信考核等级为B级。

省级交通运输主管部门和道路运输管理机构应当将道路运输从业人员每年的诚信考核和计分考核结果向社会公布,供公众查阅。

道路运输从业人员诚信考核和计分考核具体办法另行制定。

第四章 从业行为规定

第三十五条 经营性道路客货运输驾驶员以及道路危险货物运输从业人员应当在从业资格证件许可的范围内从事道路运输活动。道路危险货物运输驾驶员除可以驾驶道路危险货物运输车辆外,还可以驾驶原从业资格证件许可的道路旅客运输车辆或者道路货物运输车辆。

第三十六条 道路运输从业人员在从事道路运输活动时,应当携带相应的从业资格证件,并应当遵守国家相关法规和道路运输安全操作规程,不得违法经营、违章作业。

第三十七条 道路运输从业人员应当按照规定参加国家相关法规、职业道德及业务知识培训。

经营性道路客货运输驾驶员和道路危险货物运输驾驶员在岗从业期间,应当按照规定参加继续教育。

第三十八条 经营性道路客货运输驾驶员和道路危险货物运输驾驶员不得超限、超载运输,连续驾驶时间不得超过4个小时。

第三十九条 经营性道路旅客运输驾驶员和道路危险货物运输驾驶员应当按照规定填写行车日志。行车日志式样由省级道路运输管理机构统一制定。

第四十条 经营性道路旅客运输驾驶员应当采取必要措施保证旅客的人身和财产安全,发生紧急情况时,应当积极进行救护。

经营性道路货物运输驾驶员应当采取必要措施防止货物脱落、扬撒等。

严禁驾驶道路货物运输车辆从事经营性道路旅客运输活动。

第四十一条 道路危险货物运输驾驶员应当按照道路交通安全主管部门指定的行车时间和路线运输危险货物。

道路危险货物运输装卸管理人员应当按照安全作业规程对道路危险货物装卸作业进行现场监督,确保装卸安全。

道路危险货物运输押运人员应当对道路危险货物运输进行全程监管。

道路危险货物运输从业人员应当严格按照《汽车运输危险货物规则》(JT617)、《汽车运输、装卸危险货物作业规程》(JT618)操作,不得违章作业。

第四十二条 在道路危险货物运输过程中发生燃烧、爆炸、污染、中毒或者被盗、丢失、流散、泄漏等事故,道路危险货物运输驾驶员、押运人员应当立即向当地公安部门和所在运输企业或者单位报告,说明事故情况、危险货物品名和特性,并采取一切可能的警示措施和应急措施,积极配合有关部门进行处置。

第四十三条 机动车维修技术人员应当按照维修规范和程序作业,不得擅自扩大维修项目,不得使用假冒伪劣配件,不得擅自改装机动车,不得承修已报废的机动车,不得利用配件拼装机动车。

第四十四条 机动车驾驶培训教练员应当按照全国统一的教学大纲实施教学,规范填写教学日志和培训记录,不得擅自减少学时和培训内容。

第五章 法律责任

第四十五条 违反本规定,有下列行为之一的人员,由县级以上道路运输管理机构责令改正,处200元以上2000元以下的罚款;构成犯罪的,依法追究刑事责任:

(一)未取得相应从业资格证件,驾驶道路客货运输车辆的;

(二)使用失效、伪造、变造的从业资格证件,驾驶道路客货运输车辆的;

(三)超越从业资格证件核定范围,驾驶道路客货运输车辆的。

第四十六条 违反本规定,有下列行为之一的人员,由设区的市级人民政府交通运输主管部门处5万元以上10万元以下的罚款;构成犯罪的,依法追究刑事责任:

(一)未取得相应从业资格证件,从事道路危险货物运输活动的;

(二)使用失效、伪造、变造的从业资格证件,从事道路危险货物运输活动的;

(三)超越从业资格证件核定范围,从事道路危险货物运输活动的。

第四十七条 道路运输从业人员有下列不具备安全条件情形之一的,由发证机关撤销其从业资格证件:

（一）经营性道路客货运输驾驶员、道路危险货物运输从业人员身体健康状况不符合有关机动车驾驶和相关从业要求且没有主动申请注销从业资格的；

（二）经营性道路客货运输驾驶员、道路危险货物运输驾驶员发生重大以上交通事故，且负主要责任的；

（三）发现重大事故隐患，不立即采取消除措施，继续作业的。

被撤销的从业资格证件应当由发证机关公告作废并登记归档。

第四十八条 违反本规定，交通运输主管部门及道路运输管理机构工作人员有下列情形之一的，依法给予行政处分；构成犯罪的，依法追究刑事责任：

（一）不按规定的条件、程序和期限组织从业资格考试的；

（二）发现违法行为未及时查处的；

（三）索取、收受他人财物及谋取其他不正当利益的；

（四）其他违法行为。

第六章 附 则

第四十九条 从业资格考试收费标准和从业资格证件工本费由省级以上交通运输主管部门会同同级财政部门、物价部门核定。

第五十条 使用总质量4500千克及以下普通货运车辆的驾驶人员，不适用本规定。

第五十一条 本规定自2007年3月1日起施行。2001年9月6日公布的《营业性道路运输驾驶员职业培训管理规定》（交通部令2001年第7号）同时废止。

附件：

1. 经营性道路客货运输驾驶员从业资格考试申请表
2. 道路危险货物运输从业人员从业资格考试申请表
3. 中华人民共和国道路运输从业人员从业
4. 道路运输从业人员从业资格证件换发、补发、变更登记表

附件 1

经营性道路客货运输驾驶员从业资格考试申请表

<table>
<tr><td>姓　名</td><td></td><td>性　别</td><td></td><td>学　历</td><td></td><td rowspan="5">照
片</td></tr>
<tr><td>住　址</td><td colspan="5">（电话）</td></tr>
<tr><td>工作单位</td><td colspan="5">（电话）</td></tr>
<tr><td>身份证号</td><td colspan="5"></td></tr>
<tr><td>培训单位</td><td colspan="5"></td></tr>
<tr><td>驾驶证准驾车型</td><td colspan="2"></td><td colspan="2">初领驾驶证日期</td><td colspan="2">年　月　日</td></tr>
<tr><td>申请种类</td><td colspan="6">初领□　　　　增加□</td></tr>
<tr><td>原从业资格证件号</td><td colspan="6"></td></tr>
<tr><td>申请类别</td><td colspan="3">道路旅客运输□</td><td colspan="3">道路货物运输□</td></tr>
<tr><td>材料清单</td><td colspan="6">身份证明原件□　身份证明复印件□　驾驶证原件□
驾驶证复印件□　无重大以上责任事故记录证明□</td></tr>
<tr><td>承　诺</td><td colspan="6">本人承诺上述所有内容真实、有效，并承担由此产生的法律责任。
本人签字：　　　日期：</td></tr>
<tr><td rowspan="5">考试记录</td><td>成绩</td><td colspan="2">考　核　员</td><td colspan="3">考　核　员</td></tr>
<tr><td></td><td colspan="2"></td><td colspan="3"></td></tr>
<tr><td></td><td colspan="2"></td><td colspan="3"></td></tr>
<tr><td></td><td colspan="2"></td><td colspan="3"></td></tr>
<tr><td></td><td colspan="2"></td><td colspan="3"></td></tr>
<tr><td>道路运输管理机构意见</td><td colspan="6">（盖章）
年　月　日</td></tr>
<tr><td rowspan="2">从业资格证件发放</td><td>发放人（签字）</td><td></td><td>日期</td><td colspan="3"></td></tr>
<tr><td>领取人（签字）</td><td></td><td>日期</td><td colspan="3"></td></tr>
</table>

附件 2

道路危险货物运输从业人员从业资格考试申请表

<table>
<tr><td>姓　名</td><td></td><td>性　别</td><td></td><td>学　历</td><td></td><td rowspan="5">照
片</td></tr>
<tr><td>住　址</td><td colspan="5">（电话）</td></tr>
<tr><td>工作单位</td><td colspan="5">（电话）</td></tr>
<tr><td>身份证号</td><td colspan="5"></td></tr>
<tr><td>培训单位</td><td colspan="5"></td></tr>
<tr><td>原从业资格证件号</td><td colspan="6"></td></tr>
<tr><td>驾驶证准驾车型</td><td colspan="2"></td><td colspan="2">初领驾驶证日期</td><td colspan="2">年　月　日</td></tr>
<tr><td>申请类别</td><td colspan="2">道路危险货物
运输驾驶员□</td><td colspan="2">道路危险货物运输
装卸管理人员□</td><td colspan="2">道路危险货物
运输押运人员□</td></tr>
<tr><td>材料清单</td><td colspan="6">身份证明原件□　身份证明复印件□　学历证明原件□　学历证明复印件□　危险货物运输培训证明□　驾驶证原件□　驾驶证复印件□　道路旅客运输从业资格证原件□　道路旅客运输从业资格证复印件□　道路货物运输从业资格证原件□　道路货物运输从业资格证复印件□　无重大以上责任事故记录证明□　全日制驾驶职业教育学籍证明□</td></tr>
<tr><td>承　　诺</td><td colspan="6">本人承诺上述所有内容真实、有效，并承担由此产生的法律责任。

本人签字：　　　　日期：</td></tr>
<tr><td rowspan="4">考试记录</td><td>成绩</td><td colspan="2">考　核　员</td><td colspan="3">考　核　员</td></tr>
<tr><td></td><td colspan="2"></td><td colspan="3"></td></tr>
<tr><td></td><td colspan="2"></td><td colspan="3"></td></tr>
<tr><td></td><td colspan="2"></td><td colspan="3"></td></tr>
<tr><td>交通运输
主管部门意见</td><td colspan="6">（盖章）
年　月　日</td></tr>
<tr><td rowspan="2">从业资格证件发放</td><td>发放人（签字）</td><td colspan="2"></td><td>日期</td><td colspan="2"></td></tr>
<tr><td>领取人（签字）</td><td colspan="2"></td><td>日期</td><td colspan="2"></td></tr>
</table>

附件 3

中华人民共和国道路运输从业人员从业资格证式样

中华人民共和国交通运输部制

（封底）

中华人民共和国

道路运输从业人员

从业资格证

（封面）

编号：No.

（封二）

照

片

（二寸）

发证机关（钢印）

（第 1 页）

姓　名		性别	
出生日期		国籍	
住　址			
证　号			
准驾车型			
二维码区			

（第 2 页）

发证机关	从业资格类别：	
	初次领证日期	年　月　日
	有效起始日期	年　月　日
	有效期限	（盖章）
发证机关	从业资格类别：	
	初次领证日期	年　月　日
	有效起始日期	年　月　日
	有效期限	（盖章）
发证机关	从业资格类别：	
	初次领证日期	年　月　日
	有效起始日期	年　月　日
	有效期限	（盖章）

（第 3 页）

注册（登记）记录

从业资格类别	记录内容

（第 4 页）

继续教育记录

从业资格类别	记录内容

（第 5 页）

诚信(信誉)考核记录

从业资格类别	年度	考核结果

(第6页)

违章和计分记录

从业资格类别	记录内容

(第7页)

违章和计分记录

从业资格类别	记录内容

(第8页)

证件使用说明

1. 本证为道路运输从业资格的有效证件,在全国范围内通用,必须随身携带。

2. 本证有效期届满30日前需到原发证机关办理换证手续。本证遗失、毁损或变更的,需到原发证机关办理证件补发或变更手续。

3. 持证人员需按从业资格管理规定进行注册(登记),并按期进行继续教育、诚信(信誉)考核。

(第9页)

说明：

1. 封面

字体字号分别为：

“中华人民共和国道路运输从业人员”——17 磅汉仪楷体简体，烫金压凹。

“从业资格证”——24 磅汉仪楷体简体，烫金压凹。

“国徽”——宽 33mm，高 35mm，烫金压凹。

2. 封底

“中华人民共和国交通运输部制”—10 磅汉仪楷体简体，压凹。

3. 成品尺寸：宽 80mm，高 115mm。

4. 第 2、3 页内容只能打印，禁止手写或者涂改。采用电子证件的，应当包含本式样所确定的相关信息。

5. 第 3 页发证机关栏中，每栏的从业资格类别打印 1 类从业资格类别汉字全称，示例：经营性道路旅客运输驾驶员。每证不超过 3 类从业资格类别，按取得从业资格的先后顺序由上到下依次打印。

6. 第 4—8 页注册（登记）、继续教育、诚信（信誉）考核、违章和计分等记录对应的从业资格类别栏打印从业资格类别汉字简称，示例：客运驾驶员。

附件 4

道路运输从业人员从业资格证件换发、补发、变更登记表

<table>
<tr><td>姓 名</td><td></td><td>性 别</td><td></td><td>学 历</td><td></td><td rowspan="4">照
片</td></tr>
<tr><td>住 址</td><td colspan="5">（电话）</td></tr>
<tr><td>工作单位</td><td colspan="5">（电话）</td></tr>
<tr><td>身份证号</td><td colspan="5"></td></tr>
<tr><td>驾驶证准驾车型</td><td colspan="2"></td><td colspan="2">初领驾驶证日期</td><td colspan="2"></td></tr>
<tr><td>原从业资格证件号</td><td colspan="2"></td><td colspan="2">初领从业资格
证件日期</td><td colspan="2">年 月 日</td></tr>
<tr><td>申请种类</td><td colspan="2">换发□</td><td colspan="2">补发 □</td><td colspan="2">变更 □</td></tr>
<tr><td>申请理由</td><td colspan="6"></td></tr>
<tr><td>承 诺</td><td colspan="6">本人承诺上述所有内容真实、有效，并承担由此产生的法律责任。

本人签字： 日期：</td></tr>
<tr><td>管理部门意见</td><td colspan="6">（盖章）
年 月 日</td></tr>
<tr><td rowspan="2">从业资格证件发放</td><td colspan="2">发放人（签字）</td><td colspan="2">日期</td><td colspan="2"></td></tr>
<tr><td colspan="2">领取人（签字）</td><td colspan="2">日期</td><td colspan="2"></td></tr>
</table>

交通运输部关于修改《道路运输车辆技术管理规定》的决定

（2019 年 6 月 21 日交通运输部令 2019 年第 19 号公布　自公布之日起施行　国司备字[2019000453]）

交通运输部决定对《道路运输车辆技术管理规定》（交通运输部令 2016 年第 1 号）作如下修改：

一、将第十八条中的“资质”修改为“条件”。

二、增加一条，作为第三十四条：“从事普通货运经营的总质量 4500 千克及以下普通货运车辆，不适用本规定。”

条文序号作相应调整。

本决定自公布之日起施行。

《道路运输车辆技术管理规定》根据本决定作相应修正，重新发布。

道路运输车辆技术管理规定

（2016 年 1 月 22 日交通运输部发布　根据 2019 年 6 月 21 日《交通运输部关于修改〈道路运输车辆技术管理规定〉的决定》修订）

第一章　总　　则

第一条　为加强道路运输车辆技术管理，保持车辆技术状况良好，保障运输安全，发挥车辆效能，促进节能减排，根据《中华人民共和国安全生产法》《中华人民共和国节约能源法》《中华人民共和国道路运输条例》等法律、行政法规，制定本规定。

第二条　道路运输车辆技术管理适用本规定。

本规定所称道路运输车辆包括道路旅客运输车辆（以下简称客车）、道路普通货物运输车辆（以下简称货车）、道路危险货物运输车辆（以下简称危货运输车）。

本规定所称道路运输车辆技术管理，是指对道路运输车辆在保证符合规定的技术条件和按要求进行维护、修理、综合性能检测方面所做的技术性管理。

第三条 道路运输车辆技术管理应当坚持分类管理、预防为主、安全高效、节能环保的原则。

第四条 道路运输经营者是道路运输车辆技术管理的责任主体,负责对道路运输车辆实行择优选配、正确使用、周期维护、视情修理、定期检测和适时更新,保证投入道路运输经营的车辆符合技术要求。

第五条 鼓励道路运输经营者使用安全、节能、环保型车辆,促进标准化车型推广运用,加强科技应用,不断提高车辆的管理水平和技术水平。

第六条 交通运输部主管全国道路运输车辆技术管理监督。

县级以上地方人民政府交通运输主管部门负责本行政区域内道路运输车辆技术管理监督。

县级以上道路运输管理机构具体实施道路运输车辆技术管理监督工作。

第二章　车辆基本技术条件

第七条 从事道路运输经营的车辆应当符合下列技术要求:

(一)车辆的外廓尺寸、轴荷和最大允许总质量应当符合《道路车辆外廓尺寸、轴荷及质量限值》(GB 1589)的要求;

(二)车辆的技术性能应当符合《道路运输车辆综合性能要求和检验方法》(GB 18565)的要求;

(三)车型的燃料消耗量限值应当符合《营运客车燃料消耗量限值及测量方法》(JT 711)、《营运货车燃料消耗量限值及测量方法》(JT 719)的要求。

(四)车辆技术等级应当达到二级以上。危货运输车、国际道路运输车辆、从事高速公路客运以及营运线路长度在800公里以上的客车,技术等级应当达到一级。技术等级评定方法应当符合国家有关道路运输车辆技术等级划分和评定的要求;

(五)从事高速公路客运、包车客运、国际道路旅客运输,以及营运线路长度在800公里以上客车的类型等级应当达到中级以上。其类型划分和等级评定应当符合国家有关营运客车类型划分及等级评定的要求;

(六)危货运输车应当符合《汽车运输危险货物规则》(JT 617)的要求。

第八条 道路运输管理机构应当加强从事道路运输经营车辆的管理,对不符合本规定的车辆不得配发道路运输证。

在对挂车配发道路运输证和年度审验时,应当查验挂车是否具有有效行驶证件。

第九条 禁止使用报废、擅自改装、拼装、检测不合格以及其他不符合国家规定的车辆从事道路运输经营活动。

第三章 技术管理的一般要求

第十条 道路运输经营者应当遵守有关法律法规、标准和规范，认真履行车辆技术管理的主体责任，建立健全管理制度，加强车辆技术管理。

第十一条 鼓励道路运输经营者设置相应的部门负责车辆技术管理工作，并根据车辆数量和经营类别配备车辆技术管理人员，对车辆实施有效的技术管理。

第十二条 道路运输经营者应当加强车辆维护、使用、安全和节能等方面的业务培训，提升从业人员的业务素质和技能，确保车辆处于良好的技术状况。

第十三条 道路运输经营者应当根据有关道路运输企业车辆技术管理标准，结合车辆技术状况和运行条件，正确使用车辆。

鼓励道路运输经营者依据相关标准要求，制定车辆使用技术管理规范，科学设置车辆经济、技术定额指标并定期考核，提升车辆技术管理水平。

第十四条 道路运输经营者应当建立车辆技术档案制度，实行一车一档。档案内容应当主要包括：车辆基本信息，车辆技术等级评定、客车类型等级评定或者年度类型等级评定复核、车辆维护和修理（含《机动车维修竣工出厂合格证》）、车辆主要零部件更换、车辆变更、行驶里程、对车辆造成损伤的交通事故等记录。档案内容应当准确、详实。

车辆所有权转移、转籍时，车辆技术档案应当随车移交。

道路运输经营者应当运用信息化技术做好道路运输车辆技术档案管理工作。

第四章 车辆维护与修理

第十五条 道路运输经营者应当建立车辆维护制度。

车辆维护分为日常维护、一级维护和二级维护。日常维护由驾驶员实施，一级维护和二级维护由道路运输经营者组织实施，并做好记录。

第十六条 道路运输经营者应当依据国家有关标准和车辆维修手册、使用说明书等，结合车辆类别、车辆运行状况、行驶里程、道路条件、使用年限等因素，自行确定车辆维护周期，确保车辆正常维护。

车辆维护作业项目应当按照国家关于汽车维护的技术规范要求确定。

道路运输经营者可以对自有车辆进行二级维护作业，保证投入运营的车辆符合技术管理要求，无需进行二级维护竣工质量检测。

道路运输经营者不具备二级维护作业能力的，可以委托二类以上机动车维修经营者进行二级维护作业。机动车维修经营者完成二级维护作业后，应当向委托方出具二级维护出厂合格证。

第十七条 道路运输经营者应当遵循视情修理的原则，根据实际情况对车辆进行及时修理。

第十八条 道路运输经营者用于运输剧毒化学品、爆炸品的专用车辆及罐式专用车辆（含罐式挂车），应当到具备道路危险货物运输车辆维修条件的企业进行维修。

前款规定专用车辆的牵引车和其他运输危险货物的车辆由道路运输经营者消除危险货物的危害后，可以到具备一般车辆维修条件的企业进行维修。

第五章　车辆检测管理

第十九条 道路运输经营者应当定期到机动车综合性能检测机构，对道路运输车辆进行综合性能检测。

第二十条 道路运输经营者应当自道路运输车辆首次取得《道路运输证》当月起，按照下列周期和频次，委托汽车综合性能检测机构进行综合性能检测和技术等级评定：

（一）客车、危货运输车自首次经国家机动车辆注册登记主管部门登记注册不满60个月的，每12个月进行1次检测和评定；超过60个月的，每6个月进行1次检测和评定。

（二）其它运输车辆自首次经国家机动车辆注册登记主管部门登记注册的，每12个月进行1次检测和评定。

第二十一条 客车、危货运输车的综合性能检测应当委托车籍所在地汽车综合性能检测机构进行。

货车的综合性能检测可以委托运输驻在地汽车综合性能检测机构进行。

第二十二条 道路运输经营者应当选择通过质量技术监督部门的计量认证、取得计量认证证书并符合《汽车综合性能检测站能力的通用要求》（GB 17993）等国家相关标准的检测机构进行车辆的综合性能检测。

第二十三条 汽车综合性能检测机构对新进入道路运输市场车辆应当按

照《道路运输车辆燃料消耗量达标车型表》进行比对。对达标的新车和在用车辆,应当按照《道路运输车辆综合性能要求和检验方法》(GB18565)、《道路运输车辆技术等级划分和评定要求》(JT/T198)实施检测和评定,出具全国统一式样的道路运输车辆综合性能检测报告,评定车辆技术等级,并在报告单上标注。车籍所在地县级以上道路运输管理机构应当将车辆技术等级在《道路运输证》上标明。

汽车综合性能检测机构应当确保检测和评定结果客观、公正、准确,对检测和评定结果承担法律责任。

第二十四条 道路运输管理机构和受其委托承担客车类型等级评定工作的汽车综合性能检测机构,应当按照《营运客车类型划分及等级评定》(JT/T 325)进行营运客车类型等级评定或者年度类型等级评定复核,出具统一式样的客车类型等级评定报告。

第二十五条 汽车综合性能检测机构应当建立车辆检测档案,档案内容主要包括:车辆综合性能检测报告(含车辆基本信息、车辆技术等级)、客车类型等级评定记录。

车辆检测档案保存期不少于两年。

第六章 监督检查

第二十六条 道路运输管理机构应当按照职责权限对道路运输车辆的技术管理进行监督检查。

道路运输经营者应当对道路运输管理机构的监督检查予以配合,如实反映情况,提供有关资料。

第二十七条 道路运输管理机构应当将车辆技术状况纳入道路运输车辆年度审验内容,查验以下相应证明材料:

(一)车辆技术等级评定结论;

(二)客车类型等级评定证明。

第二十八条 道路运输管理机构应当建立车辆管理档案制度。档案内容主要包括:车辆基本情况,车辆技术等级评定、客车类型等级评定或年度类型等级评定复核、车辆变更等记录。

第二十九条 道路运输管理机构应当将运输车辆的技术管理情况纳入道路运输企业质量信誉考核和诚信管理体系。

第三十条 道路运输管理机构应当积极推广使用现代信息技术,逐步实现道路运输车辆技术管理信息资源共享。

第七章 法律责任

第三十一条 违反本规定，道路运输经营者有下列行为之一的，县级以上道路运输管理机构应当责令改正，给予警告；情节严重的，处以 1000 元以上 5000 元以下罚款：

（一）道路运输车辆技术状况未达到《道路运输车辆综合性能要求和检验方法》（GB18565）的；

（二）使用报废、擅自改装、拼装、检测不合格以及其他不符合国家规定的车辆从事道路运输经营活动的；

（三）未按照规定的周期和频次进行车辆综合性能检测和技术等级评定的；

（四）未建立道路运输车辆技术档案或者档案不符合规定的；

（五）未做好车辆维护记录的。

第三十二条 违反本规定，道路运输车辆综合性能检测机构有下列行为之一的，县级以上道路运输管理机构不予采信其检测报告，并抄报同级质量技术监督主管部门处理。

（一）不按技术规范对道路运输车辆进行检测的；

（二）未经检测出具道路运输车辆检测结果的；

（三）不如实出具检测结果的。

第三十三条 道路运输管理机构工作人员在监督管理工作中滥用职权、玩忽职守、徇私舞弊的，依法给予行政处分；构成犯罪的，由司法机关依法处理。

第八章 附 则

第三十四条 从事普通货运经营的总质量 4500 千克及以下普通货运车辆，不适用本规定。

第三十五条 本规定自 2016 年 3 月 1 日起施行。原交通部发布的《汽车运输业车辆技术管理规定》（交通部令 1990 年第 13 号）、《道路运输车辆维护管理规定》（交通部令 2001 年第 4 号）同时废止。

交通运输部关于修改《机动车维修管理规定》的决定

（2019年6月21日交通运输部令2019年第20号公布　自公布之日起施行　国司备字[2019000450]）

交通运输部决定对《机动车维修管理规定》（交通运输部令2016年第37号）作如下修改：

一、第二章名称“经营许可”修改为“经营备案”。

二、增加一条，作为第七条：“从事机动车维修经营业务的，应当在依法向市场监督管理机构办理有关登记手续后，向所在地县级道路运输管理机构进行备案。

道路运输管理机构应当按照《中华人民共和国道路运输条例》和本规定实施机动车维修经营备案。道路运输管理机构不得向机动车维修经营者收取备案相关费用。”

三、将第七条改为第八条，第一款修改为：“机动车维修经营依据维修车型种类、服务能力和经营项目实行分类备案。”

四、将第八条改为第九条，修改为：“一类、二类汽车维修经营业务或者其他机动车维修经营业务，可以从事相应车型的整车修理、总成修理、整车维护、小修、维修救援、专项修理和维修竣工检验工作；三类汽车维修经营业务（含汽车综合小修）、三类其他机动车维修经营业务，可以分别从事汽车综合小修或者发动机维修、车身维修、电气系统维修、自动变速器维修、轮胎动平衡及修补、四轮定位检测调整、汽车润滑与养护、喷油泵和喷油器维修、曲轴修磨、气缸镗磨、散热器维修、空调维修、汽车美容装潢、汽车玻璃安装及修复等汽车专项维修工作。具体有关经营项目按照《汽车维修业开业条件》（GB/T 16739）相关条款的规定执行。”

五、将第九条改为第十条，修改为：“一类摩托车维修经营业务，可以从事摩托车整车修理、总成修理、整车维护、小修、专项修理和竣工检验工作；二类摩托车维修经营业务，可以从事摩托车维护、小修和专项修理工作。”

六、将第十条改为第十一条，修改为：“危险货物运输车辆维修经营业务，除可以从事危险货物运输车辆维修经营业务外，还可以从事一类汽车维修经营业务。”

七、将第十一条改为第十二条，第十三条改为第十四条，删去其中的“申请”。

八、将第十二条改为第十三条，将其中的“除具备汽车维修经营一类维修经营业务的开业条件外”修改为“除具备汽车维修经营一类维修经营业务的条件外”。

九、将第十四条改为第十五条，修改为：“从事机动车维修经营的，应当向所在地的县级道路运输管理机构进行备案，提交《机动车维修经营备案表》（见附件1），并附送符合本规定第十二条、第十三条、第十四条规定条件的下列材料，保证材料真实完整：

（一）维修经营者的营业执照复印件；

（二）经营场地（含生产厂房和业务接待室）、停车场面积材料、土地使用权及产权证明等相关材料；

（三）技术人员汇总表，以及各相关人员的学历、技术职称或职业资格证明等相关材料；

（四）维修设备设施汇总表，维修检测设备及计量设备检定合格证明等相关材料；

（五）维修管理制度等相关材料；

（六）环境保护措施等相关材料。”

十、删去第十五条和第十六条。

十一、将第十七条改为第十六条，修改为：“从事机动车维修连锁经营服务的，其机动车维修连锁经营企业总部应先完成备案。

机动车维修连锁经营服务网点可由机动车维修连锁经营企业总部向连锁经营服务网点所在地县级道路运输管理机构进行备案，提交《机动车维修经营备案表》，附送下列材料，并对材料真实性承担相应的法律责任：

（一）连锁经营协议书副本；

（二）连锁经营的作业标准和管理手册；

（三）连锁经营服务网点符合机动车维修经营相应条件的承诺书。

连锁经营服务网点的备案经营项目应当在机动车维修连锁经营企业总部备案经营项目范围内。”

十二、增加一条，作为第十七条：“道路运输管理机构收到备案材料后，对材料齐全且符合备案要求的应当予以备案，并编号归档；对材料不全或者不符合备案要求的，应当场或者自收到备案材料之日起5日内一次性书面通知备案人需要补充的全部内容。”

十三、删去第十八条和第十九条。

十四、将第二十条改为第十八条,修改为:“机动车维修经营者名称、法定代表人、经营范围、经营地址等备案事项发生变化的,应当向原办理备案的道路运输管理机构办理备案变更。

机动车维修经营者需要终止经营的,应当在终止经营前30日告知原备案机构。”

十五、增加一条,作为第十九条:“道路运输管理机构应当向社会公布已备案的机动车维修经营者名单并及时更新,便于社会查询和监督。”

十六、将第二十一条改为第二十条,修改为:“机动车维修经营者应当按照备案的经营范围开展维修服务。”

十七、将第二十二条改为第二十一条,第一款修改为:“机动车维修经营者应当将《机动车维修标志牌》(见附件2)悬挂在经营场所的醒目位置。”

十八、将第二十六条改为第二十五条,第四款修改为“机动车生产、进口企业应当在新车型投放市场后六个月内,向社会公布其生产、进口机动车车型的维修技术信息和工时定额。具体要求按照国家有关部门关于汽车维修技术信息公开的规定执行。”

十九、将第二十七条改为第二十六条,第一款修改为:“机动车维修经营者应当使用规定的结算票据,并向托修方交付维修结算清单,作为托修方追责依据。维修结算清单中,工时费与材料费应当分项计算。维修结算清单应当符合交通运输部有关标准要求,维修结算清单内容应包括托修方信息、承修方信息、维修费用明细单等。”

二十、将第三十条改为第二十九条,第一款修改为:“机动车维修经营者应当按照国家、行业或者地方的维修标准规范和机动车生产、进口企业公开的维修技术信息进行维修。尚无标准或规范的,可参照机动车生产企业提供的维修手册、使用说明书和有关技术资料进行维修。”增加一款,作为第二款:“机动车维修经营者不得通过临时更换机动车污染控制装置、破坏机动车车载排放诊断系统等维修作业,使机动车通过排放检验。”

二十一、将第三十三条改为第三十二条,将其中的“见附件2”修改为“见附件3”。

二十二、将第三十四条改为第三十三条,第二款中的“汽车电子健康档案系统”修改为“汽车维修电子健康档案系统”。

二十三、将第四十四条改为第四十三条,第一款修改为:“道路运输管理机构应当采集机动车维修企业信用信息,并建立机动车维修企业信用档案,除涉及国家秘密、商业秘密外,应当依法公开,供公众查阅。机动车维修质量信誉考核结果、汽车维修电子健康档案系统维修电子数据记录上传情况及车主评价、投诉和处理情况是机动车维修信用档案的重要组成部分”，删去第二款。

二十四、增加一条，作为第四十四条：“建立机动车维修经营者和从业人员黑名单制度，县级道路运输管理机构负责认定机动车维修经营者和从业人员黑名单，具体办法由交通运输部另行制定。”

二十五、将第四十五条第二款修改为：“道路运输管理机构应当依法履行对维修经营者的监管职责，对维修经营者是否依法备案或者备案事项是否属实进行监督检查。”

二十六、将第四十九条修改为：“违反本规定，从事机动车维修经营业务，未按规定进行备案的，由县级以上道路运输管理机构责令改正；拒不改正的，处 5000 元以上 2 万元以下的罚款。”

二十七、删去第五十条。

二十八、增加一条，作为第五十条：“违反本规定，从事机动车维修经营业务不符合国务院交通运输主管部门制定的机动车维修经营业务标准的，由县级以上道路运输管理机构责令改正；情节严重的，由县级以上道路运输管理机构责令停业整顿。”

二十九、将第五十一条中的“由县级以上道路运输管理机构责令改正，并没收假冒伪劣配件及报废车辆”修改为“由县级以上道路运输管理机构责令改正”；“情节严重的，由原许可机关吊销其经营许可”修改为“情节严重的，由县级以上道路运输管理机构责令停业整顿”。

三十、将第五十二条中的“机动车维修经营者签发虚假或者不签发机动车维修竣工出厂合格证的”修改为“机动车维修经营者签发虚假机动车维修竣工出厂合格证的”；“情节严重的，由许可机关吊销其经营许可”修改为“情节严重的，由县级以上道路运输管理机构责令停业整顿”。

三十一、删去第五十三条第五项中的“机动车维修经营许可证件和”，将第八项修改为：“机动车维修经营者未按规定建立机动车维修档案并实行档案电子化管理，或者未及时上传维修电子数据记录至国家有关汽车维修电子健康档案系统的”，并删去第九项。

三十二、将第五十四条第一项修改为：“不按照规定实施备案和黑名单制度的”。

三十三、删去第五十五条、第五十六条。

三十四、增加《机动车维修经营备案表》作为附件 1，《机动车维修标志牌》修改为附件 2，《机动车维修竣工出厂合格证》修改为附件 3。

条文序号和个别文字作相应调整。

本决定自公布之日起施行。

《机动车维修管理规定》根据本决定作相应修正，重新公布。

机动车维修管理规定

（2005 年 6 月 24 日交通部发布　根据 2015 年 8 月 8 日交通运输部《关于修改〈机动车维修管理规定〉的决定》第一次修订　根据 2016 年 4 月 19 日交通运输部《关于修改〈机动车维修管理规定〉的决定》第二次修订　根据 2019 年 6 月 21 日交通运输部《关于修改〈机动车维修管理规定〉的决定》第三次修订）

第一章　总　　则

第一条　为规范机动车维修经营活动，维护机动车维修市场秩序，保护机动车维修各方当事人的合法权益，保障机动车运行安全，保护环境，节约能源，促进机动车维修业的健康发展，根据《中华人民共和国道路运输条例》及有关法律、行政法规的规定，制定本规定。

第二条　从事机动车维修经营的，应当遵守本规定。

本规定所称机动车维修经营，是指以维持或者恢复机动车技术状况和正常功能，延长机动车使用寿命为作业任务所进行的维护、修理以及维修救援等相关经营活动。

第三条　机动车维修经营者应当依法经营，诚实信用，公平竞争，优质服务，落实安全生产主体责任和维修质量主体责任。

第四条　机动车维修管理，应当公平、公正、公开和便民。

第五条　任何单位和个人不得封锁或者垄断机动车维修市场。

托修方有权自主选择维修经营者进行维修。除汽车生产厂家履行缺陷汽车产品召回、汽车质量“三包”责任外，任何单位和个人不得强制或者变相强制指定维修经营者。

鼓励机动车维修企业实行集约化、专业化、连锁经营，促进机动车维修业的合理分工和协调发展。

鼓励推广应用机动车维修环保、节能、不解体检测和故障诊断技术，推进行业信息化建设和救援、维修服务网络化建设，提高机动车维修行业整体素质，满足社会需要。

鼓励机动车维修企业优先选用具备机动车检测维修国家职业资格的人员，并加强技术培训，提升从业人员素质。

第六条 交通运输部主管全国机动车维修管理工作。

县级以上地方人民政府交通运输主管部门负责组织领导本行政区域的机动车维修管理工作。

县级以上道路运输管理机构负责具体实施本行政区域内的机动车维修管理工作。

第二章 经营备案

第七条 从事机动车维修经营业务的，应当在依法向市场监督管理机构办理有关登记手续后，向所在地县级道路运输管理机构进行备案。

道路运输管理机构应当按照《中华人民共和国道路运输条例》和本规定实施机动车维修经营备案。道路运输管理机构不得向机动车维修经营者收取备案相关费用。

第八条 机动车维修经营依据维修车型种类、服务能力和经营项目实行分类备案。

机动车维修经营业务根据维修对象分为汽车维修经营业务、危险货物运输车辆维修经营业务、摩托车维修经营业务和其他机动车维修经营业务四类。

汽车维修经营业务、其他机动车维修经营业务根据经营项目和服务能力分为一类维修经营业务、二类维修经营业务和三类维修经营业务。

摩托车维修经营业务根据经营项目和服务能力分为一类维修经营业务和二类维修经营业务。

第九条 一类、二类汽车维修经营业务或者其他机动车维修经营业务，可以从事相应车型的整车修理、总成修理、整车维护、小修、维修救援、专项修理和维修竣工检验工作；三类汽车维修经营业务（含汽车综合小修）、三类其他机动车维修经营业务，可以分别从事汽车综合小修或者发动机维修、车身维修、电气系统维修、自动变速器维修、轮胎动平衡及修补、四轮定位检测调整、汽车润滑与养护、喷油泵和喷油器维修、曲轴修磨、气缸镗磨、散热器维修、空调维修、汽车美容装潢、汽车玻璃安装及修复等汽车专项维修工作。具体有关经营项目按照《汽车维修业开业条件》（GB/T 16739）相关条款的规定执行。

第十条 一类摩托车维修经营业务，可以从事摩托车整车修理、总成修理、整车维护、小修、专项修理和竣工检验工作；二类摩托车维修经营业务，可以从事摩托车维护、小修和专项修理工作。

第十一条 危险货物运输车辆维修经营业务,除可以从事危险货物运输车辆维修经营业务外,还可以从事一类汽车维修经营业务。

第十二条 从事汽车维修经营业务或者其他机动车维修经营业务的,应当符合下列条件:

(一)有与其经营业务相适应的维修车辆停车场和生产厂房。租用的场地应当有书面的租赁合同,且租赁期限不得少于1年。停车场和生产厂房面积按照国家标准《汽车维修业开业条件》(GB/T 16739)相关条款的规定执行。

(二)有与其经营业务相适应的设备、设施。所配备的计量设备应当符合国家有关技术标准要求,并经法定检定机构检定合格。从事汽车维修经营业务的设备、设施的具体要求按照国家标准《汽车维修业开业条件》(GB/T 16739)相关条款的规定执行;从事其他机动车维修经营业务的设备、设施的具体要求,参照国家标准《汽车维修业开业条件》(GB/T 16739)执行,但所配备设施、设备应与其维修车型相适应。

(三)有必要的技术人员:

1. 从事一类和二类维修业务的应当各配备至少1名技术负责人员、质量检验人员、业务接待人员以及从事机修、电器、钣金、涂漆的维修技术人员。技术负责人员应当熟悉汽车或者其他机动车维修业务,并掌握汽车或者其他机动车维修及相关政策法规和技术规范;质量检验人员应当熟悉各类汽车或者其他机动车维修检测作业规范,掌握汽车或者其他机动车维修故障诊断和质量检验的相关技术,熟悉汽车或者其他机动车维修服务收费标准及相关政策法规和技术规范,并持有与承修车型种类相适应的机动车驾驶证;从事机修、电器、钣金、涂漆的维修技术人员应当熟悉所从事工种的维修技术和操作规范,并了解汽车或者其他机动车维修及相关政策法规。各类技术人员的配备要求按照《汽车维修业开业条件》(GB/T 16739)相关条款的规定执行。

2. 从事三类维修业务的,按照其经营项目分别配备相应的机修、电器、钣金、涂漆的维修技术人员;从事汽车综合小修、发动机维修、车身维修、电气系统维修、自动变速器维修的,还应当配备技术负责人员和质量检验人员。各类技术人员的配备要求按照国家标准《汽车维修业开业条件》(GB/T 16739)相关条款的规定执行。

(四)有健全的维修管理制度。包括质量管理制度、安全生产管理制度、车辆维修档案管理制度、人员培训制度、设备管理制度及配件管理制度。具体要求按照国家标准《汽车维修业开业条件》(GB/T 16739)相关条款的规定执行。

(五)有必要的环境保护措施。具体要求按照国家标准《汽车维修业开业条件》(GB/T 16739)相关条款的规定执行。

第十三条 从事危险货物运输车辆维修的汽车维修经营者,除具备汽车维修经营一类维修经营业务的条件外,还应当具备下列条件:

(一)有与其作业内容相适应的专用维修车间和设备、设施,并设置明显的指示性标志;

(二)有完善的突发事件应急预案,应急预案包括报告程序、应急指挥以及处置措施等内容;

(三)有相应的安全管理人员;

(四)有齐全的安全操作规程。

本规定所称危险货物运输车辆维修,是指对运输易燃、易爆、腐蚀、放射性、剧毒等性质货物的机动车维修,不包含对危险货物运输车辆罐体的维修。

第十四条 从事摩托车维修经营的,应当符合下列条件:

(一)有与其经营业务相适应的摩托车维修停车场和生产厂房。租用的场地应有书面的租赁合同,且租赁期限不得少于1年。停车场和生产厂房的面积按照国家标准《摩托车维修业开业条件》(GB/T 18189)相关条款的规定执行。

(二)有与其经营业务相适应的设备、设施。所配备的计量设备应符合国家有关技术标准要求,并经法定检定机构检定合格。具体要求按照国家标准《摩托车维修业开业条件》(GB/T 18189)相关条款的规定执行。

(三)有必要的技术人员:

1. 从事一类维修业务的应当至少有1名质量检验人员。质量检验人员应当熟悉各类摩托车维修检测作业规范,掌握摩托车维修故障诊断和质量检验的相关技术,熟悉摩托车维修服务收费标准及相关政策法规和技术规范。

2. 按照其经营业务分别配备相应的机修、电器、钣金、涂漆的维修技术人员。机修、电器、钣金、涂漆的维修技术人员应当熟悉所从事工种的维修技术和操作规范,并了解摩托车维修及相关政策法规。

(四)有健全的维修管理制度。包括质量管理制度、安全生产管理制度、摩托车维修档案管理制度、人员培训制度、设备管理制度及配件管理制度。具体要求按照国家标准《摩托车维修业开业条件》(GB/T 18189)相关条款的规定执行。

(五)有必要的环境保护措施。具体要求按照国家标准《摩托车维修业开业条件》(GB/T 18189)相关条款的规定执行。

第十五条 从事机动车维修经营的,应当向所在地的县级道路运输管理机构进行备案,提交《机动车维修经营备案表》(见附件1),并附送符合本规

定第十二条、第十三条、第十四条规定条件的下列材料,保证材料真实完整:

(一)维修经营者的营业执照复印件;

(二)经营场地(含生产厂房和业务接待室)、停车场面积材料、土地使用权及产权证明等相关材料;

(三)技术人员汇总表,以及各相关人员的学历、技术职称或职业资格证明等相关材料;

(四)维修设备设施汇总表,维修检测设备及计量设备检定合格证明等相关材料;

(五)维修管理制度等相关材料;

(六)环境保护措施等相关材料。

第十六条 从事机动车维修连锁经营服务的,其机动车维修连锁经营企业总部应先完成备案。

机动车维修连锁经营服务网点可由机动车维修连锁经营企业总部向连锁经营服务网点所在地县级道路运输管理机构进行备案,提交《机动车维修经营备案表》,附送下列材料,并对材料真实性承担相应的法律责任:

(一)连锁经营协议书副本;

(二)连锁经营的作业标准和管理手册;

(三)连锁经营服务网点符合机动车维修经营相应条件的承诺书。

连锁经营服务网点的备案经营项目应当在机动车维修连锁经营企业总部备案经营项目范围内。

第十七条 道路运输管理机构收到备案材料后,对材料齐全且符合备案要求的应当予以备案,并编号归档;对材料不全或者不符合备案要求的,应当场或者自收到备案材料之日起5日内一次性书面通知备案人需要补充的全部内容。

第十八条 机动车维修经营者名称、法定代表人、经营范围、经营地址等备案事项发生变化的,应当向原办理备案的道路运输管理机构办理备案变更。

机动车维修经营者需要终止经营的,应当在终止经营前30日告知原备案机构。

第十九条 道路运输管理机构应当向社会公布已备案的机动车维修经营者名单并及时更新,便于社会查询和监督。

第三章 维修经营

第二十条 机动车维修经营者应当按照备案的经营范围开展维修服务。

第二十一条 机动车维修经营者应当将《机动车维修标志牌》(见附件2)悬挂在经营场所的醒目位置。

《机动车维修标志牌》由机动车维修经营者按照统一式样和要求自行制作。

第二十二条 机动车维修经营者不得擅自改装机动车,不得承修已报废的机动车,不得利用配件拼装机动车。

托修方要改变机动车车身颜色,更换发动机、车身和车架的,应当按照有关法律、法规的规定办理相关手续,机动车维修经营者在查看相关手续后方可承修。

第二十三条 机动车维修经营者应当加强对从业人员的安全教育和职业道德教育,确保安全生产。

机动车维修从业人员应当执行机动车维修安全生产操作规程,不得违章作业。

第二十四条 机动车维修产生的废弃物,应当按照国家的有关规定进行处理。

第二十五条 机动车维修经营者应当公布机动车维修工时定额和收费标准,合理收取费用。

机动车维修工时定额可按各省机动车维修协会等行业中介组织统一制定的标准执行,也可按机动车维修经营者报所在地道路运输管理机构备案后的标准执行,也可按机动车生产厂家公布的标准执行。当上述标准不一致时,优先适用机动车维修经营者备案的标准。

机动车维修经营者应当将其执行的机动车维修工时单价标准报所在地道路运输管理机构备案。

机动车生产、进口企业应当在新车型投放市场后六个月内,向社会公布其生产、进口机动车车型的维修技术信息和工时定额。具体要求按照国家有关部门关于汽车维修技术信息公开的规定执行。

第二十六条 机动车维修经营者应当使用规定的结算票据,并向托修方交付维修结算清单,作为托修方追责依据。维修结算清单中,工时费与材料费应当分项计算。维修结算清单应当符合交通运输部有关标准要求,维修结算清单内容应包括托修方信息、承修方信息、维修费用明细单等。

机动车维修经营者不出具规定的结算票据和结算清单的,托修方有权拒绝支付费用。

第二十七条 机动车维修经营者应当按照规定,向道路运输管理机构报送统计资料。

道路运输管理机构应当为机动车维修经营者保守商业秘密。

第二十八条 机动车维修连锁经营企业总部应当按照统一采购、统一配送、统一标识、统一经营方针、统一服务规范和价格的要求,建立连锁经营的作业标准和管理手册,加强对连锁经营服务网点经营行为的监管和约束,杜绝不规范的商业行为。

第四章 质量管理

第二十九条 机动车维修经营者应当按照国家、行业或者地方的维修标准规范和机动车生产、进口企业公开的维修技术信息进行维修。尚无标准或规范的,可参照机动车生产企业提供的维修手册、使用说明书和有关技术资料进行维修。

机动车维修经营者不得通过临时更换机动车污染控制装置、破坏机动车车载排放诊断系统等维修作业,使机动车通过排放检验。

第三十条 机动车维修经营者不得使用假冒伪劣配件维修机动车。

机动车维修配件实行追溯制度。机动车维修经营者应当记录配件采购、使用信息,查验产品合格证等相关证明,并按规定留存配件来源凭证。

托修方、维修经营者可以使用同质配件维修机动车。同质配件是指,产品质量等同或者高于装车零部件标准要求,且具有良好装车性能的配件。

机动车维修经营者对于换下的配件、总成,应当交托修方自行处理。

机动车维修经营者应当将原厂配件、同质配件和修复配件分别标识,明码标价,供用户选择。

第三十一条 机动车维修经营者对机动车进行二级维护、总成修理、整车修理的,应当实行维修前诊断检验、维修过程检验和竣工质量检验制度。

承担机动车维修竣工质量检验的机动车维修企业或机动车综合性能检测机构应当使用符合有关标准并在检定有效期内的设备,按照有关标准进行检测,如实提供检测结果证明,并对检测结果承担法律责任。

第三十二条 机动车维修竣工质量检验合格的,维修质量检验人员应当签发《机动车维修竣工出厂合格证》(见附件3);未签发机动车维修竣工出厂合格证的机动车,不得交付使用,车主可以拒绝交费或接车。

第三十三条 机动车维修经营者应当建立机动车维修档案,并实行档案电子化管理。维修档案应当包括:维修合同(托修单)、维修项目、维修人员及维修结算清单等。对机动车进行二级维护、总成修理、整车修理的,维修档案还应当包括:质量检验单、质量检验人员、竣工出厂合格证(副本)等。

机动车维修经营者应当按照规定如实填报、及时上传承修机动车的维修电子数据记录至国家有关汽车维修电子健康档案系统。机动车生产厂家或者第三方开发、提供机动车维修服务管理系统的，应当向汽车维修电子健康档案系统开放相应数据接口。

机动车托修方有权查阅机动车维修档案。

第三十四条 道路运输管理机构应当加强机动车维修从业人员管理，建立健全从业人员信用档案，加强从业人员诚信监管。

机动车维修经营者应当加强从业人员从业行为管理，促进从业人员诚信、规范从业维修。

第三十五条 道路运输管理机构应当加强对机动车维修经营的质量监督和管理，采用定期检查、随机抽样检测检验的方法，对机动车维修经营者维修质量进行监督。

道路运输管理机构可以委托具有法定资格的机动车维修质量监督检验单位，对机动车维修质量进行监督检验。

第三十六条 机动车维修实行竣工出厂质量保证期制度。

汽车和危险货物运输车辆整车修理或总成修理质量保证期为车辆行驶20000 公里或者 100 日；二级维护质量保证期为车辆行驶 5000 公里或者 30 日；一级维护、小修及专项修理质量保证期为车辆行驶 2000 公里或者 10 日。

摩托车整车修理或者总成修理质量保证期为摩托车行驶 7000 公里或者 80 日；维护、小修及专项修理质量保证期为摩托车行驶 800 公里或者 10 日。

其他机动车整车修理或者总成修理质量保证期为机动车行驶 6000 公里或者 60 日；维护、小修及专项修理质量保证期为机动车行驶 700 公里或者 7 日。

质量保证期中行驶里程和日期指标，以先达到者为准。

机动车维修质量保证期，从维修竣工出厂之日起计算。

第三十七条 在质量保证期和承诺的质量保证期内，因维修质量原因造成机动车无法正常使用，且承修方在 3 日内不能或者无法提供因非维修原因而造成机动车无法使用的相关证据的，机动车维修经营者应当及时无偿返修，不得故意拖延或者无理拒绝。

在质量保证期内，机动车因同一故障或维修项目经两次修理仍不能正常使用的，机动车维修经营者应当负责联系其他机动车维修经营者，并承担相应修理费用。

第三十八条 机动车维修经营者应当公示承诺的机动车维修质量保证期。所承诺的质量保证期不得低于第三十六条的规定。

第三十九条 道路运输管理机构应当受理机动车维修质量投诉，积极按照维修合同约定和相关规定调解维修质量纠纷。

第四十条 机动车维修质量纠纷双方当事人均有保护当事车辆原始状态的义务。必要时可拆检车辆有关部位，但双方当事人应同时在场，共同认可拆检情况。

第四十一条 对机动车维修质量的责任认定需要进行技术分析和鉴定，且承修方和托修方共同要求道路运输管理机构出面协调的，道路运输管理机构应当组织专家组或委托具有法定检测资格的检测机构作出技术分析和鉴定。鉴定费用由责任方承担。

第四十二条 对机动车维修经营者实行质量信誉考核制度。机动车维修质量信誉考核办法另行制定。

机动车维修质量信誉考核内容应当包括经营者基本情况、经营业绩（含奖励情况）、不良记录等。

第四十三条 道路运输管理机构应当采集机动车维修企业信用信息，并建立机动车维修企业信用档案，除涉及国家秘密、商业秘密外，应当依法公开，供公众查阅。机动车维修质量信誉考核结果、汽车维修电子健康档案系统维修电子数据记录上传情况及车主评价、投诉和处理情况是机动车维修信用档案的重要组成部分。

第四十四条 建立机动车维修经营者和从业人员黑名单制度，县级道路运输管理机构负责认定机动车维修经营者和从业人员黑名单，具体办法由交通运输部另行制定。

第五章 监督检查

第四十五条 道路运输管理机构应当加强对机动车维修经营活动的监督检查。

道路运输管理机构应当依法履行对维修经营者的监管职责，对维修经营者是否依法备案或者备案事项是否属实进行监督检查。

道路运输管理机构的工作人员应当严格按照职责权限和程序进行监督检查，不得滥用职权、徇私舞弊，不得乱收费、乱罚款。

第四十六条 道路运输管理机构应当积极运用信息化技术手段，科学、高效地开展机动车维修管理工作。

第四十七条 道路运输管理机构的执法人员在机动车维修经营场所实施监督检查时，应当有2名以上人员参加，并向当事人出示交通运输部监制的交通行政执法证件。

道路运输管理机构实施监督检查时,可以采取下列措施:

(一)询问当事人或者有关人员,并要求其提供有关资料;

(二)查询、复制与违法行为有关的维修台帐、票据、凭证、文件及其他资料,核对与违法行为有关的技术资料;

(三)在违法行为发现场所进行摄影、摄像取证;

(四)检查与违法行为有关的维修设备及相关机具的有关情况。

检查的情况和处理结果应当记录,并按照规定归档。当事人有权查阅监督检查记录。

第四十八条 从事机动车维修经营活动的单位和个人,应当自觉接受道路运输管理机构及其工作人员的检查,如实反映情况,提供有关资料。

第六章 法律责任

第四十九条 违反本规定,从事机动车维修经营业务,未按规定进行备案的,由县级以上道路运输管理机构责令改正;拒不改正的,处5000元以上2万元以下的罚款。

第五十条 违反本规定,从事机动车维修经营业务不符合国务院交通运输主管部门制定的机动车维修经营业务标准的,由县级以上道路运输管理机构责令改正;情节严重的,由县级以上道路运输管理机构责令停业整顿。

第五十一条 违反本规定,机动车维修经营者使用假冒伪劣配件维修机动车,承修已报废的机动车或者擅自改装机动车的,由县级以上道路运输管理机构责令改正;有违法所得的,没收违法所得,处违法所得2倍以上10倍以下的罚款;没有违法所得或者违法所得不足1万元的,处2万元以上5万元以下的罚款,没收假冒伪劣配件及报废车辆;情节严重的,由县级以上道路运输管理机构责令停业整顿;构成犯罪的,依法追究刑事责任。

第五十二条 违反本规定,机动车维修经营者签发虚假机动车维修竣工出厂合格证的,由县级以上道路运输管理机构责令改正;有违法所得的,没收违法所得,处以违法所得2倍以上10倍以下的罚款;没有违法所得或者违法所得不足3000元的,处以5000元以上2万元以下的罚款;情节严重的,由县级以上道路运输管理机构责令停业整顿;构成犯罪的,依法追究刑事责任。

第五十三条 违反本规定,有下列行为之一的,由县级以上道路运输管理机构责令其限期整改;限期整改不合格的,予以通报:

(一)机动车维修经营者未按照规定执行机动车维修质量保证期制度的;

（二）机动车维修经营者未按照有关技术规范进行维修作业的；

（三）伪造、转借、倒卖机动车维修竣工出厂合格证的；

（四）机动车维修经营者只收费不维修或者虚列维修作业项目的；

（五）机动车维修经营者未在经营场所醒目位置悬挂机动车维修标志牌的；

（六）机动车维修经营者未在经营场所公布收费项目、工时定额和工时单价的；

（七）机动车维修经营者超出公布的结算工时定额、结算工时单价向托修方收费的；

（八）机动车维修经营者未按规定建立机动车维修档案并实行档案电子化管理，或者未及时上传维修电子数据记录至国家有关汽车维修电子健康档案系统的。

第五十四条 违反本规定，道路运输管理机构的工作人员有下列情形之一的，由同级地方人民政府交通运输主管部门依法给予行政处分；构成犯罪的，依法追究刑事责任：

（一）不按照规定实施备案和黑名单制度的；

（二）参与或者变相参与机动车维修经营业务的；

（三）发现违法行为不及时查处的；

（四）索取、收受他人财物或谋取其他利益的；

（五）其他违法违纪行为。

第七章　附　则

第五十五条 本规定自2005年8月1日起施行。经商国家发展和改革委员会、国家工商行政管理总局同意，1986年12月12日交通部、原国家经委、原国家工商行政管理局发布的《汽车维修行业管理暂行办法》同时废止，1991年4月10日交通部颁布的《汽车维修质量管理办法》同时废止。

附件：

1. 机动车维修经营备案表
2. 机动车维修标志牌
3. 机动车维修竣工出厂合格证

附件 1

机动车维修经营备案表

（□首次备案 □备案变更）

<table>
<tr><td colspan="3">经营者名称</td><td colspan="5">（与营业执照名称一致）</td></tr>
<tr><td colspan="3">经营地址</td><td colspan="5">××省(区、市)××市(州)××县(市、区)××街(镇、乡)××号</td></tr>
<tr><td colspan="3">企业法定代表人
（个体不填写此项）</td><td colspan="2"></td><td colspan="2">统一社会信用代码</td><td></td></tr>
<tr><td colspan="3" rowspan="2">主要负责人
（个体填写经营者，企业填写法人任命的负责人）</td><td>姓名</td><td></td><td>身份证号</td><td colspan="2"></td></tr>
<tr><td>联系电话</td><td></td><td>电子邮箱/传真</td><td colspan="2"></td></tr>
<tr><td>企业性质</td><td colspan="7">□国有 □集体 □私营 □ 外资（国别 ）</td></tr>
<tr><td>经营类型</td><td colspan="5">□综合修理 □机动车生产、进口企业授权维修
□其他（ ）</td><td colspan="2">□连锁经营</td></tr>
<tr><td rowspan="6">经营范围</td><td>业务类型</td><td colspan="2">□汽车维修</td><td colspan="2">□摩托车维修</td><td colspan="2">□其他机动车维修</td></tr>
<tr><td>业户类别</td><td colspan="2">□一类 □二类
□三类</td><td colspan="2">□一类 □二类</td><td colspan="2">□一类 □二类 □三类</td></tr>
<tr><td rowspan="3">项目种类</td><td>一类</td><td colspan="5">□大中型客车维修 □大型货车维修 □小型车维修 □危险货物运输车辆维修（可多选）</td></tr>
<tr><td>二类</td><td colspan="5">□大中型客车维修 □大型货车维修 □小型车维修（可多选）</td></tr>
<tr><td>三类</td><td colspan="5">□综合小修 □发动机维修 □车身维修 □电气系统维修
□自动变速器维修 □轮胎动平衡及修补 □四轮定位检测调整
□汽车润滑与养护 □喷油泵和喷油器维修
□曲轴修磨 □气缸镗磨 □散热器维修 □空调维修
□汽车美容装潢 □汽车玻璃安装及修复（可多选）</td></tr>
<tr><td>其他备案材料</td><td>通用要求</td><td colspan="6">□ 1. 维修经营者的营业执照复印件
□ 2. 经营场地、停车场面积、土地使用权及产权证明等相关材料
□ 3. 技术人员汇总表，以及各相关人员的学历、技术职称或职业资格证明等相关材料
□ 4. 维修设备设施汇总表，维修检测设备及计量设备检定合格证明等相关材料
□ 5. 维修管理制度等相关材料
□ 6. 环境保护措施等相关材料</td></tr>
</table>

续表

<table>
<tr><td></td><td>特殊要求</td><td>□ 7. 与其作业内容相适应的专用维修车间和设备、设施等相关材料(危险货物运输车辆维修经营者填写)
□ 8. 突发事件应急预案(危险货物运输车辆维修经营者填写)
□ 9. 安全管理人员汇总表(危险货物运输车辆维修经营者填写)
□ 10. 安全操作规程材料(危险货物运输车辆维修经营者填写)
□ 11. 连锁经营协议书副本(连锁维修经营者填写)
□ 12. 连锁经营的作业标准和管理手册(连锁维修经营者填写)
□ 13. 连锁经营服务网点符合机动车维修经营相应条件承诺书(连锁维修经营者填写)</td></tr>
<tr><td colspan="3">本经营者声明:
1. 已知晓《道路运输条例》《机动车维修管理规定》《汽车维修业开业条件》(GB/T 16739)、《摩托车维修业开业条件》(GB/T 18189)等国家机动车维修有关法律法规及标准,知晓机动车维修开业条件要求和备案要求;
2. 所提供的备案材料信息内容真实、准确,不存在虚假记载、误导性陈述或者重大遗漏,所有文件的签名、印章真实有效。如有不实之处,愿承担相应的法律责任。
法定代表人或主要负责人(签字):　　单位(盖章):　　年　月　日</td></tr>
<tr><td colspan="2">□ 备案材料齐全;
□ 备案材料不齐全,请补充:_____
承办人(签字):　　年　月　日</td><td>复核(签字):
备案编号:
备案机关(盖章):　　年　月　日</td></tr>
</table>

填写说明:

(1)请根据《机动车维修管理规定》有关要求填写此表;(2)其他备案材料:维修经营者备案应依法提交第1至6项材料,危险货物运输车辆维修经营者还需提交第7至10项材料,维修连锁经营服务者还需提交第11至13项材料;(3)承办人是指备案机关受理备案并对备案材料依法进行审查的工作人员,复核是指备案机关对备案材料进行复核并备案编号的工作人员;(4)办理备案变更的,仅需填写变更事项,并与原备案表一并存档。

附件 2

机动车维修标志牌

1.“一、二类汽车及其它机动车维修企业标志牌”式样

（A）汽 车 维 修 企 业

NO. ××××××

经营项目 （B）

备案部门 ××××××

监督电话 ××××××

×××××× 监制

注：1. 外轮廓尺寸为 750mm×500mm×25mm；“汽车维修企业”用 55mm×40mm 长黑体；蓝色徽标直径为 85mm；No. XXXXXX 用高 20mm 黑体；“经营项目、备案部门、监督电话”用 32mm×27mm 长黑体；材质：铜牌材。

2. A 处根据备案项目，分别填写一类或二类。

3. B 处根据备案项目，分别填写小型车、大中型客车、大型货车维修。危险品运输车辆维修企业，还应增加危险货物运输车辆维修。用 23mm×30mm 扁体。

2.“专项(三类)汽车及其它机动车维修企业标志牌”式样

专项(三类)汽车 维修企业(业户)

NO. ××××××

经营项目 (A)

备案部门 ××××××

监督电话 ××××××

×××××× 监制

注:1. 外轮廓尺寸为 750mm×500mm×25mm;“专项(三类)汽车维修企业(业户)”用 55mm×40mm 长黑体;蓝色徽标直径为 85mm;No. XXXXXX 用高 20mm 黑体;“经营项目、备案部门、监督电话”用 32mm×27mm 长黑体;材质:铜牌材。

2. A 处根据备案项目,分别填写:汽车综合小修、发动机维修、车身维修、电气系统维修、自动变速器维修、轮胎动平衡及修补、四轮定位检测调整、汽车润滑与养护、喷油泵喷油器维修、曲轴修磨、气缸镗磨、散热器维修、空调维修、汽车美容装潢、汽车玻璃安装及修复等,用高 23mm×28mm 扁黑体。

3."摩托车维修企业标志牌"式样

（A）摩 托 车 维 修 企 业

NO. ××××××

经营项目　　　（B）

备案部门　××××××

监督电话　××××××

×××××× 监制

注:1.外轮廓尺寸为750mm×500mm×25mm;"摩托车维修企业"用55mm×40mm长黑体;蓝色徽标直径为85mm;No. XXXXXX用高20mm黑体;"经营项目、备案部门、监督电话"用32mm×27mm长黑体;材质:铜牌材。

2. A处根据备案项目,分别填写一类或二类,并与B相协调。

3. B处根据备案项目,分别填写摩托车整车修理、总成修理、整车维护、小修、竣工检验和专项修理。用高23mm×28mm扁体。

附件 3

机动车维修竣工出厂合格证

1.“机动车维修竣工出厂合格证”式样(正面)

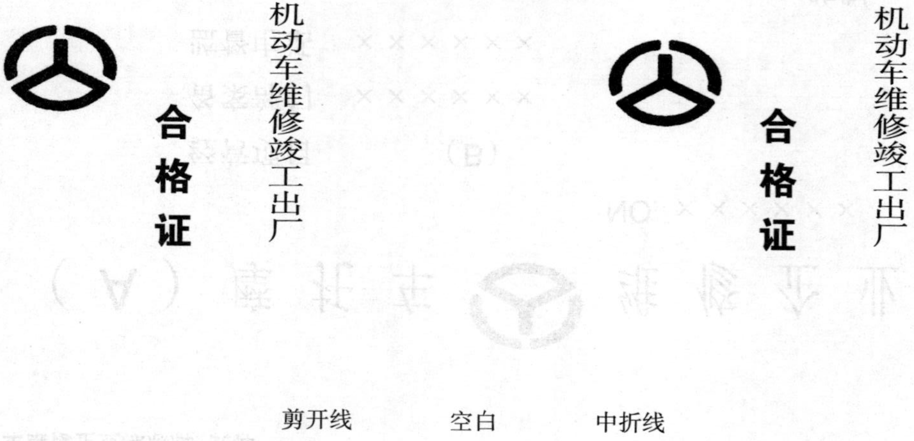

2.“机动车维修竣工出厂合格证”内容

NO.00000000

存根

托修方________

车牌号码________

车型________

发动机型号/编号________

底盘(车身)号________

维修类别________

维修合同编号________

出厂里程表示值________

该车按维修合同维修,经检验合格,准予出厂。

质量检验员: (盖章)

承修单位: (盖章)

进厂日期: 出厂日期:

托修方接车人: (签字)

接车日期:

(对应正面合格证面)

NO.00000000

车属单位保管

托修方________

车牌号码________

车型________

发动机型号/编号________

底盘(车身)号________

维修类别________

维修合同编号________

出厂里程表示值________

该车按维修合同维修,经检验合格,准予出厂。

质量检验员: (盖章)

承修单位: (盖章)

进厂日期: 出厂日期:

托修方接车人: (签字)

接车日期:

(对应正面合格证面)

NO.00000000

质量保证卡

该车按维修合同进行维修,本厂对维修竣工的车辆实行质量保证,质量保证期为车辆行驶________万公里或者____日。在托修单位严格执行走合期规定、合理使用、正常维护的情况下,出现的维修质量问题,凭此卡随竣工出厂合格证,由本厂负责包修,免返修工料费和工时费,在原维修类别期限内修竣交托修方。

返修情况记录:

次数	返修项目	返修日期	修竣日期	送修人	质检员

维修发票号:

维修竣工出厂日期:

(对应正面合格证面)

注:1. 外廓尺寸为260mm×184mm。“存根”、“车属单位保管”字体为小四号仿宋;“质量保证卡”字体为五号仿宋。

2. 材质:157 克铜版纸。

交通运输部关于修改《中华人民共和国国际海运条例实施细则》的决定

（2019年6月21日交通运输部令2019年第21号公布　自公布之日起施行　国司备字[2019000449]）

交通运输部决定对《中华人民共和国国际海运条例实施细则》（交通运输部令2017年第4号）作如下修改：

一、删去第三条第八项、第七条第一款、第八条、第九条、第四章。

二、将第二十一条改为第十九条，删去其中的“国际船舶管理经营者”。

三、将第二十六条改为第二十四条，第一款修改为：“无船承运业务经营者需要委托代理人签发提单或者相关单证的，应当委托依法取得经营资格或者办理备案的国际船舶运输经营者、无船承运业务经营者和国际海运辅助业务经营者代理上述事项。”

四、将第三十四条改为第三十二条，第三项修改为：“开具境外母公司的票据”。

五、将第四十三条改为第三十七条，第二款第二项中的“工商行政管理部门和价格部门”修改为“市场监督管理部门”。

六、将第四十四条改为第三十八条，第一款中的“工商行政管理部门和价格部门”修改为“市场监督管理部门”。

七、将第五十一条改为第四十五条，第一款修改为：“就本实施细则第三十一条所列情形实施调查的，调查组成员中应当包括对被调查人的业务实施管理的有关交通运输主管部门的人员。”

八、将第五十二条改为第四十六条，增加一款作为第二款：“交通运输部或者有关省、自治区、直辖市人民政府交通运输主管部门应当将国际海上运输及其辅助性业务经营者违反《海运条例》和本实施细则有关规定的违法行为记入信用记录，并依照有关法律、行政法规的规定予以公示。”

九、将第五十三条改为第四十七条，将其中的“工商行政管理部门”修改为“市场监督管理部门”。

十、将第五十四条改为第四十八条，删去其中的“国际船舶代理经营者”和“第七条”。

十一、将第五十八条改为第五十二条，删去其中的“第四章和本实施细则

第四章”。

条文序号和个别文字作相应调整。

本决定自公布之日起施行。

《中华人民共和国国际海运条例实施细则》根据本决定作相应修正，重新发布。

中华人民共和国国际海运条例实施细则

（2003 年 1 月 20 日交通部发布　根据 2013 年 8 月 29 日交通运输部《关于修改〈中华人民共和国国际海运条例实施细则〉的决定》第一次修订　根据 2017 年 3 月 7 日交通运输部《关于修改〈中华人民共和国国际海运条例实施细则〉的决定》第二次修订　根据 2019 年 6 月 21 日交通运输部《关于修改〈中华人民共和国国际海运条例实施细则〉的决定》第三次修订）

第一章　总　　则

第一条　根据《中华人民共和国国际海运条例》（以下简称《海运条例》）的规定，制定本实施细则。

第二条　交通运输部和有关地方人民政府交通运输主管部门应当依照《海运条例》和本实施细则的规定，按照公平、高效、便利的原则，管理国际海上运输经营活动和与国际海上运输相关的辅助性经营活动，鼓励公平竞争，禁止不正当竞争。

第三条　《海运条例》和本实施细则中下列用语的含义是：

（一）国际船舶运输业务，是指国际船舶运输经营者使用自有或者经营的船舶、舱位，提供国际海上货物运输和旅客运输服务以及为完成这些服务而围绕其船舶、所载旅客或者货物开展的相关活动，包括签订有关协议、接受订舱、商定和收取客票票款和运费、签发客票和提单及其他相关运输单证、安排旅客上下船舶、安排货物装卸、安排保管、进行货物交接、安排中转运输和船舶进出港等活动。

（二）国际船舶运输经营者，包括中国国际船舶运输经营者和外国国际船舶运输经营者。其中，中国国际船舶运输经营者是指依据《海运条例》和本实施细则规定取得《国际船舶运输经营许可证》经营国际船舶运输业务的中国企业法人；外国国际船舶运输经营者是指依据外国法律设立经营进出中国港口国际船舶运输业务的外国企业。

（三）国际班轮运输业务，是指以自有或者经营的船舶，或者以《海运条例》第十一条第三款规定的方式，在固定的港口之间提供的定期国际海上货物或旅客运输。

（四）无船承运业务，是指《海运条例》第七条第二款规定的业务，包括为完成该项业务围绕其所承运的货物开展的下列活动：

（1）以承运人身份与托运人订立国际货物运输合同；

（2）以承运人身份接收货物、交付货物；

（3）签发提单或者其他运输单证；

（4）收取运费及其他服务报酬；

（5）向国际船舶运输经营者或者其他运输方式经营者为所承运的货物订舱和办理托运；

（6）支付运费或者其他运输费用；

（7）集装箱拆箱、集拼箱业务；

（8）其他相关的业务。

（五）无船承运业务经营者，包括中国无船承运业务经营者和外国无船承运业务经营者。其中中国无船承运业务经营者是指依照《海运条例》和本实施细则规定取得无船承运业务经营资格的中国企业法人；外国无船承运业务经营者是指依照外国法律设立并依照《海运条例》和本实施细则的相关规定取得经营进出中国港口货物无船承运业务资格的外国企业。

（六）国际船舶代理经营者，是指依照中国法律设立从事《海运条例》第二十三条规定业务的中国企业法人。

（七）国际船舶管理经营者，是指依照中国法律设立从事《海运条例》第二十四条规定业务的中国企业法人。

（八）外商常驻代表机构，是指外国企业或者其他经济组织在中国境内依法设立的，为其派出机构开展宣传、推介、咨询和联络活动的非营业性机构。

（九）企业商业登记文件，是指企业登记机关或者企业所在国有关当局签发的企业营业执照或者企业设立的证明文件。境外企业商业登记文件为复印件的，须有企业登记机关在复印件上的确认或者证明复印件与原件一致的公证文书。

（十）班轮公会协议，是指符合联合国《1974 年班轮公会行动守则公约》定义的，由班轮公会成员之间以及班轮公会之间订立的各类协议。

（十一）运营协议，是指两个或者两个以上国际班轮运输经营者为稳定或者控制运价订立的关于在一条或者数条航线上增加或者减少船舶运力协议，以及其他协调国际班轮运输经营者共同行动的协议，包括具有上述性质内容的会议纪要；两个或者两个以上国际班轮运输经营者为提高运营效率订立的关于共同使用船舶、共同使用港口设施及其他合作经营协议和各类联盟协议、联营体协议。

（十二）运价协议，是指两个或者两个以上国际班轮运输经营者之间订立的关于收费项目及其费率、运价或者附加费等内容的协议，包括具有上述内容的会议纪要。

（十三）公布运价，是指国际班轮运输经营者和无船承运业务经营者运价本上载明的运价。运价本由运价、运价规则、承运人和托运人应当遵守的规定等内容组成。

（十四）协议运价，指国际班轮运输经营者与货主、无船承运业务经营者约定的运价，包括运价及其相关要素。协议运价以合同或者协议形式书面订立。

（十五）从业资历证明文件，是指被证明人具有3年以上从事国际海上运输或者国际海上运输辅助性经营活动经历的个人履历表。个人履历表须经公证机关公证。

第二章　国际海上运输及其辅助性业务的经营者

第四条　中国企业法人申请经营国际船舶运输业务，应当符合《海运条例》第五条规定的条件，考虑交通运输部公布的国际海运市场竞争状况和国家关于国际海上运输业发展的政策。

交通运输部应当在其政府网站和其他适当媒体上及时公布国际海运市场竞争状况和国家关于国际海上运输业发展的政策。上述状况和政策未经公布，不得作为拒绝申请的理由。

第五条　中国企业法人申请经营国际船舶运输业务，申请人应当向交通运输部提出申请，报送相关材料，并应同时将申请材料抄报企业所在地的省、自治区、直辖市人民政府交通运输主管部门。申请材料应当包括：

（一）申请书；

（二）申请人的企业商业登记文件、公司章程的复印件；

（三）船舶所有权证书、国籍证书和法定检验证书的副本或者复印件；

（四）规定的国际船舶保安证书、安全管理证书、航运公司安全与防污染能力符合证明的复印件；

（五）提单、客票或者多式联运单证样本；

（六）符合交通运输部规定的高级业务管理人员的从业资格证明。

有关省、自治区、直辖市人民政府交通运输主管部门自收到上述抄报材料后，应当就有关材料进行审核，提出意见，并应当自收到有关材料之日起10个工作日内将有关意见报送交通运输部。

交通运输部收到申请人的申请材料后，应当在申请材料完整齐备之日起30个工作日内按照《海运条例》第五条和第六条的规定进行审核，作出许可或者不许可的决定。决定许可的，向申请人颁发《国际船舶运输经营许可证》；决定不许可的，应当书面通知申请人并告知理由。

取得《国际船舶运输经营许可证》的企业在经营国际船舶运输业务期间，应当确保本条所列有关证书、证明持续合法有效。

第六条 中国国际船舶运输经营者在中国境内设立分支机构的，适用本实施细则第五条规定的程序。申请材料应当包括：

（一）申请书；

（二）母公司的商业登记文件、公司章程的复印件；

（三）母公司的《国际船舶运输经营许可证》复印件；

（四）母公司对该分支机构经营范围的确认文件；

（五）符合交通运输部要求的高级业务管理人员的从业资格证明。

中国国际船舶运输经营者的分支机构可为其母公司所有或者经营的船舶提供办理船舶进出港口手续、安排港口作业、接受订舱、签发客票或者提单、收取运费等服务。

第七条 经营国际船舶代理业务的企业，应当在开业后30日内向交通运输部报备企业名称、注册地、联系方式等信息和《企业法人营业执照》复印件。交通运输部定期在其政府网站或者授权发布的网站发布国际船舶代理业务经营者名称。

从事国际船舶代理业务的企业变更企业信息或者不再从事国际船舶代理经营活动的，应当在信息变更或者停止经营活动的15日内，向交通运输部备案。

第八条 国际船舶运输经营者申请经营进出中国港口国际班轮运输业务，应当向交通运输部提出申请，并报送《海运条例》第十二条规定的材料。交通运输部应当按照《海运条例》第十二条的规定进行审核。予以登记的，颁发《国际班轮运输经营资格登记证》。申请材料不真实、不齐备的，不予登记，应当书面通知申请人并告知理由。

国际船舶运输经营者依法取得经营进出中国港口国际班轮运输业务资格

后，交通运输部在其政府网站或者授权发布的网站公布国际班轮运输经营者名称及其提单格式样本。

取得《国际班轮运输经营资格登记证》的企业在经营国际班轮运输业务期间，应当确保有关证书、证明持续合法有效。

第九条 申请办理无船承运业务经营者提单登记的，应当向交通运输部提出提单登记申请，报送相关材料，并应当同时将申请材料抄报企业所在地或者外国无船承运业务经营者指定的联络机构所在地的省、自治区、直辖市人民政府交通运输主管部门。申请材料应当包括：

（一）申请书；

（二）企业商业登记文件复印件；

（三）提单格式样本；

（四）保证金已交存的银行凭证复印件、保证金保函或者保证金责任保险原件。

申请人为外国无船承运业务经营者的，还应当提交本实施细则第二十二条规定的其指定的联络机构的有关材料。

有关省、自治区、直辖市人民政府交通运输主管部门自收到上述抄报材料后，应当就有关材料进行审核，提出意见，并应当自收到抄报的申请材料之日起7个工作日内将有关意见报送交通运输部。

交通运输部收到申请人的材料后，应当在申请材料完整齐备之日起15个工作日内按照《海运条例》第七条和第八条的规定进行审核。审核合格的，予以提单登记，并颁发《无船承运业务经营资格登记证》；不合格的，应当书面通知当事人并告知理由。

以保证金保函、保证金责任保险取得《无船承运业务经营资格登记证》的企业，资格登记证的有效期限与保函或者责任保险有效期一致。

第十条 外国无船承运业务经营者按照外国法律已取得经营资格且有合法财务责任保证的，在按照《海运条例》和本实施细则申请从事进出中国港口无船承运业务时，可以不向中国境内的银行交存保证金。但为了保证外国无船承运业务经营者清偿因其不履行承运人义务或者履行义务不当所产生的债务以及支付罚款，满足《海运条例》第八条第三款的规定，该外国无船承运业务经营者的政府主管部门与中国政府交通运输主管部门应就财务责任保证实现方式签订协议。

第十一条 没有在中国港口开展国际班轮运输业务，但在中国境内承揽货物、签发提单或者其他运输单证、收取运费，通过租赁国际班轮运输经营者船舶舱位提供进出中国港口国际货物运输服务；或者利用国际班轮运输经营者提供的支线服务，在中国港口承揽货物后运抵外国港口中转的，应当按照本实施细则的有关规定，取得无船承运业务经营资格。但有《海运条例》第十一条第三款规定情形的除外。

第十二条 中国的无船承运业务经营者在中国境内的分支机构，应当按照《海运条例》第八条第二款的规定交纳保证金，或者取得保证金保函、保证金责任保险，并按照本实施细则第九条的规定进行登记，取得《无船承运业务经营资格登记证》。申请登记应当提交下列材料：

（一）申请书；

（二）母公司及分支机构的企业商业登记文件复印件；

（三）母公司的《无船承运业务经营资格登记证》复印件；

（四）母公司确认该分支机构经营范围的确认文件；

（五）保证金已交存的银行凭证复印件、保证金保函或者保证金责任保险原件。

第十三条 无船承运业务经营者申请提单登记时，提单抬头名称应当与申请人名称相一致。

提单抬头名称与申请人名称不一致的，申请人应当提供说明该提单确实为申请人制作、使用的相关材料，并附送申请人对申请登记提单承担承运人责任的书面声明。

第十四条 无船承运业务经营者使用两种或者两种以上提单的，各种提单均应登记。

国际班轮运输经营者和无船承运业务经营者的登记提单发生变更的，应当于新的提单使用之日起15日前将新的提单样本格式向交通运输部备案。

第十五条 无船承运业务经营申请者交纳保证金、取得保证金保函或者保证金责任保险并办理提单登记，依法取得无船承运业务经营资格后，交通运输部在其政府网站或者授权发布的网站公布无船承运业务经营者名称及其提单格式样本。

第十六条 无船承运业务经营者应当依法在交通运输部指定的商业银行开设的无船承运业务经营者专门账户上交存保证金，保证金利息按照中国人民银行公布的相应存款利率计息。

第十七条 无船承运业务经营者交存的保证金，受国家法律保护。除下列情形外，保证金不得动用：

（一）因无船承运业务经营者不履行承运人义务或者履行义务不当，根据司法机关已生效的判决或者司法机关裁定执行的仲裁机构裁决应当承担赔偿责任的，而无船承运业务经营者拒不执行的；

（二）被交通运输主管部门依法处以罚款的，而无船承运业务经营者拒不执行的。

有前款（一）、（二）项情形需要从保证金中划拨的，应当依法进行。

无船承运业务经营者的保证金不符合《海运条例》规定数额的，交通运输部应当书面通知其补足。无船承运业务经营者自收到交通运输部书面通知之日起30日内未补足的，交通运输部应当按照《海运条例》第十条的规定取消其经营资格。

第十八条 无船承运业务经营者被交通运输部依法取消经营资格、申请终止经营或者因其他原因终止经营的，可向交通运输部申请退还保证金。交通运输部应将该申请事项在其政府网站上公示30日。

在公示期内，有关当事人认为无船承运业务经营者有本实施细则第十七条第一款第（一）项情形需要对其保证金采取保全措施的，应当在上述期限内取得司法机关的财产保全裁定。自保证金被保全之日起，交通运输部依照《海运条例》对保证金账户的监督程序结束。有关纠纷由当事双方通过司法程序解决。

公示期届满未有前款规定情形的，交通运输部应当通知保证金开户银行退还无船承运业务经营者保证金及其利息，并收缴该无船承运业务经营者的《无船承运业务经营资格登记证》。

第十九条 中国国际船舶运输经营者、中国无船承运业务经营者有下列变更情形之一的，应当向原资格许可、登记机关备案：

（一）变更企业名称；

（二）企业迁移；

（三）变更出资人；

（四）歇业、终止经营；

（五）中国籍船舶终止国际船舶运输业务。

变更企业名称的，由原资格许可、登记机关换发相关经营许可证或者经营资格登记证；企业终止经营的，应当将有关许可、登记证书交回原许可、登记机关。

第三章 国际海上运输及其辅助性业务经营活动

第二十条 国际班轮运输经营者新开或者停开国际班轮运输航线，或者变更国际班轮运输船舶、班期的，应当按照《海运条例》第十四条的规定在交通运输部指定媒体上公告，并按规定报备。

第二十一条 中国国际船舶运输经营者增加运营船舶,包括以光船租赁方式租用船舶增加运营船舶的,应当于投入运营前15日向交通运输部备案,取得备案证明文件。备案材料应当载明公司名称、注册地、船名、船舶国籍、船舶类型、船舶吨位、拟运营航线。

交通运输部收到备案材料后,应当在3个工作日内出具备案证明文件。

第二十二条 在中国港口开展国际班轮运输业务的外国国际船舶运输经营者,以及在中国委托代理人提供进出中国港口国际货物运输服务的外国无船承运业务经营者,应当在中国境内委托一个联络机构,负责代表该外国企业与中国政府有关部门就《海运条例》和本实施细则规定的有关管理及法律事宜进行联络。联络机构可以是该外国企业在中国境内设立的外商投资企业或者常驻代表机构,也可以是其他中国企业法人或者在中国境内有固定住所的其他经济组织。委托的联络机构应当向交通运输部备案,并提交下列文件:

(一)联络机构说明书,载明联络机构名称、住所、联系方式及联系人;

(二)委托书副本或者复印件;

(三)委托人与联络机构的协议副本;

(四)联络机构的工商登记文件复印件。

联络机构为该外国企业在中国境内的外商投资企业或者常驻代表机构的,不须提供本条第一款第(二)项、第(三)项文件。

联络机构或者联络机构说明书所载明的事项发生改变的,应当自发生改变之日起15日内向交通运输部备案。

第二十三条 任何单位和个人不得擅自使用国际班轮运输经营者和无船承运业务经营者已经登记的提单。

第二十四条 无船承运业务经营者需要委托代理人签发提单或者相关单证的,应当委托依法取得经营资格或者办理备案的国际船舶运输经营者、无船承运业务经营者和国际海运辅助业务经营者代理上述事项。

前款规定的经营者不得接受未办理提单登记并交存保证金或者取得保证金保函、保证金责任保险的无船承运业务经营者的委托,为其代理签发提单。

第二十五条 国际班轮运输经营者与货主和无船承运业务经营者协议运价的,应当采用书面形式。协议运价号应当在提单或者相关单证上显示。

第二十六条 国际船舶运输经营者不得接受未办理提单登记并交纳保证金或者取得保证金保函、保证金责任保险的无船承运业务经营者提供的货物或者集装箱。

第二十七条 国际班轮运输经营者和无船承运业务经营者应当将其在中国境内的船舶代理人、签发提单代理人在交通运输部指定的媒体上公布。公布事项包括代理人名称、注册地、住所、联系方式。代理人发生变动的，应当于有关代理协议生效前7日内公布上述事项。

国际班轮运输经营者、无船承运业务经营者应当及时将公布代理事项的媒体名称向交通运输部备案。

第二十八条 国际船舶运输经营者之间订立的涉及中国港口的班轮公会协议、运营协议、运价协议等，应当自协议订立之日起15日内，按下列规定向交通运输部备案：

（一）班轮公会协议，由班轮公会代表其所有经营进出中国港口海上运输的成员备案。班轮公会备案时，应当同时提供该公会的成员名单。

（二）国际船舶运输经营者之间订立的运营协议、运价协议，由参加订立协议的国际船舶运输经营者分别备案。

第二十九条 国际船舶管理经营者应当根据合同的约定和国家有关规定，履行有关船舶安全和防止污染的义务。

第三十条 国际海运业及辅助业经营者，应当按照有关统计报表制度的要求，真实、准确、完整、及时地报送相关统计信息。

第三十一条 国际船舶代理经营者、国际船舶管理经营者，不得有下列行为：

（一）以非正常、合理的收费水平提供服务，妨碍公平竞争；

（二）在会计账簿之外暗中给予客户回扣，以承揽业务；

（三）滥用优势地位，限制交易当事人自主选择国际海运辅助业务经营者，或者以其相关产业的垄断地位诱导交易当事人，排斥同业竞争；

（四）其他不正当竞争行为。

第三十二条 外国国际船舶运输经营者以及外国国际海运辅助企业的常驻代表机构不得从事经营活动，包括不得：

（一）代表其境外母公司接受订舱，签发母公司提单或者相关单证；

（二）为母公司办理结算或者收取运费及其他费用；

（三）开具境外母公司的票据；

（四）以托运人身份向国际班轮运输经营者托运货物；

（五）以外商常驻代表机构名义与客户签订业务合同。

第三十三条 国际集装箱班轮运输经营者在报备运价时，应当报备中国港口至外国基本港的出口集装箱的海运运价和附加费。

第三十四条 班轮公会、运价协议组织在中国开展业务应当遵守我国缔结或者参加的国际公约和我国的法律法规、规章及相关规定，不得损害国际海运市场公平竞争秩序。

班轮公会和运价协议组织应当与中国境内的托运人组织建立有效的协商机制。

第四章 监督检查

第三十五条 交通运输部和有关地方人民政府交通运输主管部门依照有关法律、法规和本规定,对国际海运市场实施监督检查和调查。国际海上运输业务经营者、国际海运辅助业务经营者应当配合监督检查和调查,如实提供有关凭证、文件及其他相关资料。

第三十六条 国际船舶运输经营者和无船承运业务经营者应当执行生效的备案运价。国务院交通运输主管部门根据利害关系人的请求或自行决定,组织或授权地方交通运输主管部门开展运价备案执行情况检查。

第三十七条 利害关系人认为国际海上运输业务经营者、国际海运辅助业务经营者有《海运条例》第二十八条和本实施细则第三十一条规定情形的,可依照《海运条例》第二十八条的规定请求交通运输部实施调查。请求调查时,应当提出书面调查申请,并阐述理由,提供必要的证据。

交通运输部对调查申请应当进行评估,在自收到调查申请之日起60个工作日内作出实施调查或者不予调查的决定:

(一)交通运输部认为调查申请理由不充分或者证据不足的,决定不予调查并通知调查申请人。申请人可补充理由或者证据后再次提出调查申请。

(二)交通运输部根据评估结论认为应当实施调查或者按照《海运条例》第二十八条规定自行决定调查的,应当将有关材料和评估结论通报国务院市场监督管理部门。

第三十八条 调查的实施由交通运输部会同国务院市场监督管理部门(以下简称调查机关)共同成立的调查组进行。

调查机关应当将调查组组成人员、调查事由、调查期限等情况通知被调查人。被调查人应当在调查通知送达后30日内就调查事项作出答辩。

被调查人认为调查组成员同调查申请人、被调查人或者调查事项有利害关系的,有权提出回避请求。调查机关认为回避请求成立的,应当对调查组成员进行调整。

第三十九条 被调查人接受调查时,应当根据调查组的要求提供相关数据、资料及文件等。属于商业秘密的,应当向调查组提出。调查组应当以书面形式记录备查。

调查机关和调查人员对被调查人的商业秘密应当予以保密。

被调查人发现调查人员泄露其商业秘密并有充分证据的，有权向调查机关投诉。

第四十条 调查机关对被调查人“低于正常、合理水平运价”的认定，应当考虑下列因素：

（一）同一行业内多数经营者的运价水平以及与被调查人具有同等规模经营者的运价水平；

（二）被调查人实施该运价水平的理由，包括成本构成、管理水平和盈亏状况等；

（三）是否针对特定的竞争对手并以排挤竞争对手为目的。

第四十一条 调查机关对“损害公平竞争”或者“损害交易对方”的认定，应当考虑下列因素：

（一）对旅客或者托运人自由选择承运人造成妨碍；

（二）影响旅客或者货物的正常出行或者出运；

（三）以账外暗中回扣承揽货物，扭曲市场竞争规则。

第四十二条 调查机关作出调查结论前，可举行专家咨询会议，对“损害公平竞争”或者“损害交易对方”的程度进行评估。

聘请的咨询专家不得与调查申请人、被调查人具有利害关系。

第四十三条 调查结束时，调查机关应当作出调查结论，并书面通知调查申请人和被调查人：

（一）基本事实不成立的，调查机关应当决定终止调查；

（二）基本事实存在但对市场公平竞争不造成实质损害的，调查机关可决定不对被调查人采取禁止性、限制性措施；

（三）基本事实清楚且对市场公平竞争造成实质损害的，调查机关应当根据《海运条例》的规定，对被调查人采取限制性、禁止性措施。

第四十四条 调查机关在作出采取禁止性、限制性措施的决定前，应当告知当事人有举行听证的权利；当事人要求举行听证的，应当在自调查机关通知送达之日起10日内，向调查机关书面提出；逾期未提出听证请求的，视为自动放弃请求听证的权利。

第四十五条 就本实施细则第三十一条所列情形实施调查的，调查组成员中应当包括对被调查人的业务实施管理的有关交通运输主管部门的人员。

对有本实施细则第三十一条第（三）项所列违法行为并给交易当事人或者同业竞争者造成实质损害的，调查机关可采取限制其在一定时期内扩大业务量的限制性措施。

第五章 法律责任

第四十六条 违反《海运条例》和本实施细则的规定应当予以处罚的，交通运输部或授权的省、自治区、直辖市人民政府交通运输主管部门应当按照《海运条例》第六章和本章的规定予以处罚。

交通运输部或者有关省、自治区、直辖市人民政府交通运输主管部门应当将国际海上运输及其辅助性业务经营者违反《海运条例》和本实施细则有关规定的违法行为记入信用记录，并依照有关法律、行政法规的规定予以公示。

第四十七条 外商常驻代表机构有本实施细则第三十二条规定情形的，交通运输部或者有关省、自治区、直辖市人民政府交通运输主管部门可将有关情况通报有关市场监督管理部门，由市场监督管理部门按照《海运条例》第四十四条的规定处罚。

第四十八条 班轮公会协议、运营协议和运价协议未按规定向交通运输部备案的，由交通运输部依照《海运条例》第四十条的规定，对本实施细则第二十八条规定的备案人实施处罚。班轮公会不按规定报备的，可对其公会成员予以处罚。

第四十九条 调查人员违反规定，泄露被调查人保密信息的，依法给予行政处分；造成严重后果，触犯刑律的，依法追究刑事责任。

第六章 附 则

第五十条 《海运条例》和本实施细则规定的许可、登记事项，申请人可委托代理人办理。代理人办理委托事项的，应当提供授权委托书。外国申请人或者投资者提交的公证文书，应当由申请人或者投资者所在国公证机关或者执业律师开出。

本实施细则所要求的各类文字资料应当用中文书写，如使用其他文字的，应随附中文译文。

第五十一条 对《海运条例》和本实施细则规定的备案事项的具体要求、报备方式和方法应当按照交通运输部的规定办理。

第五十二条 香港特别行政区、澳门特别行政区和台湾地区的投资者在内地投资从事国际海上运输和与国际海上运输相关的辅助性业务，比照适用《海运条例》的有关规定。

第五十三条 《海运条例》第十五条规定的公布运价和协议运价备案的具体办法，由交通运输部另行规定。

第五十四条 本实施细则自2003年3月1日起施行。交通部1985年4月11日发布的《交通部对从事国际海运船舶公司的暂行管理办法》、1990年3月2日发布的《国际船舶代理管理规定》、1990年6月20日发布的《国际班轮运输管理规定》、1992年6月9日发布的《中华人民共和国海上国际集装箱运输管理规定实施细则》、1997年10月17日发布的《外国水路运输企业常驻代表机构管理办法》同时废止。

交通运输部关于
废止5件交通运输规章的决定

（2019年6月21日交通运输部令2019年第22号公布　自公布之日起施行　国司备字[2019000448]）

现决定废止下列5件交通运输规章：

序号	发布机关	规章名称	发布文号	发布日期
1	交通部	港口消防监督实施办法	交通部令1988年第2号	1988年7月5日
2	交通部	关于交通行业基本建设和技术改造项目工程可行性研究报告增列“节能篇（章）”暂行规定	交体法发〔1995〕607号	1995年7月13日
3	交通部	全国在用车船节能产品（技术）推广应用管理办法	交体法发〔1995〕753号	1995年8月14日
4	交通部	《关于交通行业基本建设和技术改造项目工程可行性研究报告增列“节能篇（章）”暂行规定》实施细则	交体法发〔1996〕354号	1996年4月18日
5	交通运输部	船员服务管理规定	交通运输部令2008年第6号 交通运输部令2013年第10号修正	2008年7月22日

本决定自公布之日起施行。

禁止垄断协议暂行规定

（2019 年 6 月 26 日国家市场监督管理总局令第 10 号公布　自 2019 年 9 月 1 日起施行　国司备字[2019000407]）

第一条　为了预防和制止垄断协议，根据《中华人民共和国反垄断法》（以下简称反垄断法），制定本规定。

第二条　国家市场监督管理总局（以下简称市场监管总局）负责垄断协议的反垄断执法工作。

市场监管总局根据反垄断法第十条第二款规定，授权各省、自治区、直辖市市场监督管理部门（以下简称省级市场监管部门）负责本行政区域内垄断协议的反垄断执法工作。

本规定所称反垄断执法机构包括市场监管总局和省级市场监管部门。

第三条　市场监管总局负责查处下列垄断协议：

（一）跨省、自治区、直辖市的；

（二）案情较为复杂或者在全国有重大影响的；

（三）市场监管总局认为有必要直接查处的。

前款所列垄断协议，市场监管总局可以指定省级市场监管部门查处。

省级市场监管部门根据授权查处垄断协议时，发现不属于本部门查处范围，或者虽属于本部门查处范围，但有必要由市场监管总局查处的，应当及时向市场监管总局报告。

第四条　反垄断执法机构查处垄断协议时，应当平等对待所有经营者。

第五条　垄断协议是指排除、限制竞争的协议、决定或者其他协同行为。

协议或者决定可以是书面、口头等形式。

其他协同行为是指经营者之间虽未明确订立协议或者决定，但实质上存在协调一致的行为。

第六条　认定其他协同行为，应当考虑下列因素：

（一）经营者的市场行为是否具有一致性；

（二）经营者之间是否进行过意思联络或者信息交流；

（三）经营者能否对行为的一致性作出合理解释；

（四）相关市场的市场结构、竞争状况、市场变化等情况。

第七条　禁止具有竞争关系的经营者就商品或者服务（以下统称商品）

价格达成下列垄断协议：

（一）固定或者变更价格水平、价格变动幅度、利润水平或者折扣、手续费等其他费用；

（二）约定采用据以计算价格的标准公式；

（三）限制参与协议的经营者的自主定价权；

（四）通过其他方式固定或者变更价格。

第八条 禁止具有竞争关系的经营者就限制商品的生产数量或者销售数量达成下列垄断协议：

（一）以限制产量、固定产量、停止生产等方式限制商品的生产数量，或者限制特定品种、型号商品的生产数量；

（二）以限制商品投放量等方式限制商品的销售数量，或者限制特定品种、型号商品的销售数量；

（三）通过其他方式限制商品的生产数量或者销售数量。

第九条 禁止具有竞争关系的经营者就分割销售市场或者原材料采购市场达成下列垄断协议：

（一）划分商品销售地域、市场份额、销售对象、销售收入、销售利润或者销售商品的种类、数量、时间；

（二）划分原料、半成品、零部件、相关设备等原材料的采购区域、种类、数量、时间或者供应商；

（三）通过其他方式分割销售市场或者原材料采购市场。

前款规定中的原材料还包括经营者生产经营所必需的技术和服务。

第十条 禁止具有竞争关系的经营者就限制购买新技术、新设备或者限制开发新技术、新产品达成下列垄断协议：

（一）限制购买、使用新技术、新工艺；

（二）限制购买、租赁、使用新设备、新产品；

（三）限制投资、研发新技术、新工艺、新产品；

（四）拒绝使用新技术、新工艺、新设备、新产品；

（五）通过其他方式限制购买新技术、新设备或者限制开发新技术、新产品。

第十一条 禁止具有竞争关系的经营者就联合抵制交易达成下列垄断协议：

（一）联合拒绝向特定经营者供应或者销售商品；

（二）联合拒绝采购或者销售特定经营者的商品；

（三）联合限定特定经营者不得与其具有竞争关系的经营者进行交易；

（四）通过其他方式联合抵制交易。

第十二条 禁止经营者与交易相对人就商品价格达成下列垄断协议：

（一）固定向第三人转售商品的价格水平、价格变动幅度、利润水平或者折扣、手续费等其他费用；

（二）限定向第三人转售商品的最低价格，或者通过限定价格变动幅度、利润水平或者折扣、手续费等其他费用限定向第三人转售商品的最低价格；

（三）通过其他方式固定转售商品价格或者限定转售商品最低价格。

第十三条 不属于本规定第七条至第十二条所列情形的其他协议、决定或者协同行为，有证据证明排除、限制竞争的，应当认定为垄断协议并予以禁止。

前款规定的垄断协议由市场监管总局负责认定，认定时应当考虑下列因素：

（一）经营者达成、实施协议的事实；

（二）市场竞争状况；

（三）经营者在相关市场中的市场份额及其对市场的控制力；

（四）协议对商品价格、数量、质量等方面的影响；

（五）协议对市场进入、技术进步等方面的影响；

（六）协议对消费者、其他经营者的影响；

（七）与认定垄断协议有关的其他因素。

第十四条 禁止行业协会从事下列行为：

（一）制定、发布含有排除、限制竞争内容的行业协会章程、规则、决定、通知、标准等；

（二）召集、组织或者推动本行业的经营者达成含有排除、限制竞争内容的协议、决议、纪要、备忘录等；

（三）其他组织本行业经营者达成或者实施垄断协议的行为。

本规定所称行业协会是指由同行业经济组织和个人组成，行使行业服务和自律管理职能的各种协会、学会、商会、联合会、促进会等社会团体法人。

第十五条 反垄断执法机构依据职权，或者通过举报、上级机关交办、其他机关移送、下级机关报告、经营者主动报告等途径，发现涉嫌垄断协议。

第十六条 举报采用书面形式并提供相关事实和证据的，反垄断执法机构应当进行必要的调查。书面举报一般包括下列内容：

（一）举报人的基本情况；

（二）被举报人的基本情况；

（三）涉嫌垄断协议的相关事实和证据；

（四）是否就同一事实已向其他行政机关举报或者向人民法院提起诉讼。

反垄断执法机构根据工作需要，可以要求举报人补充举报材料。

第十七条 反垄断执法机构经过对涉嫌垄断协议的必要调查，决定是否立案。

省级市场监管部门应当自立案之日起7个工作日内向市场监管总局备案。

第十八条 市场监管总局在查处垄断协议时，可以委托省级市场监管部门进行调查。

省级市场监管部门在查处垄断协议时，可以委托下级市场监管部门进行调查。

受委托的市场监管部门在委托范围内，以委托机关的名义实施调查，不得再委托其他行政机关、组织或者个人进行调查。

第十九条 省级市场监管部门查处涉嫌垄断协议时，可以根据需要商请相关省级市场监管部门协助调查，相关省级市场监管部门应当予以协助。

第二十条 反垄断执法机构对垄断协议进行行政处罚的，应当依法制作行政处罚决定书。

行政处罚决定书的内容包括：

（一）经营者的姓名或者名称、地址等基本情况；

（二）案件来源及调查经过；

（三）违法事实和相关证据；

（四）经营者陈述、申辩的采纳情况及理由；

（五）行政处罚的内容和依据；

（六）行政处罚的履行方式、期限；

（七）不服行政处罚决定，申请行政复议或者提起行政诉讼的途径和期限；

（八）作出行政处罚决定的反垄断执法机构名称和作出决定的日期。

第二十一条 涉嫌垄断协议的经营者在被调查期间，可以提出中止调查申请，承诺在反垄断执法机构认可的期限内采取具体措施消除行为影响。

中止调查申请应当以书面形式提出，并由经营者负责人签字并盖章。申请书应当载明下列事项：

（一）涉嫌垄断协议的事实；

（二）承诺采取消除行为后果的具体措施；

（三）履行承诺的时限；

（四）需要承诺的其他内容。

反垄断执法机构对涉嫌垄断协议调查核实后，认为构成垄断协议的，应当依法作出处理决定，不再接受经营者提出的中止调查申请。

第二十二条 反垄断执法机构根据被调查经营者的中止调查申请，在考虑行为的性质、持续时间、后果、社会影响、经营者承诺的措施及其预期效果等具体情况后，决定是否中止调查。

对于符合本规定第七条至第九条规定的涉嫌垄断协议，反垄断执法机构不得接受中止调查申请。

第二十三条 反垄断执法机构决定中止调查的，应当制作中止调查决定书。

中止调查决定书应当载明被调查经营者涉嫌达成垄断协议的事实、承诺的具体内容、消除影响的具体措施、履行承诺的时限以及未履行或者未完全履行承诺的法律后果等内容。

第二十四条 决定中止调查的，反垄断执法机构应当对经营者履行承诺的情况进行监督。

经营者应当在规定的时限内向反垄断执法机构书面报告承诺履行情况。

第二十五条 反垄断执法机构确定经营者已经履行承诺的，可以决定终止调查，并制作终止调查决定书。

终止调查决定书应当载明被调查经营者涉嫌垄断协议的事实、承诺的具体内容、履行承诺的情况、监督情况等内容。

有下列情形之一的，反垄断执法机构应当恢复调查：

（一）经营者未履行或者未完全履行承诺的；

（二）作出中止调查决定所依据的事实发生重大变化的；

（三）中止调查决定是基于经营者提供的不完整或者不真实的信息作出的。

第二十六条 经营者能够证明被调查的垄断协议属于反垄断法第十五条规定情形的，不适用本规定第七条至第十三条的规定。

第二十七条 反垄断执法机构认定被调查的垄断协议是否属于反垄断法第十五条规定的情形，应当考虑下列因素：

（一）协议实现该情形的具体形式和效果；

（二）协议与实现该情形之间的因果关系；

（三）协议是否是实现该情形的必要条件；

（四）其他可以证明协议属于相关情形的因素。

反垄断执法机构认定消费者能否分享协议产生的利益，应当考虑消费者是否因协议的达成、实施在商品价格、质量、种类等方面获得利益。

第二十八条 反垄断执法机构认定被调查的垄断协议属于反垄断法第十五条规定情形的,应当终止调查并制作终止调查决定书。终止调查决定书应当载明协议的基本情况、适用反垄断法第十五条的依据和理由等内容。

反垄断执法机构作出终止调查决定后,因情况发生重大变化,导致被调查的协议不再符合反垄断法第十五条规定情形的,反垄断执法机构应当重新启动调查。

第二十九条 省级市场监管部门作出中止调查决定、终止调查决定或者行政处罚告知前,应当向市场监管总局报告。

省级市场监管部门向被调查经营者送达中止调查决定书、终止调查决定书或者行政处罚决定书后,应当在7个工作日内向市场监管总局备案。

第三十条 反垄断执法机构作出行政处理决定后,依法向社会公布。其中,行政处罚信息应当依法通过国家企业信用信息公示系统向社会公示。

第三十一条 市场监管总局应当加强对省级市场监管部门查处垄断协议的指导和监督,统一执法标准。

省级市场监管部门应当严格按照市场监管总局相关规定查处垄断协议案件。

第三十二条 经营者违反本规定,达成并实施垄断协议的,由反垄断执法机构责令停止违法行为,没收违法所得,并处上一年度销售额百分之一以上百分之十以下的罚款;尚未实施所达成的垄断协议的,可以处五十万元以下的罚款。

行业协会违反本规定,组织本行业的经营者达成垄断协议的,反垄断执法机构可以对其处五十万元以下的罚款;情节严重的,反垄断执法机构可以提请社会团体登记管理机关依法撤销登记。

反垄断执法机构确定具体罚款数额时,应当考虑违法行为的性质、情节、程度、持续时间等因素。

经营者因行政机关和法律、法规授权的具有管理公共事务职能的组织滥用行政权力而达成垄断协议的,按照前款规定处理。经营者能够证明其达成垄断协议是被动遵守行政命令所导致的,可以依法从轻或者减轻处罚。

第三十三条 参与垄断协议的经营者主动报告达成垄断协议有关情况并提供重要证据的,可以申请依法减轻或者免除处罚。

重要证据是指能够对反垄断执法机构启动调查或者对认定垄断协议起到关键性作用的证据,包括参与垄断协议的经营者、涉及的商品范围、达成协议的内容和方式、协议的具体实施等情况。

第三十四条 经营者根据本规定第三十三条提出申请的,反垄断执法机构应当根据经营者主动报告的时间顺序、提供证据的重要程度以及达成、实施垄断协议的有关情况，决定是否减轻或者免除处罚。

对于第一个申请者，反垄断执法机构可以免除处罚或者按照不低于百分之八十的幅度减轻罚款；对于第二个申请者，可以按照百分之三十至百分之五十的幅度减轻罚款；对于第三个申请者，可以按照百分之二十至百分之三十的幅度减轻罚款。

第三十五条 本规定对垄断协议调查、处罚程序未做规定的，依照《市场监督管理行政处罚程序暂行规定》执行，有关时限、立案、案件管辖的规定除外。

反垄断执法机构组织行政处罚听证的，依照《市场监督管理行政处罚听证暂行办法》执行。

第三十六条 本规定自2019年9月1日起施行。2009年5月26日原国家工商行政管理总局令第42号公布的《工商行政管理机关查处垄断协议、滥用市场支配地位案件程序规定》、2010年12月31日原国家工商行政管理总局令第53号公布的《工商行政管理机关禁止垄断协议行为的规定》同时废止。

禁止滥用市场支配地位行为暂行规定

（2019年6月26日国家市场监督管理总局令第11号公布 自2019年9月1日起施行 国司备字[2019000408]）

第一条 为了预防和制止滥用市场支配地位行为，根据《中华人民共和国反垄断法》（以下简称反垄断法），制定本规定。

第二条 国家市场监督管理总局（以下简称市场监管总局）负责滥用市场支配地位行为的反垄断执法工作。

市场监管总局根据反垄断法第十条第二款规定，授权各省、自治区、直辖市市场监督管理部门（以下简称省级市场监管部门）负责本行政区域内滥用市场支配地位行为的反垄断执法工作。

本规定所称反垄断执法机构包括市场监管总局和省级市场监管部门。

第三条 市场监管总局负责查处下列滥用市场支配地位行为：

（一）跨省、自治区、直辖市的；

（二）案情较为复杂或者在全国有重大影响的；

（三）市场监管总局认为有必要直接查处的。

前款所列滥用市场支配地位行为，市场监管总局可以指定省级市场监管部门查处。

省级市场监管部门根据授权查处滥用市场支配地位行为时，发现不属于本部门查处范围，或者虽属于本部门查处范围，但有必要由市场监管总局查处的，应当及时向市场监管总局报告。

第四条 反垄断执法机构查处滥用市场支配地位行为时，应当平等对待所有经营者。

第五条 市场支配地位是指经营者在相关市场内具有能够控制商品或者服务（以下统称商品）价格、数量或者其他交易条件，或者能够阻碍、影响其他经营者进入相关市场能力的市场地位。

本条所称其他交易条件是指除商品价格、数量之外能够对市场交易产生实质影响的其他因素，包括商品品种、商品品质、付款条件、交付方式、售后服务、交易选择、技术约束等。

本条所称能够阻碍、影响其他经营者进入相关市场，包括排除其他经营者进入相关市场，或者延缓其他经营者在合理时间内进入相关市场，或者导致其他经营者虽能够进入该相关市场但进入成本大幅提高，无法与现有经营者开展有效竞争等情形。

第六条 根据反垄断法第十八条第一项，确定经营者在相关市场的市场份额，可以考虑一定时期内经营者的特定商品销售金额、销售数量或者其他指标在相关市场所占的比重。

分析相关市场竞争状况，可以考虑相关市场的发展状况、现有竞争者的数量和市场份额、商品差异程度、创新和技术变化、销售和采购模式、潜在竞争者情况等因素。

第七条 根据反垄断法第十八条第二项，确定经营者控制销售市场或者原材料采购市场的能力，可以考虑该经营者控制产业链上下游市场的能力，控制销售渠道或者采购渠道的能力，影响或者决定价格、数量、合同期限或者其他交易条件的能力，以及优先获得企业生产经营所必需的原料、半成品、零部件、相关设备以及需要投入的其他资源的能力等因素。

第八条 根据反垄断法第十八条第三项，确定经营者的财力和技术条件，可以考虑该经营者的资产规模、盈利能力、融资能力、研发能力、技术装备、技术创新和应用能力、拥有的知识产权等，以及该财力和技术条件能够以何种方式和程度促进该经营者业务扩张或者巩固、维持市场地位等因素。

第九条 根据反垄断法第十八条第四项，确定其他经营者对该经营者在交易上的依赖程度，可以考虑其他经营者与该经营者之间的交易关系、交易量、交易持续时间、在合理时间内转向其他交易相对人的难易程度等因素。

第十条 根据反垄断法第十八条第五项，确定其他经营者进入相关市场的难易程度，可以考虑市场准入、获取必要资源的难度、采购和销售渠道的控制情况、资金投入规模、技术壁垒、品牌依赖、用户转换成本、消费习惯等因素。

第十一条 根据反垄断法第十八条和本规定第六条至第十条规定认定互联网等新经济业态经营者具有市场支配地位，可以考虑相关行业竞争特点、经营模式、用户数量、网络效应、锁定效应、技术特性、市场创新、掌握和处理相关数据的能力及经营者在关联市场的市场力量等因素。

第十二条 根据反垄断法第十八条和本规定第六条至第十条认定知识产权领域经营者具有市场支配地位，可以考虑知识产权的替代性、下游市场对利用知识产权所提供商品的依赖程度、交易相对人对经营者的制衡能力等因素。

第十三条 认定两个以上的经营者具有市场支配地位，除考虑本规定第六条至第十二条规定的因素外，还应当考虑市场结构、相关市场透明度、相关商品同质化程度、经营者行为一致性等因素。

第十四条 禁止具有市场支配地位的经营者以不公平的高价销售商品或者以不公平的低价购买商品。

认定"不公平的高价"或者"不公平的低价"，可以考虑下列因素：

（一）销售价格或者购买价格是否明显高于或者明显低于其他经营者在相同或者相似市场条件下销售或者购买同种商品或者可比较商品的价格；

（二）销售价格或者购买价格是否明显高于或者明显低于同一经营者在其他相同或者相似市场条件区域销售或者购买商品的价格；

（三）在成本基本稳定的情况下，是否超过正常幅度提高销售价格或者降低购买价格；

（四）销售商品的提价幅度是否明显高于成本增长幅度，或者购买商品的降价幅度是否明显高于交易相对人成本降低幅度；

（五）需要考虑的其他相关因素。

认定市场条件相同或者相似，应当考虑销售渠道、销售模式、供求状况、监管环境、交易环节、成本结构、交易情况等因素。

第十五条 禁止具有市场支配地位的经营者没有正当理由，以低于成本的价格销售商品。

认定低于成本的价格销售商品，应当重点考虑价格是否低于平均可变成本。平均可变成本是指随着生产的商品数量变化而变动的每单位成本。涉及互联网等新经济业态中的免费模式，应当综合考虑经营者提供的免费商品以及相关收费商品等情况。

本条所称"正当理由"包括：

(一)降价处理鲜活商品、季节性商品、有效期限即将到期的商品和积压商品的；

(二)因清偿债务、转产、歇业降价销售商品的；

(三)在合理期限内为推广新商品进行促销的；

(四)能够证明行为具有正当性的其他理由。

第十六条 禁止具有市场支配地位的经营者没有正当理由，通过下列方式拒绝与交易相对人进行交易：

(一)实质性削减与交易相对人的现有交易数量；

(二)拖延、中断与交易相对人的现有交易；

(三)拒绝与交易相对人进行新的交易；

(四)设置限制性条件，使交易相对人难以与其进行交易；

(五)拒绝交易相对人在生产经营活动中，以合理条件使用其必需设施。

在依据前款第五项认定经营者滥用市场支配地位时，应当综合考虑以合理的投入另行投资建设或者另行开发建造该设施的可行性、交易相对人有效开展生产经营活动对该设施的依赖程度、该经营者提供该设施的可能性以及对自身生产经营活动造成的影响等因素。

本条所称"正当理由"包括：

(一)因不可抗力等客观原因无法进行交易；

(二)交易相对人有不良信用记录或者出现经营状况恶化等情况，影响交易安全；

(三)与交易相对人进行交易将使经营者利益发生不当减损；

(四)能够证明行为具有正当性的其他理由。

第十七条 禁止具有市场支配地位的经营者没有正当理由，从事下列限定交易行为：

(一)限定交易相对人只能与其进行交易；

(二)限定交易相对人只能与其指定的经营者进行交易；

(三)限定交易相对人不得与特定经营者进行交易。

从事上述限定交易行为可以是直接限定，也可以是以设定交易条件等方式变相限定。

本条所称"正当理由"包括：

(一)为满足产品安全要求所必须；

(二)为保护知识产权所必须；

（三）为保护针对交易进行的特定投资所必须；

（四）能够证明行为具有正当性的其他理由。

第十八条 禁止具有市场支配地位的经营者没有正当理由搭售商品，或者在交易时附加其他不合理的交易条件：

（一）违背交易惯例、消费习惯或者无视商品的功能，将不同商品捆绑销售或者组合销售；

（二）对合同期限、支付方式、商品的运输及交付方式或者服务的提供方式等附加不合理的限制；

（三）对商品的销售地域、销售对象、售后服务等附加不合理的限制；

（四）交易时在价格之外附加不合理费用；

（五）附加与交易标的无关的交易条件。

本条所称"正当理由"包括：

（一）符合正当的行业惯例和交易习惯；

（二）为满足产品安全要求所必须；

（三）为实现特定技术所必须；

（四）能够证明行为具有正当性的其他理由。

第十九条 禁止具有市场支配地位的经营者没有正当理由，对条件相同的交易相对人在交易条件上实行下列差别待遇：

（一）实行不同的交易价格、数量、品种、品质等级；

（二）实行不同的数量折扣等优惠条件；

（三）实行不同的付款条件、交付方式；

（四）实行不同的保修内容和期限、维修内容和时间、零配件供应、技术指导等售后服务条件。

条件相同是指交易相对人之间在交易安全、交易成本、规模和能力、信用状况、所处交易环节、交易持续时间等方面不存在实质性影响交易的差别。

本条所称"正当理由"包括：

（一）根据交易相对人实际需求且符合正当的交易习惯和行业惯例，实行不同交易条件；

（二）针对新用户的首次交易在合理期限内开展的优惠活动；

（三）能够证明行为具有正当性的其他理由。

第二十条 反垄断执法机构认定本规定第十四条所称的"不公平"和第十五条至第十九条所称的"正当理由"，还应当考虑下列因素：

（一）有关行为是否为法律、法规所规定；

（二）有关行为对社会公共利益的影响；

(三)有关行为对经济运行效率、经济发展的影响;

(四)有关行为是否为经营者正常经营及实现正常效益所必须;

(五)有关行为对经营者业务发展、未来投资、创新方面的影响;

(六)有关行为是否能够使交易相对人或者消费者获益。

第二十一条 市场监管总局认定其他滥用市场支配地位行为,应当同时符合下列条件:

(一)经营者具有市场支配地位;

(二)经营者实施了排除、限制竞争行为;

(三)经营者实施相关行为不具有正当理由;

(四)经营者相关行为对市场竞争具有排除、限制影响。

第二十二条 供水、供电、供气、供热、电信、有线电视、邮政、交通运输等公用事业领域经营者应当依法经营,不得滥用其市场支配地位损害消费者利益。

第二十三条 反垄断执法机构依据职权,或者通过举报、上级机关交办、其他机关移送、下级机关报告、经营者主动报告等途径,发现涉嫌滥用市场支配地位行为。

第二十四条 举报采用书面形式并提供相关事实和证据的,反垄断执法机构应当进行必要的调查。书面举报一般包括下列内容:

(一)举报人的基本情况;

(二)被举报人的基本情况;

(三)涉嫌滥用市场支配地位行为的相关事实和证据;

(四)是否就同一事实已向其他行政机关举报或者向人民法院提起诉讼。

反垄断执法机构根据工作需要,可以要求举报人补充举报材料。

第二十五条 反垄断执法机构经过对涉嫌滥用市场支配地位行为必要的调查,决定是否立案。

省级市场监管部门应当自立案之日起 7 个工作日内向市场监管总局备案。

第二十六条 市场监管总局在查处滥用市场支配地位行为时,可以委托省级市场监管部门进行调查。

省级市场监管部门在查处滥用市场支配地位行为时,可以委托下级市场监管部门进行调查。

受委托的市场监管部门在委托范围内,以委托机关的名义实施调查,不得再委托其他行政机关、组织或者个人进行调查。

第二十七条 省级市场监管部门查处涉嫌滥用市场支配地位行为时,可以根据需要商请相关省级市场监管部门协助调查,相关省级市场监管部门应当予以协助。

第二十八条 反垄断执法机构对滥用市场支配地位行为进行行政处罚的,应当依法制作行政处罚决定书。

行政处罚决定书的内容包括:

(一)经营者的姓名或者名称、地址等基本情况;

(二)案件来源及调查经过;

(三)违法事实和相关证据;

(四)经营者陈述、申辩的采纳情况及理由;

(五)行政处罚的内容和依据;

(六)行政处罚的履行方式、期限;

(七)不服行政处罚决定,申请行政复议或者提起行政诉讼的途径和期限;

(八)作出行政处罚决定的反垄断执法机构名称和作出决定的日期。

第二十九条 涉嫌滥用市场支配地位的经营者在被调查期间,可以提出中止调查申请,承诺在反垄断执法机构认可的期限内采取具体措施消除行为影响。

中止调查申请应当以书面形式提出,并由经营者负责人签字并盖章。申请书应当载明下列事项:

(一)涉嫌滥用市场支配地位行为的事实;

(二)承诺采取消除行为后果的具体措施;

(三)履行承诺的时限;

(四)需要承诺的其他内容。

反垄断执法机构对涉嫌滥用市场支配地位行为调查核实后,认为构成涉嫌滥用市场支配地位行为的,应当依法作出处理决定,不再接受经营者提出的中止调查申请。

第三十条 反垄断执法机构根据被调查经营者的中止调查申请,在考虑行为的性质、持续时间、后果、社会影响、经营者承诺的措施及其预期效果等具体情况后,决定是否中止调查。

第三十一条 反垄断执法机构决定中止调查的,应当制作中止调查决定书。

中止调查决定书应当载明被调查经营者涉嫌滥用市场支配地位行为的事实、承诺的具体内容、消除影响的具体措施、履行承诺的时限以及未履行或者未完全履行承诺的法律后果等内容。

第三十二条 决定中止调查的,反垄断执法机构应当对经营者履行承诺的情况进行监督。

经营者应当在规定的时限内向反垄断执法机构书面报告承诺履行情况。

第三十三条 反垄断执法机构确定经营者已经履行承诺的,可以决定终止调查,并制作终止调查决定书。

终止调查决定书应当载明被调查经营者涉嫌滥用市场支配地位行为的事实、承诺的具体内容、履行承诺的情况、监督情况等内容。

有下列情形之一的,反垄断执法机构应当恢复调查:

(一)经营者未履行或者未完全履行承诺的;

(二)作出中止调查决定所依据的事实发生重大变化的;

(三)中止调查决定是基于经营者提供的不完整或者不真实的信息作出的。

第三十四条 省级市场监管部门作出中止调查决定、终止调查决定或者行政处罚告知前,应当向市场监管总局报告。

省级市场监管部门向被调查经营者送达中止调查决定书、终止调查决定书或者行政处罚决定书后,应当在7个工作日内向市场监管总局备案。

第三十五条 反垄断执法机构作出行政处理决定后,依法向社会公布。其中,行政处罚信息应当依法通过国家企业信用信息公示系统向社会公示。

第三十六条 市场监管总局应当加强对省级市场监管部门查处滥用市场支配地位行为的指导和监督,统一执法标准。

省级市场监管部门应当严格按照市场监管总局相关规定查处滥用市场支配地位行为。

第三十七条 经营者滥用市场支配地位的,由反垄断执法机构责令停止违法行为,没收违法所得,并处上一年度销售额百分之一以上百分之十以下的罚款。

反垄断执法机构确定具体罚款数额时,应当考虑违法行为的性质、情节、程度、持续时间等因素。

经营者因行政机关和法律、法规授权的具有管理公共事务职能的组织滥用行政权力而滥用市场支配地位的,按照前款规定处理。经营者能够证明其从事的滥用市场支配地位行为是被动遵守行政命令所导致的,可以依法从轻或者减轻处罚。

第三十八条 本规定对滥用市场支配地位行为调查、处罚程序未做规定的,依照《市场监督管理行政处罚程序暂行规定》执行,有关时限、立案、案件管辖的规定除外。

反垄断执法机构组织行政处罚听证的，依照《市场监督管理行政处罚听证暂行办法》执行。

第三十九条 本规定自2019年9月1日起施行。2010年12月31日原国家工商行政管理总局令第54号公布的《工商行政管理机关禁止滥用市场支配地位行为规定》同时废止。

制止滥用行政权力排除、限制竞争行为暂行规定

（2019年6月26日国家市场监督管理总局令第12号公布　自2019年9月1日起施行　国司备字［2019000409］）

第一条 为了预防和制止滥用行政权力排除、限制竞争行为，根据《中华人民共和国反垄断法》（以下简称反垄断法），制定本规定。

第二条 国家市场监督管理总局（以下简称市场监管总局）负责滥用行政权力排除、限制竞争行为的反垄断执法工作。

市场监管总局根据反垄断法第十条第二款规定，授权各省、自治区、直辖市人民政府市场监督管理部门（以下统称省级市场监管部门）负责本行政区域内滥用行政权力排除、限制竞争行为的反垄断执法工作。

本规定所称反垄断执法机构包括市场监管总局和省级市场监管部门。

第三条 市场监管总局负责对下列滥用行政权力排除、限制竞争行为进行调查，提出依法处理的建议（以下简称查处）：

（一）在全国范围内有影响的；

（二）省级人民政府实施的；

（三）案情较为复杂或者市场监管总局认为有必要直接查处的。

前款所列的滥用行政权力排除、限制竞争行为，市场监管总局可以指定省级市场监管部门查处。

省级市场监管部门查处滥用行政权力排除、限制竞争行为时，发现不属于本部门查处范围，或者虽属于本部门查处范围，但有必要由市场监管总局查处的，应当及时向市场监管总局报告。

第四条 行政机关和法律、法规授权的具有管理公共事务职能的组织不得滥用行政权力，实施下列行为，限定或者变相限定单位或者个人经营、购买、使用其指定的经营者提供的商品和服务（以下统称商品）：

（一）以明确要求、暗示、拒绝或者拖延行政审批、重复检查、不予接入平台或者网络等方式，限定或者变相限定经营、购买、使用特定经营者提供的商品；

（二）通过限制投标人所在地、所有制形式、组织形式等方式，限定或者变相限定经营、购买、使用特定投标人提供的商品；

（三）没有法律、法规依据，通过设置项目库、名录库等方式，限定或者变相限定经营、购买、使用特定经营者提供的商品；

（四）限定或者变相限定单位或者个人经营、购买、使用其指定的经营者提供的商品的其他行为。

第五条 行政机关和法律、法规授权的具有管理公共事务职能的组织不得滥用行政权力，实施下列行为，妨碍商品在地区之间的自由流通：

（一）对外地商品设定歧视性收费项目、实行歧视性收费标准，或者规定歧视性价格、实行歧视性补贴政策；

（二）对外地商品规定与本地同类商品不同的技术要求、检验标准，或者对外地商品采取重复检验、重复认证等措施，阻碍、限制外地商品进入本地市场；

（三）没有法律、法规依据，采取专门针对外地商品的行政许可、备案，或者对外地商品实施行政许可、备案时，设定不同的许可或者备案条件、程序、期限等，阻碍、限制外地商品进入本地市场；

（四）没有法律、法规依据，设置关卡、通过软件或者互联网设置屏蔽等手段，阻碍、限制外地商品进入本地市场或者本地商品运往外地市场；

（五）妨碍商品在地区之间自由流通的其他行为。

第六条 行政机关和法律、法规授权的具有管理公共事务职能的组织不得滥用行政权力，实施下列行为，排斥或者限制外地经营者参加本地的招标投标活动：

（一）不依法发布信息；

（二）明确外地经营者不能参与本地特定的招标投标活动；

（三）对外地经营者设定歧视性的资质要求或者评审标准；

（四）通过设定与招标项目的具体特点和实际需要不相适应或者与合同履行无关的资格、技术和商务条件，变相限制外地经营者参加本地招标投标活动；

（五）排斥或者限制外地经营者参加本地招标投标活动的其他行为。

第七条 行政机关和法律、法规授权的具有管理公共事务职能的组织不得滥用行政权力，实施下列行为，排斥或者限制外地经营者在本地投资或者设立分支机构：

（一）拒绝外地经营者在本地投资或者设立分支机构；

（二）没有法律、法规依据，对外地经营者在本地投资的规模、方式以及设立分支机构的地址、商业模式等进行限制；

（三）对外地经营者在本地的投资或者设立的分支机构在投资、经营规模、经营方式、税费缴纳等方面规定与本地经营者不同的要求，在安全生产、节能环保、质量标准等方面实行歧视性待遇；

（四）排斥或者限制外地经营者在本地投资或者设立分支机构的其他行为。

第八条 行政机关和法律、法规授权的具有管理公共事务职能的组织不得滥用行政权力，强制或者变相强制经营者从事反垄断法规定的垄断行为。

第九条 行政机关不得滥用行政权力，以规定、办法、决定、公告、通知、意见、会议纪要等形式，制定、发布含有排除、限制竞争内容的市场准入、产业发展、招商引资、招标投标、政府采购、经营行为规范、资质标准等涉及市场主体经济活动的规章、规范性文件和其他政策措施。

第十条 反垄断执法机构依据职权，或者通过举报、上级机关交办、其他机关移送、下级机关报告等途径，发现涉嫌滥用行政权力排除、限制竞争行为。

第十一条 对涉嫌滥用行政权力排除、限制竞争行为，任何单位和个人有权向反垄断执法机构举报。反垄断执法机构应当为举报人保密。

第十二条 举报采用书面形式并提供相关事实和证据的，反垄断执法机构应当进行必要的调查。书面举报一般包括下列内容：

（一）举报人的基本情况；

（二）被举报人的基本情况；

（三）涉嫌滥用行政权力排除、限制竞争行为的相关事实和证据；

（四）是否就同一事实已向其他行政机关举报或者向人民法院提起诉讼。

第十三条 反垄断执法机构负责所管辖案件的受理。省级以下市场监管部门收到举报材料或者发现案件线索的，应当在7个工作日内将相关材料报送省级市场监管部门。

对于被举报人信息不完整、相关事实不清晰的举报，受理机关可以通知举报人及时补正。

第十四条 反垄断执法机构经过对涉嫌滥用行政权力排除、限制竞争行为的必要调查，决定是否立案。

当事人在上述调查期间已经采取措施停止相关行为，消除相关后果的，可以不予立案。

省级市场监管部门应当自立案之日起 7 个工作日内向市场监管总局备案。

第十五条 立案后，反垄断执法机构应当及时进行调查，依法向有关单位和个人了解情况，收集、调取证据。

第十六条 市场监管总局在查处涉嫌滥用行政权力排除、限制竞争行为时，可以委托省级市场监管部门进行调查。

省级市场监管部门在查处涉嫌滥用行政权力排除、限制竞争行为时，可以委托下级市场监管部门进行调查。

受委托的市场监管部门在委托范围内，以委托机关的名义进行调查，不得再委托其他行政机关、组织或者个人进行调查。

第十七条 省级市场监管部门查处涉嫌滥用行政权力排除、限制竞争行为时，可以根据需要商请相关省级市场监管部门协助调查，相关省级市场监管部门应当予以协助。

第十八条 被调查单位和个人有权陈述意见。

反垄断执法机构应当对被调查单位和个人提出的事实、理由和证据进行核实。

第十九条 经调查，反垄断执法机构认为构成滥用行政权力排除、限制竞争行为的，可以向有关上级机关提出依法处理的建议。

在调查期间，当事人主动采取措施停止相关行为，消除相关后果的，反垄断执法机构可以结束调查。

经调查，反垄断执法机构认为不构成滥用行政权力排除、限制竞争行为的，应当结束调查。

第二十条 反垄断执法机构向有关上级机关提出依法处理建议的，应当制作行政建议书。行政建议书应当载明以下事项：

（一）主送单位名称；

（二）被调查单位名称；

（三）违法事实；

（四）被调查单位的陈述意见及采纳情况；

（五）处理建议及依据；

（六）反垄断执法机构名称、公章及日期。

前款第五项规定的处理建议应当具体、明确，可以包括停止实施有关行为、废止有关文件并向社会公开、修改文件的有关内容并向社会公开文件的修改情况等。

第二十一条 省级市场监管部门在提出依法处理的建议或者结束调查

前，应当向市场监管总局报告。提出依法处理的建议后7个工作日内，向市场监管总局备案。

反垄断执法机构认为构成滥用行政权力排除、限制竞争行为的，依法向社会公布。

第二十二条 市场监管总局应当加强对省级市场监管部门查处滥用行政权力排除、限制竞争行为的指导和监督，统一执法标准。

省级市场监管部门应当严格按照市场监管总局相关规定查处滥用行政权力排除、限制竞争行为。

第二十三条 对反垄断执法机构依法实施的调查，当事人拒绝提供有关材料、信息，或者提供虚假材料、信息，或者隐匿、销毁、转移证据，或者有其他拒绝、阻碍调查行为的，反垄断执法机构可以向其上级机关、监察机关等反映情况。

第二十四条 反垄断执法机构工作人员滥用职权、玩忽职守、徇私舞弊或者泄露执法过程中知悉的国家秘密和商业秘密的，依照有关规定处理。

第二十五条 本规定自2019年9月1日起施行。2009年5月26日原国家工商行政管理总局令第41号公布的《工商行政管理机关制止滥用行政权力排除、限制竞争行为程序规定》、2010年12月31日原国家工商行政管理总局令第55号公布的《工商行政管理机关制止滥用行政权力排除、限制竞争行为的规定》同时废止。

国家税务总局关于废止《车辆购置税征收管理办法》的决定

（2019年7月1日国家税务总局令第47号公布 国司备字［2019000466］）

根据第十三届全国人民代表大会常务委员会第七次会议通过的《中华人民共和国车辆购置税法》，国家税务总局决定自2019年7月1日起废止《车辆购置税征收管理办法》（国家税务总局令第33号公布，第38号、第44号修改）。

海上滚装船舶安全监督管理规定

（2019 年 7 月 1 日交通运输部令 2019 年第 23 号公布　自 2019 年 9 月 1 日起施行　国司备字[2019000453]）

第一章　总　　则

第一条　为了加强海上滚装船舶安全监督管理，保障海上人命和财产安全，依据《中华人民共和国海上交通安全法》《中华人民共和国船舶和海上设施检验条例》等法律、行政法规，制定本规定。

第二条　在中华人民共和国管辖海域内对滚装船舶的安全监督管理活动，适用本规定。

第三条　交通运输部主管海上滚装船舶安全管理工作。

国家海事管理机构负责海上滚装船舶安全监督管理工作。

其他各级海事管理机构按照职责权限具体负责海上滚装船舶安全监督管理工作。

第二章　滚装船舶、船员

第四条　滚装船舶应当依法由船舶检验机构检验，取得相应检验证书、文书。

船舶检验机构实施滚装船舶检验，应当注重对以下内容进行测定或者核定：

（一）滚装船舶船艏、船艉和舷侧水密门的性能；

（二）滚装船舶装车处所的承载能力，包括装车处所甲板的装载能力及每平方米的承载能力；

（三）滚装船舶装车处所、客舱等重要部位的消防系统和电路系统；

（四）滚装船舶系索、地铃、天铃及其他系固附属设备的最大系固负荷；

（五）滚装船舶车辆和货物系固手册；

（六）滚装船舶救生系统和应急系统。

第五条　滚装船舶开航前，应当按照滚装船舶艏部、艉部及舷侧水密门安全操作程序和有关要求，对乘客、货物、车辆情况及滚装船舶的安全设备、水密门等情况进行全面检查，并如实记录。

中国籍滚装船舶按照前款规定完成检查并确认符合有关安全要求的，由船长签署船舶开航前安全自查清单。

第六条 滚装船舶在航行中应当加强巡检。发现安全隐患的，应当及时采取有效措施予以消除；不能及时消除的，应当向滚装船舶经营人、管理人报告。必要时，还应当向海事管理机构报告。

第七条 滚装船舶在航行中遭遇恶劣天气和海况时，应当谨慎操纵和作业，加强巡查，加固货物、车辆，防止货物、车辆位移或者碰撞，并及时向滚装船舶经营人、管理人报告。必要时，还应当向海事管理机构报告。

第八条 滚装船舶应当对装车处所、装货处所进行有效通风，并根据相关技术规范确定闭式滚装处所和特种处所每小时换气次数。

第九条 装车处所应当使用明显标志标明车辆装载位置，并合理积载，保持装载平衡。

第十条 滚装客船应当在明显位置标明乘客定额和客舱处所。

严禁滚装客船超出核定乘客定额出售客票。

禁止在滚装船舶的船员起居处、装车处所、安全通道及其他非客舱处所载运乘客。

第十一条 滚装客船开航后，应当立即向司机、乘客说明安全须知所处位置和应急通道及有关应急措施。

第十二条 滚装船舶载运危险货物或者装载危险货物的车辆，还应当遵守《船舶载运危险货物安全监督管理规定》。

第十三条 滚装船舶的船员，应当熟悉所在船舶的下列内容：

（一）安全管理体系或者安全管理制度；

（二）职责范围内安全操作程序；

（三）应急反应程序和应急措施。

第三章 滚装船舶经营人、管理人

第十四条 滚装船舶经营人、管理人应当制定滚装船舶艏部、艉部及舷侧水密门安全操作程序，并指定专人负责滚装船舶水密门的开启和关闭。

第十五条 滚装船舶经营人、管理人应当在船舶的公共场所，使用明显标志标明消防和救生设备设施、应急通道以及有关应急措施，并配备适量的安全须知，供船员、乘客阅览。

第十六条 滚装船舶经营人、管理人应当制定航行、停泊和作业巡检制度，明确巡检范围、巡检程序、安全隐患报告程序和应急情况处理措施以及巡检人员的岗位责任。

第十七条 滚装船舶经营人、管理人应当综合考虑滚装船舶装车处所的承载能力、系固能力，明确滚装船舶系固的具体方案和要求，制定系固手册。

滚装船舶应当按照系固手册系固车辆，并符合船舶检验机构核定的装车处所的承载能力、装载尺度。

第十八条 滚装客船经营人、管理人应当根据航区自然环境、航行时间、气象条件和航行特点，合理调度和使用滚装客船。

中国籍滚装客船应当由船舶检验机构核定船舶抗风等级并在船舶检验证书中明确。船舶开航前或者拟航经水域风力超过抗风等级的，不得开航或者航经该水域。

第十九条 中国籍滚装客船经营人、管理人应当对船舶进行动态监控，及时掌握滚装客船的航行、停泊、作业等动态，并配备航行数据记录仪。

第二十条 滚装船舶经营人、管理人应当定期组织滚装船舶的船员及相关工作人员，按照国际条约或者船舶检验相关规则的规定进行应急演练与培训。

第四章 车辆、货物和乘客

第二十一条 搭乘滚装船舶的车辆，应当向滚装船舶和港口经营人如实提供车辆号牌及驾驶员联系方式等信息。货运车辆还应当如实提供其装载货物的名称、性质、重量和体积等信息。

搭乘滚装船舶的车辆应当按照规定在港口接受安全检查。对检查发现有谎报、瞒报危险货物行为的车辆，不得允许其上船。

中国籍滚装船舶应当指定专人对车辆装载的安全状况进行检查，并填写车辆安全装载记录。车辆安全装载记录应当随船留存至少 1 个月。

第二十二条 搭乘滚装船舶的车辆，应当将所载货物绑扎牢固，在船舶航行期间处于制动状态，以适合水路滚装运输的需要。

第二十三条 搭乘滚装船舶的车辆，应当处于良好技术状态，并按照指定的区域、类型和抵达港口先后次序排队停放，等候装船。

第二十四条 车辆拟驶上或者驶离船舶时，滚装船舶和港口经营人应当检查码头与滚装船舶的连接情况，保证上下船舶的车辆安全。车辆应当听从港口经营人、滚装船舶的指挥，遵守港口经营人规定的安全速度并按照顺序行驶。

第二十五条 车辆及司机、乘客应当遵守下列规定：

（一）车辆应当进入船舱指定位置，在船舶航行期间关闭发动机；

（二）司机在船舶航行期间不得留在车内，也不得在装货处所和装车处所随意走动、停留；

（三）乘客在上下船及船舶航行过程中不得留在车内，也不得在装货处所和装车处所随意走动、停留。

旅客列车、救护车、押运车、冷藏车、活鲜运输车辆等特殊车辆除外。

第二十六条 搭载旅客列车的滚装船舶应当加强旅客列车在船期间的安全管理，制定旅客应急撤离程序，并及时告知旅客列车经营人。

发生紧急情况的，滚装船舶应当按照应急撤离程序组织旅客安全撤离。旅客列车经营人应当予以配合。

第五章 监督检查

第二十七条 海事管理机构应当按照《中华人民共和国船舶安全监督规则》的规定，对滚装船舶实施船舶现场监督和船舶安全检查。

海事管理机构应当根据选船标准选择实施现场监督和安全检查的滚装船舶。其中，短途固定航线的滚装客船现场监督每周不得少于一次。

第二十八条 滚装船舶有下列情形之一的，海事管理机构应当责令立即纠正或者开航前纠正：

（一）不符合安全适航条件的；

（二）不符合本规定有关载客或者载货要求的。

第二十九条 县级以上人民政府交通运输主管部门对滚装船舶乘客和车辆的售票等情况进行检查，不符合国家有关规定的，应当责令其改正。

第三十条 海事管理机构和县级以上人民政府交通运输主管部门依法对滚装船舶监督检查和安全管理，任何单位和个人不得拒绝、阻挠或者隐瞒有关情况。

第六章 法律责任

第三十一条 违反本规定有关海上交通安全管理的规定，由海事管理机构按照有关法律、行政法规和交通运输部规章给予行政处罚。

第三十二条 违反本规定，滚装客船超额出售客票的，由交通运输主管部门责令改正，处以2000元以上2万元以下的罚款。

第三十三条 违反本规定，车辆搭乘滚装船舶不如实提供车辆、货物信息或者不听从港口经营人、滚装船舶指挥的，由交通运输主管部门责令改正，属于非经营性的，处以1000元以下的罚款；属于经营性的，处以1000元以上3万元以下的罚款。

第三十四条 违反本规定，滚装客船在风力超过船舶抗风等级情况下，仍然开航或者航经该水域的，由海事管理机构责令改正，处以1万元以上3万元以下的罚款。

第三十五条 海事管理机构、交通运输主管部门的工作人员滥用职权、徇私舞弊、玩忽职守等严重失职的，由所在单位或者上级机关给予行政处分；构成犯罪的，依法追究刑事责任。

第七章 附 则

第三十六条 本规定下列用语的含义是：

（一）滚装船舶，是指具有滚装装货处所或者装车处所的船舶。

（二）滚装客船，是指具有乘客定额证书且核定乘客定额（包括车辆驾驶员）12人以上的滚装船舶。

（三）装货处所，是指滚装船舶内可供滚装方式装载货物的处所，以及通往该处所的围壁通道。

（四）装车处所，是指滚装船舶的有隔离舱壁的甲板以上或者甲板以下用作装载机动车、非机动车并可以让车辆进出的围蔽处所。

第三十七条 本规定自2019年9月1日起施行。2002年5月30日以交通部令2002年第1号公布的《海上滚装船舶安全监督管理规定》、2017年5月23日以交通运输部令2017年第18号公布的《交通运输部关于修改〈海上滚装船舶安全监督管理规定〉的决定》同时废止。

职称评审管理暂行规定

（2019年7月1日人力资源和社会保障部令第40号公布 自2019年9月1日起施行 国司备字[2019000456]）

第一章 总 则

第一条 为规范职称评审程序，加强职称评审管理，保证职称评审质量，根据有关法律法规和国务院规定，制定本规定。

第二条 职称评审是按照评审标准和程序，对专业技术人才品德、能力、业绩的评议和认定。职称评审结果是专业技术人才聘用、考核、晋升等的重要依据。

对企业、事业单位、社会团体、个体经济组织等（以下称用人单位）以及自由职业者开展专业技术人才职称评审工作，适用本规定。

第三条 职称评审坚持德才兼备、以德为先的原则，科学公正评价专业技术人才的职业道德、创新能力、业绩水平和实际贡献。

第四条 国务院人力资源社会保障行政部门负责全国的职称评审统筹规划和综合管理工作。县级以上地方各级人力资源社会保障行政部门负责本地区职称评审综合管理和组织实施工作。

行业主管部门在各自职责范围内负责本行业的职称评审管理和实施工作。

第五条 职称评审标准分为国家标准、地区标准和单位标准。

各职称系列国家标准由国务院人力资源社会保障行政部门会同行业主管部门制定。

地区标准由各地区人力资源社会保障行政部门会同行业主管部门依据国家标准，结合本地区实际制定。

单位标准由具有职称评审权的用人单位依据国家标准、地区标准，结合本单位实际制定。

地区标准、单位标准不得低于国家标准。

第二章　职称评审委员会

第六条 各地区、各部门以及用人单位等按照规定开展职称评审，应当申请组建职称评审委员会。

职称评审委员会负责评议、认定专业技术人才学术技术水平和专业能力，对组建单位负责，受组建单位监督。

职称评审委员会按照职称系列或者专业组建，不得跨系列组建综合性职称评审委员会。

第七条 职称评审委员会分为高级、中级、初级职称评审委员会。

申请组建高级职称评审委员会应当具备下列条件：

（一）拟评审的职称系列或者专业为职称评审委员会组建单位主体职称系列或者专业；

(二)拟评审的职称系列或者专业在行业内具有重要影响力,能够代表本领域的专业发展水平;

(三)具有一定数量的专业技术人才和符合条件的高级职称评审专家;

(四)具有开展高级职称评审的能力。

第八条 国家对职称评审委员会实行核准备案管理制度。职称评审委员会备案有效期不得超过3年,有效期届满应当重新核准备案。

国务院各部门、中央企业、全国性行业协会学会、人才交流服务机构等组建的高级职称评审委员会由国务院人力资源社会保障行政部门核准备案;各地区组建的高级职称评审委员会由省级人力资源社会保障行政部门核准备案;其他用人单位组建的高级职称评审委员会按照职称评审管理权限由省级以上人力资源社会保障行政部门核准备案。

申请组建中级、初级职称评审委员会的条件以及核准备案的具体办法,按照职称评审管理权限由国务院各部门、省级人力资源社会保障行政部门以及具有职称评审权的用人单位制定。

第九条 职称评审委员会组成人员应当是单数,根据工作需要设主任委员和副主任委员。按照职称系列组建的高级职称评审委员会评审专家不少于25人,按照专业组建的高级职称评审委员会评审专家不少于11人。各地区组建的高级职称评审委员会的人数,经省级人力资源社会保障行政部门同意,可以适当调整。

第十条 职称评审委员会的评审专家应当具备下列条件:

(一)遵守宪法和法律;

(二)具备良好的职业道德;

(三)具有本职称系列或者专业相应层级的职称;

(四)从事本领域专业技术工作;

(五)能够履行职称评审工作职责。

评审专家每届任期不得超过3年。

第十一条 各地区、各部门和用人单位可以按照职称系列或者专业建立职称评审委员会专家库,在职称评审委员会专家库内随机抽取规定数量的评审专家组成职称评审委员会。

职称评审委员会专家库参照本规定第八条进行核准备案,从专家库内抽取专家组成的职称评审委员会不再备案。

第十二条 职称评审委员会组建单位可以设立职称评审办事机构或者指定专门机构作为职称评审办事机构,由其负责职称评审的日常工作。

第三章 申报审核

第十三条 申报职称评审的人员（以下简称申报人）应当遵守宪法和法律，具备良好的职业道德，符合相应职称系列或者专业、相应级别职称评审规定的申报条件。

申报人应当为本单位在职的专业技术人才，离退休人员不得申报参加职称评审。

事业单位工作人员受到记过以上处分的，在受处分期间不得申报参加职称评审。

第十四条 申报人一般应当按照职称层级逐级申报职称评审。取得重大基础研究和前沿技术突破、解决重大工程技术难题，在经济社会各项事业发展中作出重大贡献的专业技术人才，可以直接申报高级职称评审。

对引进的海外高层次人才和急需紧缺人才，可以合理放宽资历、年限等条件限制。

对长期在艰苦边远地区和基层一线工作的专业技术人才，侧重考查其实际工作业绩，适当放宽学历和任职年限要求。

第十五条 申报人应当在规定期限内提交申报材料，对其申报材料的真实性负责。

凡是通过法定证照、书面告知承诺、政府部门内部核查或者部门间核查、网络核验等能够办理的，不得要求申报人额外提供证明材料。

第十六条 申报人所在工作单位应当对申报材料进行审核，并在单位内部进行公示，公示期不少于5个工作日，对经公示无异议的，按照职称评审管理权限逐级上报。

第十七条 非公有制经济组织的专业技术人才申报职称评审，可以由所在工作单位或者人事代理机构等履行审核、公示、推荐等程序。

自由职业者申报职称评审，可以由人事代理机构等履行审核、公示、推荐等程序。

第十八条 职称评审委员会组建单位按照申报条件对申报材料进行审核。

申报材料不符合规定条件的，职称评审委员会组建单位应当一次性告知申报人需要补正的全部内容。逾期未补正的，视为放弃申报。

第四章　组织评审

第十九条　职称评审委员会组建单位组织召开评审会议。评审会议由主任委员或者副主任委员主持，出席评审会议的专家人数应当不少于职称评审委员会人数的2/3。

第二十条　职称评审委员会经过评议，采取少数服从多数的原则，通过无记名投票表决，同意票数达到出席评审会议的评审专家总数2/3以上的即为评审通过。

未出席评审会议的评审专家不得委托他人投票或者补充投票。

第二十一条　根据评审工作需要，职称评审委员会可以按照学科或者专业组成若干评议组，每个评议组评审专家不少于3人，负责对申报人提出书面评议意见；也可以不设评议组，由职称评审委员会3名以上评审专家按照分工，提出评议意见。评议组或者分工负责评议的专家在评审会议上介绍评议情况，作为职称评审委员会评议表决的参考。

第二十二条　评审会议结束时，由主任委员或者主持评审会议的副主任委员宣布投票结果，并对评审结果签字确认，加盖职称评审委员会印章。

第二十三条　评审会议应当做好会议记录，内容包括出席评委、评审对象、评议意见、投票结果等内容，会议记录归档管理。

第二十四条　评审会议实行封闭管理，评审专家名单一般不对外公布。

评审专家和职称评审办事机构工作人员在评审工作保密期内不得对外泄露评审内容，不得私自接收评审材料，不得利用职务之便谋取不正当利益。

第二十五条　评审专家与评审工作有利害关系或者其他关系可能影响客观公正的，应当申请回避。

职称评审办事机构发现上述情形的，应当通知评审专家回避。

第二十六条　职称评审委员会组建单位对评审结果进行公示，公示期不少于5个工作日。

公示期间，对通过举报投诉等方式发现的问题线索，由职称评审委员会组建单位调查核实。

经公示无异议的评审通过人员，按照规定由人力资源社会保障行政部门或者职称评审委员会组建单位确认。具有职称评审权的用人单位，其经公示无异议的评审通过人员，按照规定由职称评审委员会核准部门备案。

第二十七条　申报人对涉及本人的评审结果不服的，可以按照有关规定申请复查、进行投诉。

第二十八条　不具备职称评审委员会组建条件的地区和单位,可以委托经核准备案的职称评审委员会代为评审。具体办法按照职称评审管理权限由国务院各部门、省级人力资源社会保障行政部门制定。

第二十九条　专业技术人才跨区域、跨单位流动时,其职称按照职称评审管理权限重新评审或者确认,国家另有规定的除外。

第五章　评审服务

第三十条　职称评审委员会组建单位应当建立职称评价服务平台,提供便捷化服务。

第三十一条　职称评审委员会组建单位应当加强职称评审信息化建设,推广在线评审,逐步实现网上受理、网上办理、网上反馈。

第三十二条　人力资源社会保障行政部门建立职称评审信息化管理系统,统一数据标准,规范评审结果等数据采集。

第三十三条　人力资源社会保障行政部门在保障信息安全和个人隐私的前提下,逐步开放职称信息查询验证服务,积极探索实行职称评审电子证书。电子证书与纸质证书具有同等效力。

第六章　监督管理

第三十四条　人力资源社会保障行政部门和行业主管部门应当加强对职称评审工作的监督检查。

被检查的单位、相关机构和个人应当如实提供与职称评审有关的资料,不得拒绝检查或者谎报、瞒报。

第三十五条　人力资源社会保障行政部门和行业主管部门通过质询、约谈、现场观摩、查阅资料等形式,对各级职称评审委员会及其组建单位开展的评审工作进行抽查、巡查,依据有关问题线索进行倒查、复查。

第三十六条　人力资源社会保障行政部门和行业主管部门应当依法查处假冒职称评审、制作和销售假证等违法行为。

第三十七条　职称评审委员会组建单位应当依法执行物价、财政部门核准的收费标准,自觉接受监督和审计。

第七章　法律责任

第三十八条　违反本规定第八条规定,职称评审委员会未经核准备案、有效期届满未重新核准备案或者超越职称评审权限、擅自扩大职称评审范围的，人力资源社会保障行政部门对其职称评审权限或者超越权限和范围的职称评审行为不予认可；情节严重的，由人力资源社会保障行政部门取消职称评审委员会组建单位职称评审权，并依法追究相关人员的责任。

第三十九条 违反本规定第十三条、第十五条规定，申报人通过提供虚假材料、剽窃他人作品和学术成果或者通过其他不正当手段取得职称的，由人力资源社会保障行政部门或者职称评审委员会组建单位撤销其职称，并记入职称评审诚信档案库，纳入全国信用信息共享平台，记录期限为3年。

第四十条 违反本规定第十六条规定，申报人所在工作单位未依法履行审核职责的，由人力资源社会保障行政部门或者职称评审委员会组建单位对直接负责的主管人员和其他直接责任人员予以批评教育，并责令采取补救措施；情节严重的，依法追究相关人员责任。

违反本规定第十七条规定，非公有制经济组织或者人事代理机构等未依法履行审核职责的，按照前款规定处理。

第四十一条 违反本规定第十八条规定，职称评审委员会组建单位未依法履行审核职责的，由人力资源社会保障行政部门对其直接负责的主管人员和其他直接责任人员予以批评教育，并责令采取补救措施；情节严重的，取消其职称评审权，并依法追究相关人员责任。

第四十二条 评审专家违反本规定第二十四条、第二十五条规定的，由职称评审委员会组建单位取消其评审专家资格，通报批评并记入职称评审诚信档案库；构成犯罪的，依法追究刑事责任。

职称评审办事机构工作人员违反本规定第二十四条、第二十五条规定的，由职称评审委员会组建单位责令不得再从事职称评审工作，进行通报批评；构成犯罪的，依法追究刑事责任。

第八章　附　　则

第四十三条 涉密领域职称评审的具体办法，由相关部门和单位参照本规定另行制定。

第四十四条 本规定自2019年9月1日起施行。

应急管理部关于修改《生产安全事故应急预案管理办法》的决定

（2019年7月11日应急管理部令第2号公布　自2019年9月1日起施行　国司备字[2019000463]）

为贯彻落实十三届全国人大一次会议批准的《国务院机构改革方案》和《生产安全事故应急条例》《国务院关于加快推进全国一体化在线政务服务平台建设的指导意见》，应急管理部决定对《生产安全事故应急预案管理办法》（国家安全生产监督管理总局令第88号）部分条款予以修改：

一、将第一条修改为："为规范生产安全事故应急预案管理工作，迅速有效处置生产安全事故，依据《中华人民共和国突发事件应对法》《中华人民共和国安全生产法》《生产安全事故应急条例》等法律、行政法规和《突发事件应急预案管理办法》（国办发〔2013〕101号），制定本办法。"

二、将第二条修改为："生产安全事故应急预案（以下简称应急预案）的编制、评审、公布、备案、实施及监督管理工作，适用本办法。"

三、将第四条第一款修改为："应急管理部负责全国应急预案的综合协调管理工作。国务院其他负有安全生产监督管理职责的部门在各自职责范围内，负责相关行业、领域应急预案的管理工作。"

四、将第十条第一款、第二款中的"事故风险评估"修改为"事故风险辨识、评估"；将第三款中的"事故风险评估结论"修改为"事故风险辨识评估结论"。

五、将第十一条第一款修改为："地方各级人民政府应急管理部门和其他负有安全生产监督管理职责的部门应当根据法律、法规、规章和同级人民政府以及上一级人民政府应急管理部门和其他负有安全生产监督管理职责的部门的应急预案，结合工作实际，组织编制相应的部门应急预案。"

六、将第十二条修改为："生产经营单位应当根据有关法律、法规、规章和相关标准，结合本单位组织管理体系、生产规模和可能发生的事故特点，与相关预案保持衔接，确立本单位的应急预案体系，编制相应的应急预案，并体现自救互救和先期处置等特点。"

七、将第二十一条修改为："矿山、金属冶炼企业和易燃易爆物品、危险化学品的生产、经营（带储存设施的，下同）、储存、运输企业，以及使用危险化学品达到国家规定数量的化工企业、烟花爆竹生产、批发经营企业和中型规模以上的其他生产经营单位，应当对本单位编制的应急预案进行评审，并形成书面评审纪要。

“前款规定以外的其他生产经营单位可以根据自身需要，对本单位编制的应急预案进行论证。”

八、将第二十四条第一款修改为：“生产经营单位的应急预案经评审或者论证后，由本单位主要负责人签署，向本单位从业人员公布，并及时发放到本单位有关部门、岗位和相关应急救援队伍。”

九、将第二十五条修改为：“地方各级人民政府应急管理部门的应急预案，应当报同级人民政府备案，同时抄送上一级人民政府应急管理部门，并依法向社会公布。

“地方各级人民政府其他负有安全生产监督管理职责的部门的应急预案，应当抄送同级人民政府应急管理部门。”

十、将第二十六条修改为：“易燃易爆物品、危险化学品等危险物品的生产、经营、储存、运输单位，矿山、金属冶炼、城市轨道交通运营、建筑施工单位，以及宾馆、商场、娱乐场所、旅游景区等人员密集场所经营单位，应当在应急预案公布之日起20个工作日内，按照分级属地原则，向县级以上人民政府应急管理部门和其他负有安全生产监督管理职责的部门进行备案，并依法向社会公布。

“前款所列单位属于中央企业的，其总部(上市公司)的应急预案，报国务院主管的负有安全生产监督管理职责的部门备案，并抄送应急管理部；其所属单位的应急预案报所在地的省、自治区、直辖市或者设区的市级人民政府主管的负有安全生产监督管理职责的部门备案，并抄送同级人民政府应急管理部门。

“本条第一款所列单位不属于中央企业的，其中非煤矿山、金属冶炼和危险化学品生产、经营、储存、运输企业，以及使用危险化学品达到国家规定数量的化工企业、烟花爆竹生产、批发经营企业的应急预案，按照隶属关系报所在地县级以上地方人民政府应急管理部门备案；本款前述单位以外的其他生产经营单位应急预案的备案，由省、自治区、直辖市人民政府负有安全生产监督管理职责的部门确定。

“油气输送管道运营单位的应急预案，除按照本条第一款、第二款的规定备案外，还应当抄送所经行政区域的县级人民政府应急管理部门。

“海洋石油开采企业的应急预案，除按照本条第一款、第二款的规定备案外，还应当抄送所经行政区域的县级人民政府应急管理部门和海洋石油安全监管机构。

"煤矿企业的应急预案除按照本条第一款、第二款的规定备案外,还应当抄送所在地的煤矿安全监察机构。"

十一、将第二十七条第二项修改为:"本办法第二十一条所列单位,应当提供应急预案评审意见";将第三项修改为:"应急预案电子文档"。

十二、将第三十二条修改为:"各级人民政府应急管理部门应当至少每两年组织一次应急预案演练,提高本部门、本地区生产安全事故应急处置能力。"

十三、在第三十三条增加两款,分别作为第二款、第三款:"易燃易爆物品、危险化学品等危险物品的生产、经营、储存、运输单位,矿山、金属冶炼、城市轨道交通运营、建筑施工单位,以及宾馆、商场、娱乐场所、旅游景区等人员密集场所经营单位,应当至少每半年组织一次生产安全事故应急预案演练,并将演练情况报送所在地县级以上地方人民政府负有安全生产监督管理职责的部门。

"县级以上地方人民政府负有安全生产监督管理职责的部门应当对本行政区域内前款规定的重点生产经营单位的生产安全事故应急救援预案演练进行抽查;发现演练不符合要求的,应当责令限期改正。"

十四、将第三十五条第二款中的"危险化学品等危险物品的生产、经营、储存企业"修改为"危险化学品等危险物品的生产、经营、储存、运输企业"。

十五、将第三十六条第三项修改为:"安全生产面临的风险发生重大变化的";删除第五项;将第六项改为第五项,并修改为"在应急演练和事故应急救援中发现需要修订预案的重大问题的";将第七项改为第六项。

十六、将第四十五条第一项中的"风险评估"修改为"风险辨识、评估";删除第三项;将第四项、第五项、第七项分别改第三项、第四项、第六项;将第六项改为第五项,并修改为"未按照规定进行应急预案修订的"。

在第四十五条增加一款作为第二款:"生产经营单位未按照规定进行应急预案备案的,由县级以上人民政府应急管理等部门依照职责责令限期改正;逾期未改正的,处 3 万元以上 5 万元以下的罚款,对直接负责的主管人员和其他直接责任人员处 1 万元以上 2 万元以下的罚款。"

十七、将第四条第二款、第二十条、第三十条、第三十一条、第四十一条、第四十二条、第四十五条、第四十七条中的"安全生产监督管理部门"修改为"人民政府应急管理部门";将第四条第二款中的"其他负有安全生产监督管理职责的部门"修改为"人民政府其他负有安全生产监督管理职责的部门";将第二十九条中的"各级安全生产监督管理部门"修改为"各级人民政府负有安全生产监督管理职责的部门”;将第三十九条中的“安全生产监督管理部门”修改为“事故发生地县级以上人民政府应急管理部门”;将第四十三条中的“安全生产监督管理部门”修改为“各级人民政府应急管理部门”;将第四十四条中的“县级以上安全生产监督管理部门”修改为“县级以上人民政府应急管理等部门”;将第四十六条中的“国家安全生产应急救援指挥中心”修改为“应急管理部”。

十八、增加一条,作为第四十八条:“对储存、使用易燃易爆物品、危险化学品等危险物品的科研机构、学校、医院等单位的安全事故应急预案的管理,参照本办法的有关规定执行。”

十九、将第四十八条修改为第四十九条。

本决定自2019年9月1日起施行。

《生产安全事故应急预案管理办法》根据本决定作相应修改后重新公布。

生产安全事故应急预案管理办法

(2016年6月3日国家安全生产监督管理总局令第88号公布 根据2019年7月11日应急管理部《关于修改〈生产安全事故应急预案管理办法〉的决定》修订)

第一章 总 则

第一条 为规范生产安全事故应急预案管理工作,迅速有效处置生产安全事故,依据《中华人民共和国突发事件应对法》《中华人民共和国安全生产法》《生产安全事故应急条例》等法律、行政法规和《突发事件应急预案管理办法》(国办发〔2013〕101号),制定本办法。

第二条 生产安全事故应急预案(以下简称应急预案)的编制、评审、公布、备案、实施及监督管理工作,适用本办法。

第三条 应急预案的管理实行属地为主、分级负责、分类指导、综合协调、动态管理的原则。

第四条 应急管理部负责全国应急预案的综合协调管理工作。国务院其他负有安全生产监督管理职责的部门在各自职责范围内,负责相关行业、领域应急预案的管理工作。

县级以上地方各级人民政府应急管理部门负责本行政区域内应急预案的

综合协调管理工作。县级以上地方各级人民政府其他负有安全生产监督管理职责的部门按照各自的职责负责有关行业、领域应急预案的管理工作。

第五条 生产经营单位主要负责人负责组织编制和实施本单位的应急预案,并对应急预案的真实性和实用性负责;各分管负责人应当按照职责分工落实应急预案规定的职责。

第六条 生产经营单位应急预案分为综合应急预案、专项应急预案和现场处置方案。

综合应急预案,是指生产经营单位为应对各种生产安全事故而制定的综合性工作方案,是本单位应对生产安全事故的总体工作程序、措施和应急预案体系的总纲。

专项应急预案,是指生产经营单位为应对某一种或者多种类型生产安全事故,或者针对重要生产设施、重大危险源、重大活动防止生产安全事故而制定的专项性工作方案。

现场处置方案,是指生产经营单位根据不同生产安全事故类型,针对具体场所、装置或者设施所制定的应急处置措施。

第二章 应急预案的编制

第七条 应急预案的编制应当遵循以人为本、依法依规、符合实际、注重实效的原则,以应急处置为核心,明确应急职责、规范应急程序、细化保障措施。

第八条 应急预案的编制应当符合下列基本要求:

(一)有关法律、法规、规章和标准的规定;

(二)本地区、本部门、本单位的安全生产实际情况;

(三)本地区、本部门、本单位的危险性分析情况;

(四)应急组织和人员的职责分工明确,并有具体的落实措施;

(五)有明确、具体的应急程序和处置措施,并与其应急能力相适应;

(六)有明确的应急保障措施,满足本地区、本部门、本单位的应急工作需要;

(七)应急预案基本要素齐全、完整,应急预案附件提供的信息准确;

(八)应急预案内容与相关应急预案相互衔接。

第九条 编制应急预案应当成立编制工作小组,由本单位有关负责人任组长,吸收与应急预案有关的职能部门和单位的人员,以及有现场处置经验的人员参加。

第十条 编制应急预案前，编制单位应当进行事故风险辨识、评估和应急资源调查。

事故风险辨识、评估，是指针对不同事故种类及特点，识别存在的危险危害因素，分析事故可能产生的直接后果以及次生、衍生后果，评估各种后果的危害程度和影响范围，提出防范和控制事故风险措施的过程。

应急资源调查，是指全面调查本地区、本单位第一时间可以调用的应急资源状况和合作区域内可以请求援助的应急资源状况，并结合事故风险辨识评估结论制定应急措施的过程。

第十一条 地方各级人民政府应急管理部门和其他负有安全生产监督管理职责的部门应当根据法律、法规、规章和同级人民政府以及上一级人民政府应急管理部门和其他负有安全生产监督管理职责的部门的应急预案，结合工作实际，组织编制相应的部门应急预案。

部门应急预案应当根据本地区、本部门的实际情况，明确信息报告、响应分级、指挥权移交、警戒疏散等内容。

第十二条 生产经营单位应当根据有关法律、法规、规章和相关标准，结合本单位组织管理体系、生产规模和可能发生的事故特点，与相关预案保持衔接，确立本单位的应急预案体系，编制相应的应急预案，并体现自救互救和先期处置等特点。

第十三条 生产经营单位风险种类多、可能发生多种类型事故的，应当组织编制综合应急预案。

综合应急预案应当规定应急组织机构及其职责、应急预案体系、事故风险描述、预警及信息报告、应急响应、保障措施、应急预案管理等内容。

第十四条 对于某一种或者多种类型的事故风险，生产经营单位可以编制相应的专项应急预案，或将专项应急预案并入综合应急预案。

专项应急预案应当规定应急指挥机构与职责、处置程序和措施等内容。

第十五条 对于危险性较大的场所、装置或者设施，生产经营单位应当编制现场处置方案。

现场处置方案应当规定应急工作职责、应急处置措施和注意事项等内容。

事故风险单一、危险性小的生产经营单位，可以只编制现场处置方案。

第十六条 生产经营单位应急预案应当包括向上级应急管理机构报告的内容、应急组织机构和人员的联系方式、应急物资储备清单等附件信息。附件信息发生变化时，应当及时更新，确保准确有效。

第十七条 生产经营单位组织应急预案编制过程中，应当根据法律、法规、规章的规定或者实际需要，征求相关应急救援队伍、公民、法人或者其他组织的意见。

第十八条 生产经营单位编制的各类应急预案之间应当相互衔接，并与相关人民政府及其部门、应急救援队伍和涉及的其他单位的应急预案相衔接。

第十九条 生产经营单位应当在编制应急预案的基础上，针对工作场所、岗位的特点，编制简明、实用、有效的应急处置卡。

应急处置卡应当规定重点岗位、人员的应急处置程序和措施，以及相关联络人员和联系方式，便于从业人员携带。

第三章 应急预案的评审、公布和备案

第二十条 地方各级人民政府应急管理部门应当组织有关专家对本部门编制的部门应急预案进行审定；必要时，可以召开听证会，听取社会有关方面的意见。

第二十一条 矿山、金属冶炼企业和易燃易爆物品、危险化学品的生产、经营（带储存设施的，下同）、储存、运输企业，以及使用危险化学品达到国家规定数量的化工企业、烟花爆竹生产、批发经营企业和中型规模以上的其他生产经营单位，应当对本单位编制的应急预案进行评审，并形成书面评审纪要。

前款规定以外的其他生产经营单位可以根据自身需要，对本单位编制的应急预案进行论证。

第二十二条 参加应急预案评审的人员应当包括有关安全生产及应急管理方面的专家。

评审人员与所评审应急预案的生产经营单位有利害关系的，应当回避。

第二十三条 应急预案的评审或者论证应当注重基本要素的完整性、组织体系的合理性、应急处置程序和措施的针对性、应急保障措施的可行性、应急预案的衔接性等内容。

第二十四条 生产经营单位的应急预案经评审或者论证后，由本单位主要负责人签署，向本单位从业人员公布，并及时发放到本单位有关部门、岗位和相关应急救援队伍。

事故风险可能影响周边其他单位、人员的，生产经营单位应当将有关事故风险的性质、影响范围和应急防范措施告知周边的其他单位和人员。

第二十五条 地方各级人民政府应急管理部门的应急预案，应当报同级人民政府备案，同时抄送上一级人民政府应急管理部门，并依法向社会公布。

地方各级人民政府其他负有安全生产监督管理职责的部门的应急预案，应当抄送同级人民政府应急管理部门。

第二十六条 易燃易爆物品、危险化学品等危险物品的生产、经营、储存、运输单位，矿山、金属冶炼、城市轨道交通运营、建筑施工单位，以及宾馆、商场、娱乐场所、旅游景区等人员密集场所经营单位，应当在应急预案公布之日起20个工作日内，按照分级属地原则，向县级以上人民政府应急管理部门和其他负有安全生产监督管理职责的部门进行备案，并依法向社会公布。

前款所列单位属于中央企业的，其总部（上市公司）的应急预案，报国务院主管的负有安全生产监督管理职责的部门备案，并抄送应急管理部；其所属单位的应急预案报所在地的省、自治区、直辖市或者设区的市级人民政府主管的负有安全生产监督管理职责的部门备案，并抄送同级人民政府应急管理部门。

本条第一款所列单位不属于中央企业的，其中非煤矿山、金属冶炼和危险化学品生产、经营、储存、运输企业，以及使用危险化学品达到国家规定数量的化工企业、烟花爆竹生产、批发经营企业的应急预案，按照隶属关系报所在地县级以上地方人民政府应急管理部门备案；本款前述单位以外的其他生产经营单位应急预案的备案，由省、自治区、直辖市人民政府负有安全生产监督管理职责的部门确定。

油气输送管道运营单位的应急预案，除按照本条第一款、第二款的规定备案外，还应当抄送所经行政区域的县级人民政府应急管理部门。

海洋石油开采企业的应急预案，除按照本条第一款、第二款的规定备案外，还应当抄送所经行政区域的县级人民政府应急管理部门和海洋石油安全监管机构。

煤矿企业的应急预案除按照本条第一款、第二款的规定备案外，还应当抄送所在地的煤矿安全监察机构。

第二十七条 生产经营单位申报应急预案备案，应当提交下列材料：

（一）应急预案备案申报表；

（二）本办法第二十一条所列单位，应当提供应急预案评审意见；

（三）应急预案电子文档；

（四）风险评估结果和应急资源调查清单。

第二十八条 受理备案登记的负有安全生产监督管理职责的部门应当在5个工作日内对应急预案材料进行核对，材料齐全的，应当予以备案并出具应急预案备案登记表；材料不齐全的，不予备案并一次性告知需要补齐的材料。逾期不予备案又不说明理由的，视为已经备案。

对于实行安全生产许可的生产经营单位，已经进行应急预案备案的，在申请安全生产许可证时，可以不提供相应的应急预案，仅提供应急预案备案登记表。

第二十九条 各级人民政府负有安全生产监督管理职责的部门应当建立应急预案备案登记建档制度，指导、督促生产经营单位做好应急预案的备案登记工作。

第四章 应急预案的实施

第三十条 各级人民政府应急管理部门、各类生产经营单位应当采取多种形式开展应急预案的宣传教育，普及生产安全事故避险、自救和互救知识，提高从业人员和社会公众的安全意识与应急处置技能。

第三十一条 各级人民政府应急管理部门应当将本部门应急预案的培训纳入安全生产培训工作计划，并组织实施本行政区域内重点生产经营单位的应急预案培训工作。

生产经营单位应当组织开展本单位的应急预案、应急知识、自救互救和避险逃生技能的培训活动，使有关人员了解应急预案内容，熟悉应急职责、应急处置程序和措施。

应急培训的时间、地点、内容、师资、参加人员和考核结果等情况应当如实记入本单位的安全生产教育和培训档案。

第三十二条 各级人民政府应急管理部门应当至少每两年组织一次应急预案演练，提高本部门、本地区生产安全事故应急处置能力。

第三十三条 生产经营单位应当制定本单位的应急预案演练计划，根据本单位的事故风险特点，每年至少组织一次综合应急预案演练或者专项应急预案演练，每半年至少组织一次现场处置方案演练。

易燃易爆物品、危险化学品等危险物品的生产、经营、储存、运输单位，矿山、金属冶炼、城市轨道交通运营、建筑施工单位，以及宾馆、商场、娱乐场所、旅游景区等人员密集场所经营单位，应当至少每半年组织一次生产安全事故应急预案演练，并将演练情况报送所在地县级以上地方人民政府负有安全生产监督管理职责的部门。

县级以上地方人民政府负有安全生产监督管理职责的部门应当对本行政区域内前款规定的重点生产经营单位的生产安全事故应急救援预案演练进行抽查；发现演练不符合要求的，应当责令限期改正。

第三十四条 应急预案演练结束后，应急预案演练组织单位应当对应急预案演练效果进行评估，撰写应急预案演练评估报告，分析存在的问题，并对应急预案提出修订意见。

第三十五条 应急预案编制单位应当建立应急预案定期评估制度，对预案内容的针对性和实用性进行分析，并对应急预案是否需要修订作出结论。

矿山、金属冶炼、建筑施工企业和易燃易爆物品、危险化学品等危险物品的生产、经营、储存、运输企业、使用危险化学品达到国家规定数量的化工企业、烟花爆竹生产、批发经营企业和中型规模以上的其他生产经营单位，应当每三年进行一次应急预案评估。

应急预案评估可以邀请相关专业机构或者有关专家、有实际应急救援工作经验的人员参加，必要时可以委托安全生产技术服务机构实施。

第三十六条 有下列情形之一的，应急预案应当及时修订并归档：

（一）依据的法律、法规、规章、标准及上位预案中的有关规定发生重大变化的；

（二）应急指挥机构及其职责发生调整的；

（三）安全生产面临的风险发生重大变化的；

（四）重要应急资源发生重大变化的；

（五）在应急演练和事故应急救援中发现需要修订预案的重大问题的；

（六）编制单位认为应当修订的其他情况。

第三十七条 应急预案修订涉及组织指挥体系与职责、应急处置程序、主要处置措施、应急响应分级等内容变更的，修订工作应当参照本办法规定的应急预案编制程序进行，并按照有关应急预案报备程序重新备案。

第三十八条 生产经营单位应当按照应急预案的规定，落实应急指挥体系、应急救援队伍、应急物资及装备，建立应急物资、装备配备及其使用档案，并对应急物资、装备进行定期检测和维护，使其处于适用状态。

第三十九条 生产经营单位发生事故时，应当第一时间启动应急响应，组织有关力量进行救援，并按照规定将事故信息及应急响应启动情况报告事故发生地县级以上人民政府应急管理部门和其他负有安全生产监督管理职责的部门。

第四十条 生产安全事故应急处置和应急救援结束后，事故发生单位应当对应急预案实施情况进行总结评估。

第五章 监督管理

第四十一条 各级人民政府应急管理部门和煤矿安全监察机构应当将生产经营单位应急预案工作纳入年度监督检查计划，明确检查的重点内容和标准，并严格按照计划开展执法检查。

第四十二条 地方各级人民政府应急管理部门应当每年对应急预案的监督管理工作情况进行总结,并报上一级人民政府应急管理部门。

第四十三条 对于在应急预案管理工作中做出显著成绩的单位和人员,各级人民政府应急管理部门、生产经营单位可以给予表彰和奖励。

第六章 法律责任

第四十四条 生产经营单位有下列情形之一的,由县级以上人民政府应急管理等部门依照《中华人民共和国安全生产法》第九十四条的规定,责令限期改正,可以处5万元以下罚款;逾期未改正的,责令停产停业整顿,并处5万元以上10万元以下的罚款,对直接负责的主管人员和其他直接责任人员处1万元以上2万元以下的罚款:

(一)未按照规定编制应急预案的;

(二)未按照规定定期组织应急预案演练的。

第四十五条 生产经营单位有下列情形之一的,由县级以上人民政府应急管理部门责令限期改正,可以处1万元以上3万元以下的罚款:

(一)在应急预案编制前未按照规定开展风险辨识、评估和应急资源调查的;

(二)未按照规定开展应急预案评审的;

(三)事故风险可能影响周边单位、人员的,未将事故风险的性质、影响范围和应急防范措施告知周边单位和人员的;

(四)未按照规定开展应急预案评估的;

(五)未按照规定进行应急预案修订的;

(六)未落实应急预案规定的应急物资及装备的。

生产经营单位未按照规定进行应急预案备案的,由县级以上人民政府应急管理等部门依照职责责令限期改正;逾期未改正的,处3万元以上5万元以下的罚款,对直接负责的主管人员和其他直接责任人员处1万元以上2万元以下的罚款。

第七章 附则

第四十六条 《生产经营单位生产安全事故应急预案备案申报表》和《生产经营单位生产安全事故应急预案备案登记表》由应急管理部统一制定。

第四十七条 各省、自治区、直辖市应急管理部门可以依据本办法的规定，结合本地区实际制定实施细则。

第四十八条 对储存、使用易燃易爆物品、危险化学品等危险物品的科研机构、学校、医院等单位的安全事故应急预案的管理，参照本办法的有关规定执行。

第四十九条 本办法自2016年7月1日起施行。

司法解释

最高人民法院关于废止部分司法解释（第十三批）的决定

（2019年5月13日最高人民法院审判委员会第1768次会议通过　2019年7月8日最高人民法院公告公布　自2019年7月20日起施行　法释〔2019〕11号）

为适应形势发展变化，保证国家法律统一正确适用，根据有关法律规定和审判实际需要，现决定废止103件司法解释（目录附后）。废止的司法解释自本决定施行之日起不再适用，但此前依据这些司法解释对有关案件作出的判决、裁定仍然有效。

本决定自2019年7月20日起施行。

附件：《最高人民法院决定废止的部分司法解释的目录（第十三批）》

最高人民法院决定废止的部分司法解释的目录

（第十三批）

序号	标题	发文日期和文号	理由
1	最高人民法院关于判决书的原本正本抄本如何区别问题的批复	1957年9月13日	社会形势发生变化，不再适用。
2	最高人民法院信访处接待来访工作细则	1980年6月20日	最高人民法院信访处已取消，实际已失效。

续表

序号	标题	发文日期和文号	理由
3	最高人民法院关于试行法院诉讼文书样式的通知	1992年6月20日 法发〔1992〕18号	已被《最高人民法院关于印发〈法院刑事诉讼文书样式〉(样本)的通知》《行政诉讼文书样式(试行)》《最高人民法院关于印发〈人民法院民事裁判文书制作规范〉〈民事诉讼文书样式〉的通知》代替。
4	最高人民法院关于《法院诉讼文书样式(试行)》若干问题的解答	1993年4月21日 法办发〔1993〕3号	已被《最高人民法院关于印发〈法院刑事诉讼文书样式〉(样本)的通知》《行政诉讼文书样式(试行)》《最高人民法院关于印发〈人民法院民事裁判文书制作规范〉〈民事诉讼文书样式〉的通知》代替。
5	最高人民法院关于充分发挥审判职能作用,保障和促进全民所有制工业企业转换经营机制的通知	1993年8月6日 法发〔1993〕13号	社会形势发生变化,不再适用。
6	最高人民法院印发《关于人民法院立案工作的暂行规定》的通知 附:最高人民法院关于人民法院立案工作的暂行规定	1997年4月21日 法发〔1997〕7号	已被《最高人民法院关于人民法院登记立案若干问题的规定》代替。
7	最高人民法院关于承认和执行外国仲裁裁决收费及审查期限问题的规定	1998年11月14日 法释〔1998〕28号	民事诉讼法、《诉讼费用交纳办法》已规定。
8	最高人民法院关于人民法院在互联网公布裁判文书的规定	2013年11月21日 法释〔2013〕26号	已被《最高人民法院关于人民法院在互联网公布裁判文书的规定》代替。
9	最高人民法院关于人民法院大力支持税收征管工作的通知	1989年11月4日 法(行)发〔1989〕31号	与刑事诉讼法、行政诉讼法冲突。

续表

序号	标题	发文日期和文号	理由
10	最高人民法院关于人民法院审理行政案件对缺乏法律和法规依据的规章的规定应如何参照问题的答复	1994年1月13日 法行复字〔1993〕第5号	依据已被《公路安全保护条例》废止,不再适用。
11	最高人民法院关于行政机关根据法院的协助执行通知书实施的行政行为是否属于人民法院行政诉讼受案范围的批复	2004年7月13日 法释〔2004〕6号	已被《最高人民法院关于适用〈中华人民共和国行政诉讼法〉的解释》代替。
12	最高人民法院关于行政案件管辖若干问题的规定	2008年1月14日 法释〔2008〕1号	行政诉讼法及相关司法解释已规定。
13	最高人民法院关于公路路政管理机构行政主体资格及有关法律适用问题的答复	1995年1月15日 〔1994〕行复字第4号	依据已被《公路安全保护条例》废止,不再适用。
14	最高人民法院行政审判庭关于对公安机关采取监视居住行为不服提起诉讼法院应否受理问题的电话答复	1991年5月25日	刑事诉讼法已规定。
15	最高人民法院关于在同一事实中对同一当事人,行政机关同时作出限制人身自由和扣押财产两种具体行政行为,当事人依法向其住所地法院起诉,受诉法院是否可以合并审理问题的答复	1993年7月9日 〔93〕行他16号	已被《最高人民法院关于适用〈中华人民共和国行政诉讼法〉的解释》代替。
16	最高人民法院关于当事人达不成拆迁补偿安置协议就补偿安置争议提起民事诉讼人民法院应否受理问题的批复	2005年8月1日 法释〔2005〕9号	依据已被《国有土地上房屋征收与补偿条例》废止,不再适用。

续表

序号	标题	发文日期和文号	理由
17	最高人民法院行政审判庭关于税务行政案件起诉期限问题的电话答复	1990 年 12 月 27 日	依据已被税收征收管理法代替,不再适用。
18	最高人民法院办公厅关于转发《国务院办公厅关于征收水资源费有关问题的通知》的通知 附:国务院办公厅关于征收水资源费有关问题的通知(1995 年 4 月 25 日)	1995 年 5 月 10 日 法办发〔1995〕1 号	转发的通知已被废止,不再适用。
19	最高人民法院关于对行政侵权赔偿案件执行中有关问题的复函	1993 年 6 月 16 日 法函〔1993〕51 号	国家赔偿法已规定。
20	最高人民法院关于对因政府调整划转企业国有资产引起的纠纷是否受理问题的批复	1996 年 4 月 2 日 法复〔1996〕4 号	社会形势发生变化,不再适用。
21	最高人民法院关于公安机关不履行法定行政职责是否承担行政赔偿责任问题的批复	2001 年 7 月 17 日 法释〔2001〕23 号	已被《最高人民法院关于适用〈中华人民共和国行政诉讼法〉的解释》代替。
22	最高人民法院关于印发《最高人民法院审判委员会工作规则》的通知 附:最高人民法院审判委员会工作规则	1993 年 9 月 11 日 法发〔1993〕23 号	已被《最高人民法院关于印发〈关于改革和完善人民法院审判委员会制度的实施意见〉的通知》代替。
23	最高人民法院关于人民法院相互办理委托事项的规定	1993 年 9 月 25 日 法发〔1993〕26 号	已被《最高人民法院关于适用〈中华人民共和国民事诉讼法〉的解释》代替。

续表

序号	标题	发文日期和文号	理由
24	最高人民法院关于印发《中华人民共和国人民法院法庭规则》的通知 附:中华人民共和国人民法院法庭规则	1993年12月1日 法发〔1993〕40号	已被《最高人民法院关于修改〈中华人民共和国人民法院法庭规则〉的决定》修正。
25	最高人民法院关于人民检察院对行政诉讼进行法律监督具体程序问题请示的答复	1991年8月19日 法(行)函〔1991〕91号	已被《最高人民法院关于适用〈中华人民共和国行政诉讼法〉的解释》代替。
26	最高人民法院关于对医疗事故争议案件人民法院应否受理的复函	1989年10月10日 法(行)函〔1989〕63号	依据已被废止,不再适用。
27	最高人民法院关于管制犯在管制期间又犯新罪被判处拘役或有期徒刑应如何执行的问题的批复	1981年7月27日 〔1981〕法研字第18号	刑法已作规定。
28	最高人民法院研究室关于有期徒刑罪犯减刑后又改判应如何确定执行刑期问题的答复	1994年6月14日	已被《最高人民法院关于办理减刑、假释案件具体应用法律的规定》代替。
29	最高人民法院研究室关于原判有期徒刑的罪犯被裁定减刑后又经再审改判为无期徒刑应如何确定执行刑期问题的答复	1995年12月25日	已被《最高人民法院关于办理减刑、假释案件具体应用法律的规定》代替。
30	最高人民法院研究室关于对拘役犯在缓刑期间发现其隐瞒余罪判处有期徒刑应如何执行问题的电话答复	1984年9月17日	刑法已作规定。

续表

序号	标题	发文日期和文号	理由
31	最高人民法院研究室关于被判处拘役缓刑的罪犯在考验期内又犯新罪应如何执行问题的电话答复	1988年3月24日	与刑法冲突。
32	最高人民法院关于对无期徒刑犯减刑后原审法院发现原判决确有错误予以改判,原减刑裁定应否撤销问题的批复	1989年1月3日 法(研)复〔1989〕2号	已被《最高人民法院关于办理减刑、假释案件具体应用法律的规定》代替。
33	最高人民法院研究室关于有期徒刑犯减刑后又改判的原减刑裁定撤销后应如何办理减刑手续问题的电话答复	1990年4月5日	已被《最高人民法院关于办理减刑、假释案件具体应用法律的规定》代替。
34	最高人民法院研究室关于原判无期徒刑的罪犯经减刑后又改判应如何处理减刑问题的电话答复	1992年1月20日	已被《最高人民法院关于办理减刑、假释案件具体应用法律的规定》代替。
35	最高人民法院研究室关于死缓犯和无期徒刑犯经几次减刑后又改判原减刑裁定是否均应撤销问题的电话答复	1992年4月1日	已被《最高人民法院关于办理减刑、假释案件具体应用法律的规定》代替。
36	最高人民法院关于办理减刑、假释案件具体应用法律若干问题的规定	2012年1月17日 法释〔2012〕2号	已被《最高人民法院关于办理减刑、假释案件具体应用法律的规定》代替。
37	最高人民法院关于劳动教养日期可否折抵刑期问题的批复	1981年7月6日 〔1981〕法研字第14号	劳动教养制度已废除,不再适用。
38	最高人民法院研究室关于行政拘留日期折抵刑期问题的电话答复	1988年2月23日	行政处罚法已规定。

续表

序号	标题	发文日期和文号	理由
39	最高人民法院研究室关于对诈骗后抵债的赃款能否判决追缴问题的电话答复	1992年8月26日	已被《最高人民法院、最高人民检察院关于办理诈骗刑事案件具体应用法律问题若干问题的解释》《最高人民法院关于刑事裁判涉财产部分执行的若干规定》代替。
40	最高人民法院关于农村合作基金会从业人员犯罪如何定性问题的批复	2000年5月8日 法释〔2000〕10号	农村合作基金会已被国务院取消,不再适用。
41	最高人民法院研究室关于军事法院判处的重婚案件其非法婚姻部分由谁判决问题的电话答复	1980年11月27日	婚姻法已规定。
42	最高人民法院研究室关于利用职务上的便利条件窃取技术资料转让获利是否构成犯罪问题的电话答复	1992年5月19日	与刑法冲突。
43	最高人民法院研究室关于对重大责任事故和玩忽职守案件造成经济损失需追究刑事责任的数额标准应否做出规定问题的电话答复	1987年10月20日	已被《最高人民法院、最高人民检察院关于办理危害生产安全刑事案件适用法律若干问题的解释》《最高人民法院、最高人民检察院关于办理渎职刑事案件适用法律若干问题的解释(一)》代替。
44	最高人民法院关于未被公安机关正式录用的人员、狱医能否构成失职致使在押人员脱逃罪主体问题的批复	2000年9月19日 法释〔2000〕28号	《全国人民代表大会常务委员会关于〈中华人民共和国刑法〉第九章渎职罪主体适用问题的解释》已规定。
45	最高人民法院关于人民法院应否受理当事人不服治安管理处罚而提起的刑事自诉问题的批复	1993年9月3日 法复〔1993〕8号	已被《最高人民法院关于适用〈中华人民共和国刑事诉讼法〉的解释》代替。

续表

序号	标题	发文日期和文号	理由
46	最高人民法院研究室关于铁路运输高级法院撤销以后刑事申诉案件管辖问题的电话答复	1989年1月7日	已被《最高人民法院关于适用〈中华人民共和国刑事诉讼法〉的解释》代替。
47	最高人民法院关于第二审人民法院审理死刑案件被告人没有委托辩护人的是否应为其指定辩护人问题的批复	1997年11月12日 法释〔1997〕7号	已被《最高人民法院关于适用〈中华人民共和国刑事诉讼法〉的解释》代替。
48	最高人民法院研究室关于判处死刑缓期二年执行的附带民事诉讼案件制作法律文书有关问题的答复	1993年8月12日 法明传〔1993〕251号	已被《最高人民法院关于印发〈法院刑事诉讼文书样式〉（样本）的通知》代替。
49	最高人民法院研究室关于刑事第二审案件如何确定审判时限问题的电话答复	1990年12月30日	与刑事诉讼法冲突。
50	最高人民法院关于刑事第二审判决改变第一审判决认定的罪名后能否加重附加刑的批复	2008年6月6日 法释〔2008〕8号	已被《最高人民法院关于适用〈中华人民共和国刑事诉讼法〉的解释》代替。
51	最高人民法院关于贯彻执行民事政策法律若干问题的意见	1984年8月30日	社会形势发生变化，不再适用。
52	最高人民法院关于确认和处理无效经济合同适用何种法律文书问题的批复	1990年1月20日 法（经）复〔1990〕2号	社会形势发生变化，不再适用。
53	最高人民法院关于对注册资金投入未达到法规规定最低限额的企业法人签订的经济合同效力如何确认问题的批复	1997年2月25日 法复〔1997〕2号	与公司法冲突。

续表

序号	标题	发文日期和文号	理由
54	最高人民法院关于依据何种标准计算电话费滞纳金问题的批复	1998年12月29日 法释〔1998〕31号	依据已被废止,不再适用。
55	最高人民法院关于如何确认公民与企业之间借贷行为效力问题的批复	1999年12月29日 法释〔1999〕19号	已被《最高人民法院关于审理民间借贷案件适用法律若干问题的规定》代替
56	最高人民法院关于国家机关能否作经济合同的保证人及担保条款无效时经济合同是否有效问题的批复	1988年10月4日 法(研)复〔1988〕39号	合同法、担保法已规定
57	最高人民法院关于适用婚姻法问题的通知	1981年2月21日 〔81〕法民字第4号	社会形势发生变化,不再适用。
58	最高人民法院关于对适用婚姻法问题的通知的请示的复函	1981年4月13日 〔81〕法民字第5号	社会形势发生变化,不再适用。
59	最高人民法院关于债务人有多个债权人而将其全部财产抵押给其中一个债权人是否有效问题的批复	1994年3月26日 法复〔1994〕2号	与合同法、物权法冲突。
60	最高人民法院关于胡拴毛诉梁宝堂索要信息费一案的复函	1990年11月19日 〔1990〕民他字第31号	依据已被废止,不再适用。
61	最高人民法院关于如何确定借款合同履行地问题的批复	1993年11月17日 法复〔1993〕10号	已被《最高人民法院关于审理民间借贷案件适用法律若干问题的规定》代替。
62	最高人民法院关于企业相互借贷的合同出借方尚未取得约定利息人民法院应当如何裁决问题的解答	1996年3月25日 法复〔1996〕2号	与《最高人民法院关于审理民间借贷案件适用法律若干问题的规定》冲突。

续表

序号	标题	发文日期和文号	理由
63	最高人民法院关于购销合同履行地的特殊约定问题的批复	1990年8月19日 法(经)复〔1990〕11号	依据已被废止,不再适用。
64	最高人民法院关于同意指定青岛市中级人民法院为审理专利纠纷案件第一审法院问题的批复	1988年5月14日 法(经)复〔1988〕22号	已被《最高人民法院关于同意杭州市、宁波市、合肥市、福州市、济南市、青岛市中级人民法院内设专门审判机构并跨区域管辖部分知识产权案件的批复》代替。
65	最高人民法院关于在经济审判工作中严格执行《中华人民共和国民事诉讼法》的若干规定	1994年12月22日 法发〔1994〕29号	已被《最高人民法院关于适用〈中华人民共和国民事诉讼法〉的解释》代替。
66	最高人民法院关于民事经济审判方式改革问题的若干规定	1998年7月6日 法释〔1998〕14号	已被《最高人民法院关于适用〈中华人民共和国民事诉讼法〉的解释》代替。
67	最高人民法院关于湖南省供销社等单位与省肉食水产公司房屋纠纷一案应否受理的复函	1990年3月6日 〔89〕民监字第600号	已被《最高人民法院关于适用〈中华人民共和国民事诉讼法〉的解释》代替。
68	最高人民法院关于民事诉讼当事人因证据不足撤诉后在诉讼时效内再次起诉人民法院应否受理问题的批复	1990年3月10日 法(民)复〔1990〕3号	已被《最高人民法院关于适用〈中华人民共和国民事诉讼法〉的解释》代替。
69	最高人民法院关于当事人对医疗事故鉴定结论有异议又不申请重新鉴定而以要求医疗单位赔偿经济损失为由向人民法院起诉的案件应否受理问题的复函	1990年11月7日 〔1990〕民他字第44号	依据已失效,民事诉讼法已规定。

续表

序号	标题	发文日期和文号	理由
70	最高人民法院关于企业经营者依企业承包经营合同要求保护其合法权益的起诉人民法院应否受理的批复	1991年8月13日法(经)复〔1991〕4号	已被《最高人民法院关于适用〈中华人民共和国民事诉讼法〉的解释》代替。
71	最高人民法院关于广东省高要县百货公司南岸批发部和高要县百货公司诉广西壮族自治区凤凰华侨农工商服务公司柳州办事处和湖南省工矿民族贸易公司购销青苎麻合同货款纠纷案与湖南省工矿民族贸易公司诉湖南省工商行政管理局行政处理决定案重复受理应如何处理的复函	1993年5月22日法经〔1993〕85号	社会形势发生变化，不再适用。
72	最高人民法院关于受理房屋拆迁、补偿、安置等案件问题的批复	1996年7月24日法复〔1996〕12号	行政诉讼法和《国有土地上房屋征收与补偿条例》已规定。
73	最高人民法院关于人民检察院对民事调解书提出抗诉人民法院应否受理问题的批复	1999年2月9日法释〔1999〕4号	民事诉讼法已规定
74	最高人民法院关于人民法院是否受理因邮电部门电报稽延纠纷提起诉讼问题的批复	1999年6月9日法释〔1999〕11号	已被《最高人民法院关于人民法院登记立案若干问题的规定》代替。
75	最高人民法院关于合同转让后如何确定合同签订地的批复	1986年10月30日法（经）复〔1986〕30号	依据已失效，且已被《最高人民法院关于适用〈中华人民共和国民事诉讼法〉的解释》代替。

续表

序号	标题	发文日期和文号	理由
76	最高人民法院关于中国人民解放军和武警部队向地方开放的医疗单位发生的医疗赔偿纠纷由有管辖权的人民法院受理的复函	1990年6月4日〔1990〕民他字第15号	已被《最高人民法院关于适用〈中华人民共和国民事诉讼法〉的解释》和《最高人民法院关于军事法院管辖民事案件若干问题的规定》代替。
77	最高人民法院关于合同双方当事人协议约定发生纠纷各自可向所在地人民法院起诉如何确定管辖问题的复函	1994年11月27日法经〔1994〕307号	民事诉讼法已规定。
78	最高人民法院关于珠海市东兴房产综合开发公司与珠海经济特区侨辉房产公司、中国农村发展信托投资公司浙江办事处合作经营房地产合同纠纷案管辖问题的通知	1995年11月9日法函〔1995〕143号	已被《最高人民法院关于适用〈中华人民共和国民事诉讼法〉的解释》代替。
79	最高人民法院关于当事人在合同中协议选择管辖法院问题的复函	1995年12月7日法函〔1995〕157号	与《最高人民法院关于适用〈中华人民共和国民事诉讼法〉的解释》冲突。
80	最高人民法院关于适用法发〔1996〕28号司法解释问题的批复	1998年2月13日法释〔1998〕3号	依据已失效,不再适用。
81	最高人民法院关于对被监禁或被劳动教养的人提起的民事诉讼如何确定案件管辖问题的批复	2010年12月9日法释〔2010〕16号	民事诉讼法已规定。
82	最高人民法院关于人民法院的审判人员可否担任民事案件当事人的委托代理人的批复	1984年1月11日〔1983〕民他字第37号	已被《关于审判人员在诉讼活动中执行回避制度若干问题的规定》代替。

续表

序号	标题	发文日期和文号	理由
83	最高人民法院关于双方不服政府对山林纠纷的处理决定向人民法院起诉应将谁列为被告问题的批复	1986年11月7日〔86〕民他字第46号	社会形势发生变化，不再适用。
84	最高人民法院关于经商检局检验出口的商品被退回应否将商检局列为经济合同质量纠纷案件当事人问题的批复	1998年6月23日法释〔1998〕12号	社会形势发生变化，不再适用。
85	最高人民法院关于计算机软件著作权纠纷中外籍当事人应否委托中国律师代理诉讼问题的答复	1995年1月2日〔1994〕民他字第29号	已被《最高人民法院关于适用〈中华人民共和国民事诉讼法〉的解释》代替。
86	最高人民法院关于未经对方当事人同意私自录制其谈话取得的资料不能作为证据使用的批复	1995年3月6日法复〔1995〕2号	民事诉讼法已规定。
87	最高人民法院关于印发《经济纠纷案件适用简易程序开庭审理的若干规定》的通知附：经济纠纷案件适用简易程序开庭审理的若干规定	1993年11月16日法发〔1993〕35号	已被《最高人民法院关于适用〈中华人民共和国民事诉讼法〉的解释》代替。
88	最高人民法院关于印发《第一审经济纠纷案件适用普通程序开庭审理的若干规定》的通知 附：第一审经济纠纷案件适用普通程序开庭审理的若干规定	1993年11月16日法发〔1993〕34号	已被《最高人民法院关于适用〈中华人民共和国民事诉讼法〉的解释》代替。
89	最高人民法院关于民事调解书确有错误当事人没有申请再审的案件人民法院可否再审问题的批复	1993年3月8日〔1993〕民他字第1号	民事诉讼法已规定。

续表

序号	标题	发文日期和文号	理由
90	最高人民法院关于民事损害赔偿案件当事人的再审申请超出原审诉讼请求人民法院是否应当再审问题的批复	2002年7月18日 法释〔2002〕19号	已被《最高人民法院关于适用〈中华人民共和国民事诉讼法〉的解释》代替。
91	最高人民法院关于人民法院对民事案件发回重审和指令再审有关问题的规定	2002年7月31日 法释〔2002〕24号	已被《最高人民法院关于民事审判监督程序严格依法适用指令再审和发回重审若干问题的规定》代替。
92	最高人民法院关于审理涉及人民调解协议的民事案件的若干规定	2002年9月16日 法释〔2002〕29号	已被《最高人民法院关于人民调解协议司法确认程序的若干规定》代替。
93	最高人民法院关于审判监督程序中,上级人民法院对下级人民法院已经发生法律效力的判决、裁定,何时裁定中止执行和中止执行的裁定由谁署名问题的批复	1985年7月9日 法(民)复〔1985〕41号	已被《最高人民法院关于适用〈中华人民共和国民事诉讼法〉的解释》代替。
94	最高人民法院关于在执行经济纠纷案件中严禁违法拘留人的通知	1992年8月29日 法发〔1992〕25号	已被《最高人民法院关于人民法院执行工作若干问题的规定(试行)》《最高人民法院关于适用〈中华人民共和国民事诉讼法〉的解释》代替。
95	最高人民法院关于坚决纠正和制止以扣押人质方式解决经济纠纷的通知	1994年10月28日 法〔1994〕130号	已被《最高人民法院关于人民法院执行工作若干问题的规定(试行)》《最高人民法院关于适用〈中华人民共和国民事诉讼法〉的解释》代替。

续表

序号	标题	发文日期和文号	理由
96	最高人民法院关于在审理经济合同纠纷案件中发现一方当事人利用签订经济合同进行诈骗的，人民法院可否直接追缴被骗钱物问题的复函	1994年3月26日 法函〔1994〕16号	已被《关于办理诈骗刑事案件具体应用法律问题若干问题的解释》《最高人民法院关于刑事裁判涉财产部分执行的若干规定》代替。
97	最高人民法院关于人民法院依法有权查询、冻结和扣划邮政储蓄存款问题的批复	1996年2月29日 法复〔1996〕1号	依据已被修改，已被《最高人民法院关于适用〈中华人民共和国民事诉讼法〉的解释》代替。
98	最高人民法院关于必须严格控制对被执行人采取拘捕措施的通知	1996年10月9日 法〔1996〕96号	已被《最高人民法院关于人民法院执行工作若干问题的规定（试行）》《最高人民法院关于适用〈中华人民共和国民事诉讼法〉的解释》《最高人民法院关于审理拒不执行判决、裁定刑事案件适用法律若干问题的解释》代替。
99	最高人民法院关于当事人对具有强制执行效力的公证债权文书的内容有争议提起诉讼人民法院是否受理问题的批复	2008年12月22日 法释〔2008〕17号	已被《最高人民法院关于公证债权文书执行若干问题的规定》代替。
100	最高人民法院关于中、日两国之间委托送达法律文书使用送达回证问题的通知	1982年10月12日 〔82〕法研字第11号	中国和日本均已经加入海牙送达公约，不再适用。
101	最高人民法院关于中国留学生在留学期间如何在人民法院进行离婚诉讼问题的函	1989年6月3日 法民〔89〕13号	民事诉讼法和婚姻法已规定。

续表

序号	标题	发文日期和文号	理由
102	最高人民法院关于当事人对按自动撤回上诉处理的裁定不服申请再审人民法院应如何处理问题的批复	2002 年 7 月 19 日 法释〔2002〕20 号	与《最高人民法院关于适用〈中华人民共和国民事诉讼法〉的解释》冲突。
103	最高人民法院关于人民法院裁定撤销仲裁裁决或驳回当事人申请后当事人能否上诉问题的批复	1997 年 4 月 23 日 法复〔1997〕5 号	已被《最高人民法院关于适用〈中华人民共和国民事诉讼法〉的解释》代替。

附：

2019年7月份报国务院备案并予以登记的地方性法规、自治条例、单行条例和地方政府规章目录

地方性法规

法规名称	公布日期	备案登记编号
关于修改《北京市实施〈中华人民共和国残疾人保障法〉办法》的决定	2019年5月30日	国司备字［2019000390］
天津市人民代表大会常务委员会关于天津市耕地占用税具体适用税额的决定	2019年5月30日	国司备字［2019000394］
天津市地方金融监督管理条例	2019年5月30日	国司备字［2019000395］
呼和浩特市大青山前坡生态保护条例	2019年1月19日	国司备字［2019000429］
乌兰察布市物业管理条例	2019年1月7日	国司备字［2019000430］
江苏省人民代表大会常务委员会关于修改《江苏省城乡规划条例》等九件地方性法规的决定	2019年3月29日	国司备字［2019000380］
江苏省职业教育校企合作促进条例	2019年3月29日	国司备字［2019000381］
江苏省海洋经济促进条例	2019年3月29日	国司备字［2019000382］
江苏省水路交通运输条例	2019年3月29日	国司备字［2019000383］
江苏省家庭教育促进条例	2019年3月29日	国司备字［2019000384］

续表

法规名称	公布日期	备案登记编号
江苏省市辖区、不设区的市人民代表大会常务委员会街道工作委员会工作条例	2019 年 5 月 30 日	国司备字［2019000432］
江苏省人民代表大会常务委员会关于修改《江苏省实施〈中华人民共和国村民委员会组织法〉办法》的决定	2019 年 5 月 30 日	国司备字［2019000433］
南京市制定地方性法规条例	2019 年 4 月 9 日	国司备字［2019000379］
南京市授予荣誉市民称号条例	2019 年 5 月 31 日	国司备字［2019000434］
南京市教育督导条例	2019 年 6 月 11 日	国司备字［2019000435］
无锡市生态补偿条例	2019 年 3 月 29 日	国司备字［2019000378］
无锡市生活垃圾分类管理条例	2019 年 6 月 10 日	国司备字［2019000436］
徐州市大气污染防治条例	2019 年 3 月 29 日	国司备字［2019000377］
常州轨道交通条例	2019 年 6 月 10 日	国司备字［2019000437］
南通市畜禽养殖污染防治条例	2019 年 6 月 17 日	国司备字［2019000438］
盐城市文明行为促进条例	2019 年 6 月 17 日	国司备字［2019000439］
扬州市农贸市场管理条例	2019 年 6 月 11 日	国司备字［2019000440］
宿迁市旅游促进条例	2019 年 3 月 29 日	国司备字［2019000376］
浙江省教育督导条例	2019 年 5 月 31 日	国司备字［2019000425］
金华市传统村落保护条例	2019 年 6 月 14 日	国司备字［2019000426］

续表

法规名称	公布日期	备案登记编号
福州市城市内河管理办法	2019年4月11日	国司备字［2019000401］
江西省实施《中华人民共和国野生动物保护法》办法(修订)	2019年3月28日	国司备字［2019000406］
鹰潭市文明旅游促进条例	2019年5月6日	国司备字［2019000414］
河南省水污染防治条例	2019年6月5日	国司备字［2019000393］
河南省安全生产条例	2019年6月6日	国司备字［2019000396］
随州市机动车停车条例	2019年6月26日	国司备字［2019000462］
广州市机动车排气污染防治规定	2019年6月12日	国司备字［2019000474］
深圳经济特区科学技术普及条例	2019年7月1日	国司备字［2019000454］
深圳市人民代表大会常务委员会关于修改《深圳经济特区控制吸烟条例》的决定	2019年6月26日	国司备字［2019000455］
珠海市人民代表大会常务委员会关于市人民政府机构改革涉及珠海地方性法规规定的行政机关职责调整问题的决定	2019年3月29日	国司备字［2019000412］
潮州市电力设施建设与保护条例	2019年5月31日	国司备字［2019000475］
南宁市中小学校幼儿园用地保护条例	2019年6月7日	国司备字［2019000472］
玉林市传统村落保护条例	2019年4月16日	国司备字［2019000402］
重庆市人民代表大会常务委员会关于修改《重庆市长江防护林体系管理条例》的决定	2019年5月31日	国司备字［2019000363］
《重庆市宗教事务条例》	2019年5月31日	国司备字［2019000365］

续表

法规名称	公布日期	备案登记编号
昆明市工资支付条例	2019 年 5 月 31 日	国司备字〔2019000389〕
曲靖市会泽历史文化名城保护条例	2019 年 3 月 27 日	国司备字〔2019000400〕
玉溪市人民代表大会及其常务委员会制定地方性法规条例	2019 年 4 月 1 日	国司备字〔2019000404〕
云南省文山壮族苗族自治州文山国家级自然保护区管理条例(修订)	2019 年 4 月 25 日	国司备字〔2019000399〕
陕西省公共文化服务保障条例	2019 年 3 月 29 日	国司备字〔2019000397〕
青海省民用机场管理条例	2019 年 5 月 30 日	国司备字〔2019000483〕
伊犁哈萨克自治州渔业资源保护条例	2019 年 3 月 18 日	国司备字〔2019000416〕

自治州、自治县、自治旗的单行条例

条例名称	公布日期	备案登记编号
莫力达瓦达斡尔自治旗人大常委会关于修改《莫力达瓦达斡尔族自治旗人民代表大会常务委员会讨论决定重大事项的规定》的决定	2019 年 5 月 5 日	国司备字〔2019000419〕
乳源瑶族自治县人民代表大会关于废止《乳源瑶族自治县水资源管理条例》的决定	2019 年 5 月 5 日	国司备字〔2019000410〕
巴马瑶族自治县包装饮用水水源保护及开发管理条例	2019 年 6 月 6 日	国司备字〔2019000473〕
阿坝藏族羌族自治州人民代表大会关于修改《阿坝藏族羌族自治州实施〈四川省人口与计划生育条例〉的变通规定》的决定	2019 年 5 月 31 日	国司备字〔2019000470〕

续表

条例名称	公布日期	备案登记编号
阿坝藏族羌族自治州实施《四川省世界遗产保护条例》的补充规定(修订)	2019 年 5 月 31 日	国司备字［2019000471］
甘孜藏族自治州防震减灾条例	2019 年 5 月 29 日	国司备字［2019000469］
海西蒙古族藏族自治州野生动物保护条例(修订)	2019 年 6 月 18 日	国司备字［2019000485］
海西蒙古族藏族自治州水资源管理条例(修订)	2019 年 6 月 18 日	国司备字［2019000486］
海西蒙古族藏族自治州矿产资源管理条例(修订)	2019 年 6 月 18 日	国司备字［2019000487］
海北藏族自治州人民代表大会关于废止《海北藏族自治州草原管理条例》的决定	2019 年 6 月 13 日	国司备字［2019000482］
海北藏族自治州义务教育条例(修订)	2019 年 6 月 13 日	国司备字［2019000484］
青海省人民代表大会常务委员会关于批准《玉树藏族自治州公路管护条例(修订)》的决议	2019 年 6 月 19 日	国司备字［2019000480］
玉树藏族自治州野生动物资源保护管理条例(修订)	2019 年 6 月 19 日	国司备字［2019000481］
果洛藏族自治州人民代表大会关于废止《果洛藏族自治州生态环境保护条例》和《果洛藏族自治州野生动物保护条例》的决定	2019 年 6 月 10 日	国司备字［2019000477］
果洛藏族自治州人民代表大会关于修改《果洛藏族自治州草原管理条例》的决定	2019 年 6 月 10 日	国司备字［2019000478］
大通回族土族自治县环境保护条例(修订)	2019 年 6 月 17 日	国司备字［2019000479］

地方政府规章

规章名称	公布日期	备案登记编号
天津市人民政府关于修改《天津东疆保税港区管理规定》的决定	2019 年 6 月 12 日	国司备字［2019000445］
天津市人民政府关于修改《中新天津生态城管理规定》的决定	2019 年 6 月 12 日	国司备字［2019000446］
天津市公安机关警务辅助人员管理办法	2019 年 6 月 15 日	国司备字［2019000447］
秦皇岛市爱国卫生管理办法	2019 年 6 月 22 日	国司备字［2019000423］
秦皇岛市控制吸烟办法	2019 年 6 月 22 日	国司备字［2019000424］
锦州市人民政府关于修改《锦州市人民政府规章制定程序规定》的决定	2017 年 7 月 17 日	国司备字［2019000465］
吉林市城区养犬管理办法	2019 年 4 月 9 日	国司备字［2019000415］
齐齐哈尔市城市公园管理办法	2019 年 1 月 30 日	国司备字［2019000431］
上海市农村村民住房建设管理办法	2019 年 5 月 5 日	国司备字［2019000388］
《无锡市公共安全视频图像信息系统管理办法》	2019 年 6 月 27 日	国司备字［2019000420］
杭州市人民政府关于机构改革涉及市政府规章规定的行政机关职责调整问题的决定	2019 年 1 月 9 日	国司备字［2019000413］
台州市物业管理规定	2019 年 6 月 28 日	国司备字［2019000460］
台州市燃放烟花爆竹管理规定	2019 年 6 月 28 日	国司备字［2019000461］
安徽省人民政府关于修改部分规章的决定	2019 年 2 月 27 日	国司备字［2019000405］

续表

规章名称	公布日期	备案登记编号
安徽省人民政府关于修改部分规章的决定	2019 年 1 月 2 日	国司备字［2019000418］
安徽省人民政府关于废止部分规章的决定	2019 年 1 月 2 日	国司备字［2019000428］
福州市社会信用管理办法	2019 年 6 月 28 日	国司备字［2019000464］
赣州市人民政府关于修改涉及机构改革的政府规章的决定	2019 年 6 月 21 日	国司备字［2019000385］
济南市人民政府关于将部分市级行政权力事项调整由章丘区实施的决定	2019 年 6 月 4 日	国司备字［2019000387］
市人民政府关于废止〈武汉市刑满释放人员和解除劳动教养人员安置帮教工作办法〉的决定	2019 年 6 月 22 日	国司备字［2019000457］
湖南省公共资源交易监督管理办法	2019 年 6 月 12 日	国司备字［2019000421］
怀化市爱国卫生办法	2019 年 7 月 5 日	国司备字［2019000468］
广东省民宿管理暂行办法	2019 年 6 月 18 日	国司备字［2019000443］
佛山市城镇新建住宅区配建教育设施管理办法	2019 年 6 月 24 日	国司备字［2019000476］
中山市户外广告管理办法	2019 年 6 月 18 日	国司备字［2019000444］
揭阳市“门前三包”区域责任制管理办法	2019 年 5 月 25 日	国司备字［2019000366］
茂名市城市道路管理规定	2019 年 7 月 4 日	国司备字［2019000458］
南宁市烟花爆竹经营燃放管理规定	2019 年 1 月 23 日	国司备字［2019000459］
海口市城市地下综合管廊管理办法	2019 年 6 月 28 日	国司备字［2019000411］

续表

规章名称	公布日期	备案登记编号
贵阳市人民政府关于废止部分规章的决定	2019年6月1日	国司备字［2019000391］
贵阳市人民政府关于废止部分规章的决定	2019年4月21日	国司备字［2019000398］
遵义市国有土地上房屋征收与补偿管理办法	2019年6月2日	国司备字［2019000386］
昆明市餐饮业环境污染防治管理办法	2019年5月18日	国司备字［2019000367］
西宁市食品安全监督管理办法	2019年6月19日	国司备字［2019000422］

图书在版编目(CIP)数据

中华人民共和国新法规汇编.2019年.第8辑:总第270辑/司法部编.—北京:中国法制出版社,2019.8

ISBN 978-7-5216-0494-8

Ⅰ.①中… Ⅱ.①司… Ⅲ.①法规-汇编-中国-2019 Ⅳ.①D920.9

中国版本图书馆CIP数据核字(2019)第188490号

中华人民共和国新法规汇编

ZHONGHUA RENMIN GONGHEGUO XIN FAGUI HUIBIAN

(2019年第8辑)

编者/司法部

经销/新华书店

印刷/三河市紫恒印装有限公司

开本/850毫米×1168毫米 32开　　印张/8.375 字数/216千

版次/2019年8月第1版　　2019年8月第1次印刷

中国法制出版社出版

书号 ISBN 978-7-5216-0494-8　　定价:18.00元

北京西单横二条2号

邮政编码 100031　　传真:010-66031119

网址:http://www.zgfzs.com　　编辑部电话:010-66066621

市场营销部电话:010-66033393　　邮购部电话:010-66033288

(如有印装质量问题,请与本社印务部联系调换。电话:010-66032926)